西华师范大学出版基金资助

中国西部地区
家庭农场发展研究

王大明 著

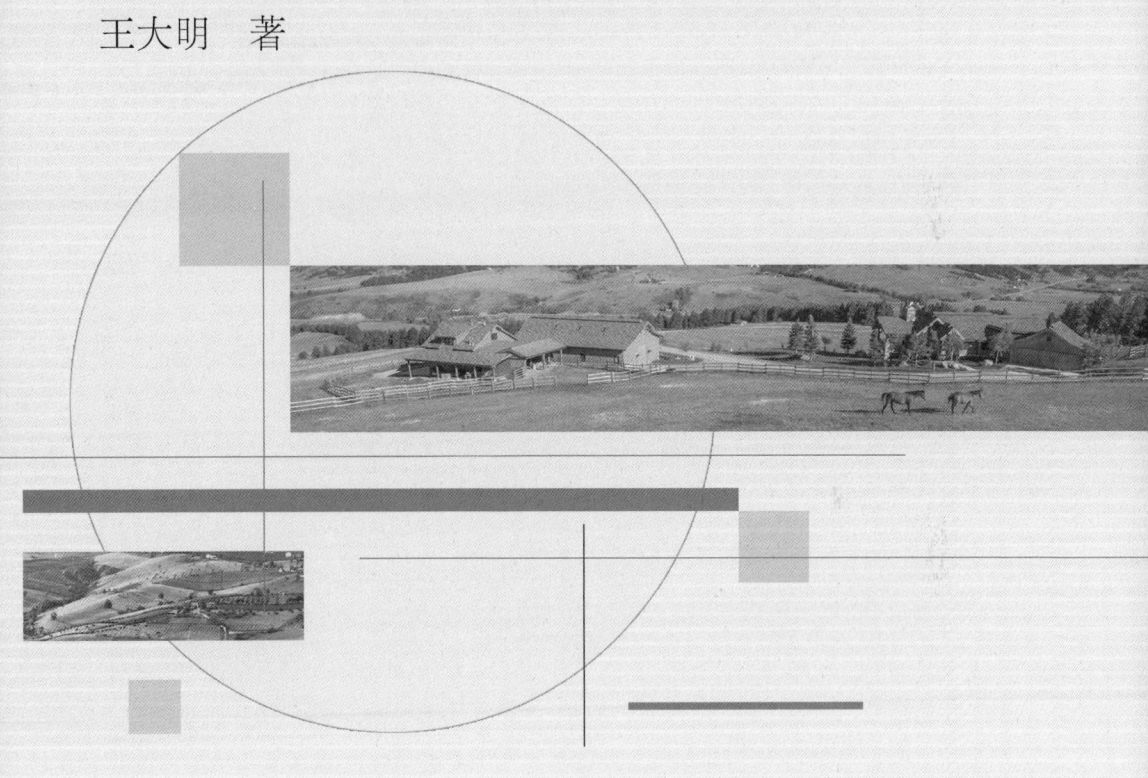

中国社会科学出版社

图书在版编目（CIP）数据

中国西部地区家庭农场发展研究 / 王大明著. —北京：中国社会科学出版社，2021.10

ISBN 978 - 7 - 5203 - 9242 - 6

Ⅰ.①中⋯ Ⅱ.①王⋯ Ⅲ.①家庭农场—农业经济发展—研究—西北地区 Ⅳ.①F324.1

中国版本图书馆 CIP 数据核字（2021）第 206339 号

出 版 人	赵剑英
责任编辑	王 琪
责任校对	夏慧萍
责任印制	王 超
出　　版	中国社会科学出版社
社　　址	北京鼓楼西大街甲 158 号
邮　　编	100720
网　　址	http://www.csspw.cn
发 行 部	010 - 84083685
门 市 部	010 - 84029450
经　　销	新华书店及其他书店
印刷装订	三河弘翰印务有限公司
版　　次	2021 年 10 月第 1 版
印　　次	2021 年 10 月第 1 次印刷
开　　本	710×1000　1/16
印　　张	18
插　　页	2
字　　数	278 千字
定　　价	98.00 元

凡购买中国社会科学出版社图书，如有质量问题请与本社营销中心联系调换
电话：010 - 84083683
版权所有　侵权必究

前　　言

党的十一届三中全会以后，我国农村普遍实行的家庭联产承包责任制极大地解放了农业生产力，农村经济获得了快速发展、农村面貌出现了可喜的新变化。一方面，农业效率与效益大幅度提高；另一方面，农村剩余劳动力从土地上被解放出来，进入非农产业务工，丰富了农民家庭的增收渠道。但是，在一些地区，农村剩余劳动力过量流失，导致相当多的农村土地被"撂荒"，粮食安全令人担忧。

中央提出，大力发展家庭农场等新型农业经营主体，其目的在于有效解决我国农村"谁来种地"的问题。我国西部地区是重要的劳务输出地，由于大量的农村劳动力外出务工，导致"土地撂荒"现象较为突出。因此，在西部地区发展家庭农场等新型农业经营主体具有现实意义，研究西部地区的家庭农场发展具有重要价值。

本书共分十三章对我国西部地区家庭农场发展问题进行研究。第一章西部地区发展家庭农场的历史机遇和紧迫性，主要分析西部地区发展家庭农场的必要性与可行性；第二章主要分析家庭农场发展的理论基础与国内外家庭农场的经验借鉴；第三章分析西部地区发展家庭农场的基础条件；第四章至第七章主要论述西部地区家庭农场发展与家庭联产承包责任制、现代农业、新型职业农民、土地承包经营权流转的横向关系；第八章至第十一章主要分析西部地区发展家庭农场面临的外部条件，包括农业供给侧结构性改革、"互联网+"、创新驱动发展战略及乡村振兴战略等技术与政策环境；第十二章通过案例分析，对西部地区不同类型区域的家庭农场发展模式、路径进行探索性研究；第十三章为西部地区发展家庭农场的政策建议及前景展望。

我们认为，本书具有以下几个特点：

第一，研究视角新颖。有学者认为，家庭农场等新型农业经营主体应该重点在城镇化率较高的发达地区去发展。但本书认为，尽管我国西部地区城镇化率相较于东部经济发达地区要低，但也可发展家庭农场。其原因在于其农村劳动力的过量流失，"无人种地"问题同样突出。由于在资本、技术、人才、产业发展等方面较有优势，东部沿海地区发展家庭农场可能算不上什么新鲜事。而西部地区在资本、技术、人才、产业发展等方面均存在先天不足，在这样的情况下，发展具有西部欠发达地区特色的家庭农场，就值得研究了。从加快西部地区农业农村现代化角度探索欠发达地区的家庭农场发展之路，可以给读者提供新的视角。

第二，时代性较强。家庭农场的适度规模经营，是我国农村土地经营制度的又一次重大变革。研究家庭农场发展问题无疑具有强烈的时代特点，能够反映新时代农业农村发展的迫切需求。不仅如此，书中将"互联网+"、乡村振兴、创新发展等与家庭农场发展有紧密联系的最新战略一并纳入研究领域，更是具有时代价值。

第三，内容较为丰富。全书按照"提出问题""分析问题""研究问题"的逻辑思路，从不同维度对家庭农场发展问题进行研究，同时对包括丘陵区、山区、平原区和高原区在内的西部各类型区域的家庭农场模式、路径进行探索性研究。全书有理论梳理，有经验借鉴，有比较研究，也有政策建议、前景展望。总的来看，本书内容丰富、论证也是充分有力的。

第四，观点不乏独到之处。比如书中提出，城市化率低的地区也可以发展家庭农场；家庭农场的产业方向应该是走融合发展之路；应该建立家庭农场的进入和退出机制；家庭农场是未来中国农业的主要经营主体，但不是唯一主体；从长期看，股份制是家庭农场发展的可选择方式；应该建立职业农民退休制度；等等。

目　录

导　论 ……………………………………………………………… （1）
  第一节　选题的依据及意义 ………………………………………… （1）
  第二节　国内外研究文献回顾 ……………………………………… （3）
  第三节　研究的主要内容和方法 …………………………………… （18）
  第四节　主要的创新点 ……………………………………………… （22）

第一章　西部地区发展家庭农场的历史机遇和紧迫性 ………… （26）
  第一节　西部地区家庭农场问题的提出 …………………………… （26）
  第二节　西部地区家庭农场发展的历史机遇 ……………………… （27）
  第三节　西部地区发展家庭农场面临的挑战 ……………………… （29）
  第四节　西部地区发展家庭农场的紧迫性 ………………………… （30）

第二章　家庭农场发展的理论基础及经验借鉴 ………………… （33）
  第一节　家庭农场发展的理论基础 ………………………………… （33）
  第二节　家庭农场的相关概念界定 ………………………………… （37）
  第三节　厘清家庭农场的几大认识误区 …………………………… （43）
  第四节　家庭农场的国内外经验借鉴与启示 ……………………… （45）

第三章　西部地区发展家庭农场的基础条件 …………………… （55）
  第一节　家庭农场的关键要件 ……………………………………… （55）
  第二节　西部地区发展家庭农场的坚实基础 ……………………… （57）

    第三节　西部地区家庭农场发展现状及制约因素 …………… (63)
    第四节　西部地区家庭农场的考核指标体系 ………………… (71)

第四章　家庭联产承包责任制与家庭农场发展 ………………… (77)
    第一节　我国家庭联产承包责任制及其制度困境 …………… (77)
    第二节　家庭农场的发展是农地经营制度的又一次创新 …… (84)
    第三节　家庭联产承包责任制与家庭农场的"适度规模经营"
            具兼容性 ……………………………………………… (87)

第五章　现代农业与西部地区家庭农场发展 ……………………… (90)
    第一节　西部地区现代农业概况 ……………………………… (90)
    第二节　基于农业结构分析的西部
            地区现代农业现状 …………………………………… (98)
    第三节　依托家庭农场发展西部地区现代农业 …………… (103)

第六章　新型职业农民与西部地区家庭农场发展 ……………… (106)
    第一节　新型职业农民培育的重大意义 …………………… (106)
    第二节　新型职业农民与家庭农场的相互依存关系 ……… (107)
    第三节　国内外职业农民培育经验与借鉴 ………………… (108)
    第四节　西部地区新型职业农民培育的对策建议 ………… (114)

第七章　土地经营权流转与西部地区家庭农场发展 …………… (119)
    第一节　土地经营权流转概述 ……………………………… (119)
    第二节　土地经营权流转的重要意义 ……………………… (124)
    第三节　土地经营权流转过程中的农民权益保护 ………… (126)
    第四节　土地经营权流转与西部地区家庭农场发展 ……… (129)

第八章　农业供给侧结构性改革与西部地区家庭农场发展 …… (133)
    第一节　农业供给侧结构性改革概述 ……………………… (133)
    第二节　农业供给侧结构性改革的对策措施 ……………… (135)

第三节　西部地区家庭农场与农业供给侧结构性改革的
　　　　　关系 ………………………………………………… (143)

第九章　"互联网+"与西部地区家庭农场 ……………………… (149)
　　第一节　"互联网+"与家庭农场的契合方式 ……………… (149)
　　第二节　案例分析："淘宝村"对西部地区家庭农场的启示 …… (152)
　　第三节　"互联网+西部地区家庭农场"的发展建议 ………… (154)

第十章　创新驱动发展战略与西部地区家庭农场发展 ………… (157)
　　第一节　创新及创新驱动发展战略 …………………………… (157)
　　第二节　西部地区的农业创新 ………………………………… (159)
　　第三节　创新与西部地区家庭农场发展 ……………………… (167)

第十一章　乡村振兴战略与西部地区家庭农场发展 …………… (181)
　　第一节　乡村振兴战略概述 …………………………………… (181)
　　第二节　西部地区家庭农场在乡村振兴战略中的作用 ……… (185)
　　第三节　西部地区家庭农场与乡村产业振兴 ………………… (188)

**第十二章　西部地区各类型区域家庭农场发展的
　　　　　　模式与路径选择** ……………………………………… (196)
　　第一节　西部平原区发展家庭
　　　　　　农场的模式与路径选择 ……………………………… (196)
　　第二节　西部丘陵区发展家庭农场的
　　　　　　模式与路径选择 ……………………………………… (205)
　　第三节　西部山区发展家庭农场的模式与路径选择 ………… (218)
　　第四节　西部高原区发展家庭农场的
　　　　　　模式与路径选择 ……………………………………… (228)

第十三章　西部地区发展家庭农场的政策建议及前景展望 …… (249)
　　第一节　西部地区发展家庭农场的政策需求 ………………… (249)

第二节 西部地区发展家庭农场的政策建议 ……………………（258）
   第三节 西部地区家庭农场发展前景展望 …………………………（260）

附录 关于西部地区家庭农场发展现状的调查问卷 ………………（265）

参考文献 ……………………………………………………………（269）

后　记 ………………………………………………………………（278）

导　　论

第一节　选题的依据及意义

粮食丰产则农业稳定，农业稳定则国家安全、安定。2003年以来，每一年"中央一号文件"都是谈的"三农"问题。可见，中央对农业、农村、农民问题的高度重视。2013年发布的"中央一号文件"强调：一定要"坚持依法自愿有偿原则，引导农村土地承包经营权有序流转，鼓励和支持承包土地向专业大户、家庭农场、农民合作社流转，发展多种形式的适度规模经营"。很显然，适度规模经营是我国未来现代农业的发展方向，家庭农场作为我国新型农业经营主体的重要成员，同时也是现代农业的重要载体。

我国西部地区为经济欠发达地区，其工业化水平和城镇化率都要远低于我国东部地区。但西部地区幅员辽阔、少数民族众多，农业在地方经济中具有举足轻重的地位，农业增效、农民增收更具有紧迫性。更为重要的是，西部地区拥有成都平原、关中平原等我国重要的"粮仓"。西部地区对确保我国的粮食安全与民族团结有着不可替代的作用。因此，研究西部地区的家庭农场发展具有特别重要的价值与意义。

1. 有利于对家庭农场的发展进行理论与实践探索

一定意义上讲，西方国家的资本主义家庭农场从英国的"圈地运动"以后就已经开始出现了，今天的西方国家的家庭农场应该说发展已经较为成熟了。而在中国则不一样，在实行土地公有、家庭联产承包责任制的今天，"家庭农场"属于新生事物，其发展处于"婴幼儿"阶段，针对"家庭农场"的制度设计、立法与司法、运营模式与机制的最终形成，还有很长一段路要走。在西部地区，应不应该有"家庭农场"，发展多大规模的"家庭农场"，"家庭农场"是否应该与国内其他地区的有所不同，如何运转"家庭农场"等，都是值得探讨的问题。同时，西部地区具有高原、山地、丘陵、平原等不同类型地区，不同类型地区的"家庭农场"经营模式、经营范围肯定会有所区别。毫无疑问，不同类型地区"家庭农场"的成功经验对于我国东、中、东北地区也会有借鉴意义。

2. 有利于提供解决西部农业生态问题的新思路

我国西部地区是自然灾害频发地区，也是农业生态较为脆弱的地区。农业是对自然环境依存度较高的一大产业。发展农业的同时，要保护好农业生态、建设农业生态文明，已经成为大家的共识。从国外经验看，只要管理得当，家庭农场往往是与生态经济紧密相连的，可以做到农业发展与环境保护两不误。因此，对在西部欠发达地区适当发展适度规模的"家庭农场"进行研究，必定能够为西部地区的农业生态建设与保护工程注入"正能量"、提供新思路。

3. 有利于为深入进行西部大开发提供新的视角

进一步深入实施西部大开发战略，是中央的既定方针。众所周知，西部大开发战略涉及基础设施建设、生态环境保护与建设、特色优势产业发展、人才培养等诸多方面。在新型城镇化和新型工业化获得快速发展的背景下，研究通过家庭农场的高质量发展助推西部地区农业现代化的体制机制，必将能够在发展特色农业、培育农业生产经营人才（尤其是新型职业农民）方面做出新探索，为西部大开发战略的实施提供新的视角。

4. 有利于为我国西部地区实施乡村振兴战略注入新活力

实施乡村振兴战略，是党的十九大为完成决胜全面建成小康、全面建设社会主义现代化国家的重大历史任务而做出的重大决策部署，同时也是习近平总书记有中国特色社会主义新时代"三农"问题的总战略。《中共中央国务院关于实施乡村振兴战略的意见》（2018年"中央一号文件"）专门对实施乡村振兴的目标、原则、具体任务等方面做了要求。作为新型农业经营主体的重要一员，西部地区的家庭农场在促进乡村产业振兴、生态振兴、人才振兴甚至文化振兴、组织振兴方面将发挥重要作用，成为乡村振兴的重要力量。

第二节 国内外研究文献回顾

一 国外研究文献回顾

从课题组掌握的资料看，国外学者早在1911年就已经有了有关家庭农场相关问题的研究。尽管国外农场大多为资本主义私有农场，与今天我国土地公有、实行家庭联产承包责任制条件下的家庭农场有所不同，但国外学者有关加大对家庭农场的扶持力度、有效利用家庭农场中的各种资源、解决低收入农户家庭的就业问题等的研究及对策建议，对于有中国特色的家庭农场的发展具有重要的借鉴价值。

1. 对家庭农场的政策扶持

农业是国民经济的基础，攸关人类的可持续发展。政策扶持对于家庭农场的生存与发展具有重要的意义。国外一些学者也极力呼吁加大对家庭农场的政策支持力度。

比如Peper Bram指出，农业政策的主要目的之一，就是防止农业人口在收入和收入发展方面落后于其他人口。实现这一目标的最重要工具是价格和收入政策。另一个重要目标是扩大农场规模，使其能从技术和经济发展中获得最大利益。[1]

Zyskowski Bob认为应鼓励立法者向农村地区提供类似于鼓励商业发展和城市人口重组的税收、商业激励措施；支持限制优质农田流失的城市发展政策，以及对遵循保护措施的农民提供联邦补贴。[2]

Clarke Philip认为自由的世界贸易对家庭（农场）农民具有重要影

---

[1] Peper Bram, "Agricultural Policy and Social Policy: the Future of the Family Farm", *Sociologia Ruralis*, Vol. 9, 1969, p. 221.

[2] Zyskowski Bob, "10 Ways You Can Help Support the Family Farm", *U. S. Catholic*, Vol. 67, 2002, p. 15.

响；实施小农增收政策具有重要意义。①

Dokuzlu Sertac 认为农业信贷机构对每个国家都至关重要，因为农业必须在风险和不确定性的威胁下运行。当小规模家庭农场占主导地位时，所有类型的农业组织对于保持农民收入在合理水平和鼓励农业发展都变得重要。②

Maia Alexandre Gori 等指出，农村信贷计划对小型家庭农场的农业生产具有正向和差异化的影响，而且农场所处地区越贫穷，其影响越大。③

Besusparien Erika 与 Miceikien Astrida 指出，家庭农场有资格获得各种免税和补贴，免税和补贴的目的是维持家庭农场的生存能力。④

Jara - Rojas Roberto 等指出，推广服务在提高技能和获取信息方面发挥了关键作用，从而导致更大程度的农场创新，特别是在作为世界农业主要形式的家庭农场。⑤

2. 家庭农场的可持续发展问题

Potter Clive 等关注到了家庭农场的持久发展问题。农民进入退休和老年时的观念和行为的变化，可能对他们拥有和管理控制的土地的使用、管理和部署方式产生重要影响。特别是在没有继承人的情况下，老年农民最有可能退出集约化耕作。⑥

Lollato Romulor 等通过对巴西南部的一个家庭农场案例研究后认为，

---

① Clarke Philip, "Brazilian Family Farms to Suffer under Freer Trade", *Farmers Weekly*, Vol. 143, 2005, p. 19.

② Dokuzlu Sertac, "The Agricultural Credit System in the Ottoman Empire between 1863 and 1888", *Rural History*, Vol. 28, 2017, pp. 177-188.

③ Maia Alexandre Gori, Eusébio Gabriela dos Santos, Da Silveira, Rodrigo Lanna Franco, "Can Credit Help Small Family Farming? Evidence from Brazil", *Agricultural Finance Review*, Vol. 80, 2020, pp. 212-230.

④ Besusparien Erika, Miceikien Astrida, "The Influence of Subsidies and Taxes on Economic Viability of Family Farms in Lithuania", *Bulgarian Journal of Agricultural Science*, Vol. 26, 2020, pp. 3-15.

⑤ Jara - Rojas Roberto, Canales Romina, Gil José M., Engler Alejandra, Bravo - Ureta Boris, Bopp Carlos, "Technology Adoption and Extension Strategies in Mediterranean Agriculture: The Case of Family Farms in Chile", *Agronomy*, Vol. 10, 2020, p. 692.

⑥ Potter Clive, Lobley Matt, "Ageing and Succession on Family Farms: The Impact on Decision - making and Land Use", *Sociologia Ruralis*, Vol. 32, 1992, pp. 317-334.

从1983年开始的近30年的免耕农业实践能够将土壤有机碳（SOC）恢复到接近原生水平。该结果支持了有机碳可以恢复的观点，并且免耕制度通过改善土壤侵蚀也有利于土壤保持。[1]

3. 家庭农场的成本效率问题

Krisciukaitiene Irena等对立陶宛家庭农场的成本效率进行了研究，认为畜牧业的总体成本效率（65%）和投入成本效率最高；混合农场的特殊之处在于其成本效率水平较低（52%）；农作物的成本效率最低（42%）。[2]

Kostov Philip等通过对捷克、西班牙等欧洲国家的实例分析，指出家庭农场与企业农场相比，效率更高，但管理能力更差。[3]

Colnago P.与Dogliotti S.认为大多数混合家庭农场的劳动生产率低于劳动力的机会成本。通过改善资源分配和作物、动物的管理，劳动生产率可以增加到原来的三倍。混合家庭农场几乎生产了世界上一半的粮食。在发展中国家增加粮食供应需要提高土地和农民的劳动生产率，这是增加家庭收入、粮食安全和减少贫困的关键。理解劳动生产率的决定因素将有助于指导家庭农场系统的共同创新过程。[4]

4. 家庭农场的发展前景

Paarlberg Don指出，美国人对家庭农场可能被大型企业农场吞噬，从而导致家庭农场主消失存在担忧。[5]

---

[1] Lollato Romulor, Lollato Marco A., Edwards Jeffrey T., "Soil Organic Carbon Replenishment through Long-term No-till on A Brazilian Family Farm", *Journal of Soil & Water Conservation*, Vol. 67, 2012, pp. 74-76.

[2] Krisciukaitiene Irena, Balezentis Tomas, Balezentis Alvydas, "Aninput-specific Analysis of the Cost Efficiency on Lithuanian Family Farms", *Economic Science for Rural Development Conference Proceedings*, Issue 34, 2014, pp. 75-82.

[3] Kostov Philip, Davidova Sophia, Bailey Alastair, "Comparative Efficiency of Family and Corporate Farms: Does Family Labour Matter?", *Journal of Agricultural Economics*, Vol. 70, 2019, pp. 101-115.

[4] Colnago P., Dogliotti S., "Introducing Labour Productivity Analysis in A Co-Innovation Process to Improve Sustainability in Mixed Family Farming", *Agricultural Systems*, Vol. 177, 2020, p. 1.

[5] Paarlberg Don, "Future of the Family Farm", *Saturday Evening Post*, Vol. 248, 1976, pp. 42-101.

5. 家庭农场的发展具有重要的积极作用

Das Debarshi 认为，农村经济中普遍存在非自愿失业现象。通过国家有计划地促进投资，通过减少失业，诱导资本主义农民进入小型家庭农场，可以解决这一问题。①

Mortan Maria 等通过研究罗马尼亚 Nord Vest 开发区的家庭农场，认为家庭农场对可持续发展具有重要贡献。②

Wilson - Youlden 等认为农业旅游可以增强农业和农村经济的可持续性，并有利于妇女在家庭农场中发挥新的作用。③

Stepien Sebastian 与 Polcyn Jan 认为，小农场对农业可持续发展具有重要作用，必须制定相应的风险管理战略，确保小农场有稳定的收入并使得生产能够继续。④

6. 教育与家庭农场

Čikić Jovana 认为教育对农场社会活力特征和户主对劳动力现代化要素投资意愿具有重要影响。知识的传播和农业的创新可以克服正规教育的不足，从而创造家庭农场的优势。⑤

7. 家庭农场的营销问题

Gray Thomas W. 认为有机农民代理关系营销（OFARM）有利于家庭农场的生存和地区竞争力的提高。⑥

---

① Das Debarshi, "Persistence of Small - scale, Family Farms in India: A Note", *Journal of International Trade & Economic Development*, Vol. 16, 2007, pp. 401 - 410.

② Mortan Maria, Veres Vincentiu, Baciu Leonina, Ratiu, "Patricia. Family Farms from Romania Nord Vest Region in the Context of the Rrural Sustainable Development", *Centre for European Studies (CES) Working Papers*, Vol. 10, 2018, pp. 111 - 128.

③ Wilson - Youlden, Lavinia Bosworth, Gary R. F., "Women Tourism Entrepreneurs and the Survival of Family Farms in North East England", *Journal of Rural & Community Development*, Vol. 14, 2019, pp. 125 - 145.

④ Stepien Sebastian, Polcyn Jan, "Risk Management in Small Family Farms in Poland", *Economic Science for Rural Development Conference Proceedings*, Issue 50, 2019, pp. 382 - 388.

⑤ Čikić Jovana, "Labour Force and Modernization of Labour on Family Farm", *Proceedings of the IAE Scientific Meetings*, 2013, pp. 382 - 399.

⑥ Gray Thomas W., "Organic Federation Seen as A Strategy for Family Farm Survival, Regional Competitiveness", *Rural Cooperatives*, Vol. 79, 2012, pp. 20 - 24.

Pei - an Liao 等指出，农业营销已被公认为是一个成功的农业企业的重要因素。而教育水平和农场经营者在非农劳动力市场的参与度、家庭成员数量、农场规模、土地所有权和农场类型是决定农民选择营销渠道的关键因素。[①]

Da Conceição Aguiar Luane 等认为，短食品供应链（SFSCs）是传统供应链的可靠替代品，因为它们的食品体现了"本地""天然""健康"和"可靠"的特点。对于家庭农户来说，短链是实现农产品多样化、获得更高附加值，从而保证更稳定收入的绝佳途径。[②]

8. 家庭农场与贫困问题

Coulibaly Brahima 等通过研究后指出，物质资本和人力资本因素以及政府政策在生产、年龄、家庭规模、教育和保健支持、农业信贷和水费等方面对家庭农场的贫困情况有显著影响。旨在提高家庭农场收入和提高农作物产量以减轻贫困的政策应该以这些因素为基础。[③]

二 国内研究文献回顾

国内对家庭农场的研究始于 20 世纪 80 年代，当时出现频率比较高的就是"国有农场中的职工家庭农场"。那时刚刚实行农村家庭联产承包责任制，但尚未出现现在的"三空"现象（农地空置、农户空巢、农业空心）。学术界集中对"家庭农场"的研究更多出现在近些年，尤其是 2013 年的"中央一号文件"发布之后。归纳起来，2013—2020 年学者们的研究主要集中在如下几个方面。

1. 对中国式家庭农场进行界定

学者们都认可农业部对家庭农场的基本界定，但也提出了自己的观

---

① Pei - an Liao, Hung - hao Chang, Jun - lin He, Saeliw Kannika, "Diversification of Marketing Strategies among Small Farms: Empirical Evidence from Family Farms in Taiwan", *Agricultural Economics / Zemedelska Ekonomika*, Vol. 63, 2017, pp. 493 – 501.

② Da Conceição Aguiar Luane, Del Grossi Mauro Eduardo, Thomé Karim Marini, "Short Food Supply Chain: Characteristics of A Family Farm", *Ciência Rural*, Vol. 48, 2018, pp. 1 – 8.

③ Coulibaly Brahima, Shi - xiang Li, Zhan - qi Wang, "Rice Farmer's Poverty and Its Determinants: Evidence from Dogofiri Village of Office Du Niger zone in Mali", *Ciência Rural*, Vol. 50, 2020, pp. 1 – 14.

点。比如朱启臻认为家庭农场不同于专业大户、小农户和工商资本的雇工农业。① 穆向丽、巩前文认为，家庭农场的认定应从五方面展开：组织主体、组织方式、经营领域、经营规模和市场参与。② 郭熙保、冯玲玲认为，以家庭经营与规模经营相结合为特征的家庭农场是当今农业发展最有效的组织形式。若土地制度能够促进家庭农场的健康发展，则这种土地制度对农业生产效率的提升、推动农业发展和农业现代化都是有利的，否则农业发展会受到阻碍。③ 赵佳、姜长云认为，发展家庭农场是农业发展方式转变的重要途径；家庭农场与普通农户面临不同的困难与难题；要适度重视政策因素对家庭农场发展的影响；家庭农场与普通农户各有千秋，难以完全相互替代。④ 万江红、安永军认为，家庭农场是一种追求利润最大化的市场化经营主体，与小农家计生产的经营逻辑已然不同，是一种新型的经营主体；同时，由于劳动力转移的有限性和不稳定性，家庭农场在土地流转上面临困境，其发展是不稳定的。⑤

2. 认为发展家庭农场意义重大

郭熙保认为，农业规模化经营是实现"三化"平衡协调发展的关键，而家庭农场应成为我国农业规模化经营的主要模式。⑥ 张乐柱、金剑峰、胡浩民认为，"公司+家庭农场"的现代农业生产模式能化解"公司+农户"下的利益分配难题，实现龙头企业与农户之间的更紧密的连接。⑦ 肖望喜、张彩霞、陶建平认为，在农业供给侧结构性改革的过程中，家庭

---

① 朱启臻：《新型职业农民与家庭农场》，《中国农业大学学报》（社会科学版）2013 年第 4 期。
② 穆向丽、巩前文：《家庭农场：概念界定、认定标准和发展对策》，《农村经营管理》2013 年第 8 期。
③ 郭熙保、冯玲玲：《家庭农场：当今农业发展最有效的组织形式——基于东南亚国家土地制度变迁的视角》，《江汉论坛》2015 年第 6 期。
④ 赵佳、姜长云：《家庭农场的资源配置、运行绩效分析与政策建议》，《农村经济》2015 年第 3 期。
⑤ 万江红、安永军：《农地资源供给与家庭农场的发生——基于孔明村的个案分析》，《华中科技大学学报》（社会科学版）2017 年第 2 期。
⑥ 郭熙保：《"三化"同步与家庭农场为主体的农业规模化经营》，《社会科学研究》2013 年第 3 期。
⑦ 张乐柱、金剑峰、胡浩民：《"公司+家庭农场"的现代农业生产经营模式：基于温氏集团案例研究》，《学术研究》2012 年第 10 期。

农场的作用包括：以市场为导向改善农产品供给结构；促进农业产业体系整合与"三产融合"；推动农业生产技术与基础设施的现代化。[①] 何秀荣认为，中国农业要提高资源使用效率、增加经营效益从而增强其国际竞争力，真正走出一条有中国特色的农业现代化道路，从根本上取决于能否形成一支具有生态自觉意识、兼具企业家精神和工匠精神、能够对不断变化的市场迅速实施冲击—反应式调整、能主要依靠自身力量而非依靠政府政策支持、自主发展能力强、有别于传统小规模农户、符合未来中国农业发展整体目标的新型农业经营主体（群体）。家庭农场符合上述特征和功能要求。[②]

3. 家庭农场的发展要因时因地制宜，不能操之过急

郑风田认为，应在城镇化比率高、非农就业比例高的地区发展家庭农场，全国不能搞"一刀切"。[③] 陈锡文认为，发展家庭农场应避免急于求成、防止大规模土地兼并，不能硬赶农民走。[④]

4. 发展家庭农场不能否定家庭联产承包责任制

比如，许经勇认为，我国家庭联产承包责任制具有广泛适应性和生命力，不应因生产力发展轻易改变，只不过我国家庭联产承包责任制如今的确面临一系列新问题、新挑战。[⑤]

5. 家庭农场的成本与绩效问题

杨鑫、陈永富认为，种植类家庭农场技术效率偏低，主要原因在于其纯技术效率较低。[⑥]

袁斌、谭涛、陈超指出，多元化经营能够显著提升家庭农场经营绩效，而政府补贴对家庭农场经营绩效有正面提升作用。此外，土地流转面积、土地流转年限、农技人员数量以及农业机械数量均对家庭农场经

[①] 肖望喜、张彩霞、陶建平：《农业供给侧结构性改革背景下家庭农场的作用与启示》，《云南社会科学》2018年第6期。
[②] 何秀荣：《培育家庭农场 助推现代农业》，《农村经营管理》2019年第11期。
[③] 郑风田：《谁适合发展家庭农场？》，《中国经济周刊》2013年第2期。
[④] 陈锡文：《发展家庭农场不能硬赶农民走》，《当代农机》2013年第7期。
[⑤] 许经勇：《从家庭均田承包到家庭农场的演变》，《学习论坛》2013年第11期。
[⑥] 杨鑫、陈永富：《不同类型家庭农场经营效率分析——基于浙江省的实证研究》，《湖北农业科学》2016年第9期。

营绩效有显著影响。①

曾福生、李星星认为，农业扶持政策对家庭农场经营绩效的直接效果不显著，但通过两条中介路径（即企业家才能、经营环境）的间接效果显著。其中，以经营环境为中介的路径能够更加高效地提升家庭农场的经营绩效。②

张德元、李静、苏帅认为，农场经营者的管理经验与家庭农场经营绩效之间呈现显著的正相关关系，农场经营者年龄对其管理经验和农场经营绩效起负向调节作用，农场经营者的农业生产技能对其管理经验和农场绩效起正向调节作用，农场经营者学历与农场经营绩效呈现负相关关系。③

吴菊安、祁春节就小农户与家庭农场效率进行了比较，认为无论是小农户还是家庭农场，生产都是有效率的；生产效率的差异主要受度量指标、方法以及农业内外部环境的特殊性等多个因素影响。家庭农场与小农户代表农业经营的二元变迁方向，在农业经营转型中两者不可偏废。④

张琛、黄博、孔祥智认为，我国种植类家庭农场综合发展水平存在一定幅度的上升空间；家庭农场在劳动生产率、土地生产率、农药和化肥施用减少率方面较普通农户具有明显优势。⑤

管珊、万江红指出，交易成本对家庭农场合约稳定性产生了实质性影响，土地流转方式、初始投资中基础设施建设费用占比、土地流转期限和地权稳定性均对家庭农场选择正式土地流转合约产生显著影响；家

---

① 袁斌、谭涛、陈超：《多元化经营与家庭农场生产绩效——基于南京市的实证研究》，《农林经济管理学报》2016 年第 1 期。
② 曾福生、李星星：《扶持政策对家庭农场经营绩效的影响——基于 SEM 的实证研究》，《农业经济问题》（月刊）2016 年第 12 期。
③ 张德元、李静、苏帅：《家庭农场经营者个人特征和管理经验对农场绩效的影响》，《经济纵横》2016 年第 4 期。
④ 吴菊安、祁春节：《家庭农场和小农户生产效率的比较》，《江苏农业科学》2017 年第 3 期。
⑤ 张琛、黄博、孔祥智：《家庭农场综合发展水平评价与分析》，《江淮论坛》2017 年第 3 期。

庭劳动力投入农场比例、家庭农场土地规模、家庭农场主主要居住地以及家庭农场类型显著影响家庭农场劳动雇佣选择常工形式。[1]

何劲、祁春节认为，中国家庭农场经营绩效评价指标构成存在偏重经济绩效度量、忽视生态绩效权重，且多而烦琐、欠缺适用性等不足。[2]

杨慧莲、李艳、韩旭东、郑风田认为，土地碎片化对仅从事粮食作物经营的"规模农户"单位产量、总成本具有稳定的正向作用（地块增加，成本则上升），因而应该在明确土地权属的基础上，鼓励并开展土地碎片化整治行动。[3]

钱忠好、李友艺认为，家庭农场的土地经营规模与家庭农场效率呈现倒"U"形关系，规模过大或过小都不利于家庭农场效率的提高；农场主的受教育年限、农业从业经历、家庭农场的经营权合同年限、绿肥种植面积占土地经营面积比例、政府补贴正向影响家庭农场效率；劳动力投入、农机作业服务购买负向影响家庭农场效率。[4]

6. 家庭农场的发展困境

兰勇、谢先雄、易朝辉认为，家庭农场发展存在经营者职业素质偏低、劳动力来源结构失衡、"弃粮从经"倾向严重、经营规模差异明显、家庭人均收入低于当地城镇居民等实际问题。[5]

王孝莹、朱红祥认为，"互联网+"视域下家庭农场发展存在的主要问题是土地流转与土地使用信息不对称，互联网金融支持不足，互联网

---

[1] 管珊、万江红：《交易成本与家庭农场合约稳定性——基于对111个家庭农场的调查》，《农业现代化研究》2017年第2期。

[2] 何劲、祁春节：《中外家庭农场经营绩效评价比较与借鉴》，《世界农业》2017年第11期。

[3] 杨慧莲、李艳、韩旭东、郑风田：《土地碎片化增加"规模农户"农业生产成本了吗？——基于全国776个家庭农场和1166个专业大户的微观调查》，《中国土地科学》2019年第4期。

[4] 钱忠好、李友艺：《家庭农场的效率及其决定——基于上海松江943户家庭农场2017年数据的实证研究》，《管理世界》（月刊）2020年第4期。

[5] 兰勇、谢先雄、易朝辉：《中国式家庭农场发展：战略意图、实际偏差与矫正路径》，《江西社会科学》2015年第1期。

人才缺乏，家庭农场经营水平不高。①

艾丹认为，家庭农场发展存在的法律问题主要包括：一是家庭农场的法律地位不确定；二是家庭农场登记缺乏法律依据；三是家庭农场内部结构治理混乱；四是家庭农场缺少退出机制及监管制度。②

张明月、薛兴利指出，农场带头人缺乏、市场竞争能力弱是约束家庭农场发展的表层直接因素，农民培训滞后、农业基础设施不完善、土地经营权流转障碍多、农场融资困难等是中层直接因素，政府组织指导不当、配套扶持政策不完善、农村社会保障不够、社会化服务水平低是深层根源因素。③

张悦、刘文勇认为，家庭农场经营面临过度规模化、雇佣劳动力缺乏、生产成本上涨、经营结构单一、社会化服务落后、议价能力低等风险。④

姜长云认为，家庭农场发展存在六大问题：一是农村金融、保险支持不足，融资难、融资贵和农业保险惠及面有限的问题较为普遍；二是要素成本较高或上升较快，土地租金、雇工成本和农业生产服务性成本侵蚀利润的现象较为普遍；三是对农业生产性服务的需求及其时效性、集成化、品牌化要求往往明显高于对普通农户，农业生产性服务的供求矛盾较为突出；四是农村土地经营权流转的稳定性、可得性和基础设施条件较差，加剧了家庭农场发展的成本与风险；五是许多家庭农场带头人的经营素质亟待提高，专业人才供给不足；六是对家庭农场的政策支持总体偏弱，部分地区甚至存在"政策好、落实难"的问题。⑤

郭熙保、冷成英在分析了湖北武汉、安徽郎溪的家庭农场发展情况

---

① 王孝莹、朱红祥：《"互联网+"背景下加快家庭农场发展的策略》，《经济纵横》2016年第9期。
② 艾丹：《发展家庭农场的法律问题与对策》，《农业经济》2016年第12期。
③ 张明月、薛兴利：《基于ISM模型的家庭农场发展的约束机理解析》，《农村经济》2016年第7期。
④ 张悦、刘文勇：《家庭农场的生产效率与风险分析》，《农业经济问题》（月刊）2016年第5期。
⑤ 姜长云：《龙头企业与农民合作社、家庭农场发展关系研究》，《社会科学战线》2018年第2期。

后得出结论,两地还存在家庭农场界定不规范、农场主文化素质不高、现代科技支撑力度不够、金融机构融资门槛高、风险控制措施匮乏等问题。①

刘畅、邓铭、马国巍认为,市场风险已经取代自然风险成为影响家庭农场经营的首要风险,政策风险与社会风险次之,管理风险与技术风险最小。②

7. 家庭农场的雇工问题

万江红、苏运勋指出,由村庄职业农民推动形成的家庭农场能够顺利开展,与其嵌入村庄社会关系网络之中有密切关系。家庭农场生产明显有别于传统小农户,在发展中体现出现代市场经济特征,具体表现在基于熟人关系流转的土地附带有合同关系,农场雇工虽然来源于传统人情基础上的帮工,但开始出现货币化趋势。③

杨柳、万江红从合约经济学角度,考察了家庭农场雇佣合约的结构,发现农场主嵌入农场生产管理的程度导致农场主对农场内部经营管理信息的掌握程度呈现差异性,这种差异性进一步形成不同的雇工特征。④

郜亮亮、杜志雄、谭洪业通过研究发现,由于劳动力市场的不完善,约3/4的家庭成员在农场工作;60%的农场有常年雇工,且大多为临时雇工;雇工年龄逐年增大;50%的农场主没有考虑好自己退休以后如何处理农场。⑤

8. 家庭农场的经营规模问题

郭熙保、冯玲玲认为,经济发展水平、技术进步、制造业—农业工

---

① 郭熙保、冷成英:《我国家庭农场发展模式比较分析——基于武汉和郎溪调查数据》,《福建论坛》(人文社会科学版)2018年第11期。
② 刘畅、邓铭、马国巍:《家庭农场经营风险识别与防范对策研究》,《苏州大学学报》(哲学社会科学版)2019年第4期。
③ 万江红、苏运勋:《村庄视角下家庭农场的嵌入性分析——基于山东省张村的考察》,《华中农业大学学报》(社会科学版)2016年第6期。
④ 杨柳、万江红:《家庭农场的雇佣合约:结构、特征及其治理》,《南京农业大学学报》(哲学社会科学版)2019年第4期。
⑤ 郜亮亮、杜志雄、谭洪业:《家庭农场的用工行为及其特征:基于全国监测数据》,《改革》2020年第4期。

资比及劳动—工资价格比的提高是家庭农场规模不断扩大的主要决定因素。①

曾令果、王钊指出，土地流转难度、柑橘种植的品种优良度、柑橘销售方式以及是否加入协会对家庭农场调整种植规模的意愿具有显著影响。②

9. 家庭农场发展的可持续性问题

周早弘、徐丰认为，就家庭农场的长效性影响因素而言，国家宏观政策和法律保障制度是表层因素，农产品竞争优势、农产品收益和适合机械化生产是中间层次因素，社会配套服务、农产品销售渠道、技术研发与推广能力、土地流转保护机制、家庭农场的总收益、家庭成员的支持力度和农产品质量是具有间接影响的中层次因素，农产品产量和市场信息是根源因素。③

李星星、曾福生研究后认为，户主年龄、户主文化程度、家庭务农状态、家庭年纯收入对发展家庭农场意愿有重要影响；农业社会化服务水平、土地流转难易程度和政策支持力度对农户发展家庭农场意愿影响显著。④

兰勇、何佳灿、易朝辉指出，土地经营权稳定问题是当前制约我国家庭农场持续健康发展的瓶颈，主要表现在流转成本高、集中成片难、流转期限短等。⑤

綦慧心认为，当前家庭农场普遍存在可持续性相对较差的问题，亟须规范注册标准、完善社会化服务体系、加强环境污染治理并提高农业

---

① 郭熙保、冯玲玲：《家庭农场规模的决定因素分析：理论与实证》，《中国农村经济》2015年第5期。
② 曾令果、王钊：《家庭农场种植规模调整意愿及影响因素研究》，《农村经济》2019年第10期。
③ 周早弘、徐丰：《基于解释结构模型的家庭农场长效性发展影响因素分析》，《贵州农业科学》2015年第4期。
④ 李星星、曾福生：《农户发展家庭农场意愿影响因素的实证分析》，《南通大学学报》（社会科学版）2016年第2期。
⑤ 兰勇、何佳灿、易朝辉：《家庭农场土地经营权稳定机制比较》，《农村经济》2017年第7期。

补贴水平,以助力家庭农场健康发展。①

刘灵辉认为,地权稳定性是家庭农场可持续发展的一个重要指标。应该通过签订土地经营权流转收益动态调整型合同,在家庭农场主与农户之间构建起"紧密的利益共同体"关系,使得农户决定续签土地经营权流转合同与否和利益挂钩。②

10. 土地流转问题

张宗毅、杜志雄认为,在严格监管耕地用途的前提下,无须过度担心土地流转、规模经营所导致的"非粮化"问题。③

刘灵辉、郑耀群就家庭农场土地征收补偿问题,提出要提高征地补偿标准并将间接损失纳入补偿范围;建立家庭农场规模化经营土地的征收补偿收益分配机制;保障抵押权人(金融机构)对征地补偿拥有优先受偿权。④

兰勇、熊彬雁、易朝辉认为,家庭农场土地经营权流转是内部动力与外部动力共同作用的结果。其中,外部动力来源于中央政府的制度创新、地方政府的机制创新和村集体的实践创新等。农地交易的形成需具备两个条件:一是供需动力足够强;二是交易成本足够低。⑤

兰勇、蒋黾、何佳灿通过研究得出结论,不同土地流转模式下家庭农场土地经营权稳定性有所不同,由大到小依次是:股份合作制流转 > 反租倒包流转 > 出租流转。⑥

11. 家庭农场的政策扶持问题

何劲、熊学萍提出,我国家庭农场发展尚处于初期阶段,其制度安

---

① 綦慧心:《家庭农场的作用解析与发展方略》,《农业经济》2019 年第 7 期。

② 刘灵辉:《家庭农场土地流转合同期满续约过程中的利益博弈》,《西北农林科技大学学报》(社会科学版)2020 年第 2 期。

③ 张宗毅、杜志雄:《土地流转一定会导致"非粮化"吗?——基于全国 1740 个种植业家庭农场监测数据的实证分析》,《经济学动态》2015 年第 9 期。

④ 刘灵辉、郑耀群:《家庭农场土地征收补偿问题研究》,《中国人口·资源与环境》2016 年第 11 期。

⑤ 兰勇、熊彬雁、易朝辉:《家庭农场土地经营权流转的动力机制》,《农业现代化研究》2018 年第 4 期。

⑥ 兰勇、蒋黾、何佳灿:《三种流转模式下家庭农场土地经营权稳定性比较研究》,《农业技术经济》2019 年第 12 期。

排与环境并不完全相容，必须继续农地制度改革，全方位扶持家庭农场做大做强。①

操家齐认为，农村土地三个"权利人"（即村集体、村民、经营者）权属不明晰是家庭农场发展的主要障碍；政府与市场关系的不易把握影响政策制定；过分重视新型农业经营主体影响普通农户利益；统筹城乡发展不足制约了家庭农场的单兵突破。②

叶云、尚旭东指出，省域财政支持家庭农场主要集中在"资金支持""涉农补贴""项目配套""信贷支持""保险服务"和"税费优惠"等领域，但对于政策工具间是否具有替代性和传导性，以及各类政策工具的效力比较与筛选，需要进一步研究。③

12. 家庭农场的高质量发展问题

夏雯雯、杜志雄、郜亮亮研究后发现，受教育时间长、接受过培训的家庭农场经营者更倾向于应用绿色生产技术；年轻、风险偏好型的家庭农场经营者应用绿色生产技术的概率较高；女性、习惯使用移动网络的家庭农场经营者应用绿色生产技术的概率较高。④

何秀荣认为，加快培育家庭农场并实现高质量发展，关键在于全面提升家庭农场经营者的素质和能力，培育造就家庭农场自身在市场经济中的经营活力，坚持把提升发展质量和效益放在首位；另外，需要政府的大力支持。⑤

13. 关于家庭农场主特征

郜亮亮、杜志雄、谭洪业对家庭农场的农场主特征进行研究后得出结论：九成为男性；平均年龄47岁；50%—60%的农场主学历水平为初

---

① 何劲、熊学萍：《家庭农场绩效评价：制度安排抑或环境相容》，《改革》2014年第8期。

② 操家齐：《家庭农场发展：深层问题与扶持政策的完善》，《福建农林大学学报》2015年第5期。

③ 叶云、尚旭东：《家庭农场发展的省域财政支持政策研究——基于政策文本分析》，《农业经济》2019年第4期。

④ 夏雯雯、杜志雄、郜亮亮：《家庭农场经营者应用绿色生产技术的影响因素研究——基于三省452个家庭农场的调研数据》，《经济纵横》2019年第6期。

⑤ 何秀荣：《加快培育家庭农场》，《中国合作经济》2020年第4期。

中及以下；八到九成农场主接受了再教育培训；农场主平均有 5—7 年规模经营经历；八成以上农场主拥有本村或本乡户籍。①

14. 家庭农场的经营方向问题

杨霞、张伟民、金文成通过统计分析得出家庭农场发展的四个特点，即六成以上从事种植业；七成多的耕地来自土地经营权流转；家庭农场平均毛收益 20 万元；获得扶持的家庭农场数量很少。②

15. 家庭农场的发展路径问题

孔祥智指出，联合与合作是家庭农场发展的必然趋势。③

李静、张德元通过调研后指出，农场主受教育程度、经营规模、农场注册情况对农场主是否加入农民专业合作社具有正向影响作用；而年龄、租金兑付情况则对农场主是否加入农民专业合作社具有负向影响。④

王征兵提出，中国特色家庭农场的发展路径包括：以中小家庭农场为主；实行精细密集经营；发展同一主体农业第六产业（农业第一、第二、第三产业融合）；打造农产品品牌；强化农产品营销；为家庭农场提供良好的环境条件。⑤

三　小结

综上所述，中外学者就家庭农场发展问题展开了热烈讨论，并提出了各自的独到见解。相较而言，国外学者讨论家庭农场发展的时间较早，而国内学者讨论中国式家庭农场的时间相对较晚。不管是国内还是国外学者，讨论家庭农场涉及的领域都较广。

单就国内学者们的研究成果，课题组发现，学者们对中国式家庭农

---

① 郜亮亮、杜志雄、谭洪业：《什么样的农场主在经营中国的家庭农场》，《农业经济问题》（月刊）2020 年第 4 期。
② 杨霞、张伟民、金文成：《2015 年 34 万户家庭农场统计分析》，《农村经营管理》2016 年第 6 期。
③ 孔祥智：《联合与合作是家庭农场发展的必然趋势》，《合作论坛》2014 年第 5 期。
④ 李静、张德元：《家庭农场加入农民专业合作社的影响因素分析——基于安徽、河南两省 278 份调查数据》，《湖南农业大学学报》（社会科学版）2014 年第 6 期。
⑤ 王征兵：《中国特色家庭农场发展研究》，《理论探索》2017 年第 3 期。

场进行界定，讨论了家庭农场的生产、经营与管理，以及对家庭农场的政策支持等；也有一些案例分析、实证分析。但国内学者的研究成果大多集中在东部、东北与中部经济相对较为发达的地区。而对西部这一农业在地方经济中具有独特地位的地区的家庭农场研究、关注少之又少，这就为本课题的研究留下了空间。

第三节 研究的主要内容和方法

一 基本思路与研究方法

1. 思路

本课题将以习近平新时代中国特色社会主义思想为指导，以实现西部地区现代农业可持续发展、农民增收与农业增效为目标，全面贯彻执行创新、协调、绿色、开放、共享"五大发展理念"，在认真总结、研究国内外家庭农场发展经验的基础上，探讨西部地区家庭农场适度规模经营的路径、机制、模式，以作为地方政府的决策参考。

本书采取总分结构，按照"提出问题""分析问题""解决问题"的逻辑思路，展开全部内容的思考与论述。本书的中心思想是西部地区家庭农场发展的基础、条件、模式及对策。具体见图1—1"研究思路示意图"。

2. 研究方法

综合运用区域经济学、农业经济学、生态学、环境学和管理学等学科的理论与研究方法，将实证分析与规范分析相结合、定量分析与定性分析相结合、案例分析和调研资料相结合，进行本课题的研究。

二 研究的主要内容

如前所述，本书采用总分结构，按照"提出问题""分析问题""解决问题"的逻辑思路，围绕西部地区家庭农场发展的基础、条件、模式及对策展开分析与论述。其中，第4—7章和第12—13章为重点。研究的主要内容具体如下。

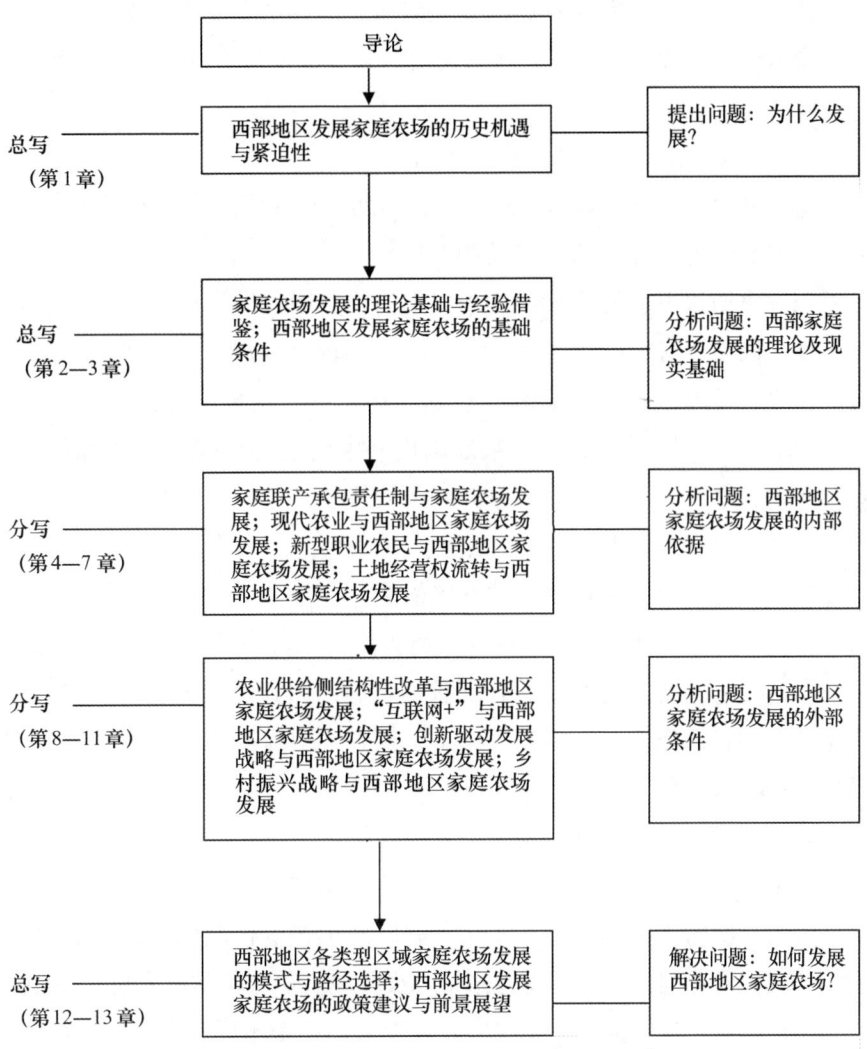

图1—1 研究思路示意图

1. 导论

该部分主要介绍选题依据及意义、国内外文献回顾、研究内容与方法、主要创新点等，以让读者对本书有一个初步的了解。

2. 西部地区发展家庭农场的历史机遇和紧迫性

这一部分主要就家庭农场的发展背景、面临的历史机遇和挑战、发展的紧迫性等方面进行分析,力求说明西部地区发展家庭农场的必要性、可行性与重要意义。

3. 家庭农场的理论基础与经验借鉴

这一部分主要介绍的内容包括:(1)西部地区发展家庭农场的基础。主要对家庭农场的理论基础以及相关的概念进行分析、梳理,并探索性地对家庭农场认识上的几大误区予以厘清,力图建立家庭农场发展的理论支撑,以使之后的论证有理有据。(2)国内外发展家庭农场的经验借鉴。作为后发地区,西部地区的家庭农场发展一定要本着学习的态度,发扬"拿来主义"精神,认真吸取国内外家庭农场的发展经验和教训。这部分内容主要对国内外发展家庭农场的成功经验进行分析,以便为西部地区发展家庭农场提供参考、借鉴。

4. 西部地区发展家庭农场的基础条件

在这一部分里面,对发展家庭农场所需满足的一系列要件进行论述,并对西部地区发展家庭农场的有利条件与制约因素进行分析。同时,在借鉴其他学者的理论与方法的基础上,探索性地提出了西部地区家庭农场的指标考核体系。

5. 家庭联产承包责任制与家庭农场发展

如果说由于家庭联产承包责任制的普遍实施助推了我国农业与农村经济的第一次腾飞的话,那么,从家庭联产承包责任制到鼓励发展家庭农场,我国农业与农村经济将迎来第二次腾飞。尽管都是以农民"家庭"作为生产经营主体,但它们是我国农业发展的两个不同阶段。这一部分,主要从现代农业发展的要求角度,说明小户家庭联产承包责任制的不足、兴办家庭农场的必要性,以及家庭联产承包责任制与家庭农场适度规模经营的兼容性。

6. 现代农业与西部地区家庭农场发展

现代农业需要发展农村土地的适度规模经营,家庭农场也必将能够成为现代农业的有效载体。这一部分主要介绍西部地区现代农业的表现形式,西部农业结构分析以及现代农业如何与家庭农场进行深度融合。

7. 职业农民培育与西部地区家庭农场发展

家庭农场发展得好不好与农场经营者的素质密切相关，西部地区家庭农场发展离不开"职业农民"队伍的壮大。这一部分主要对职业农民的来源、职业农民的培养与管理进行研究。

8. 土地承包经营权流转与西部地区家庭农场发展

要实现家庭农场的适度规模经营，土地承包经营权流转是发展的关键，它能解决家庭农场的土地"从何而来"的问题。这一部分主要对土地承包经营权的流转方式、失地农民的权益保护问题等进行分析与论述。

9. 农业供给侧结构性改革与西部地区家庭农场发展

这一部分以供给侧结构性改革的提出背景与科学内涵为基础，对农业供给侧结构性改革的前提条件、重要意义、主要内容、对策措施，以及农业供给侧结构性改革与西部地区家庭农场的关联性进行论述、分析。

10. "互联网＋"与西部地区家庭农场发展

互联网技术是当今最先进的信息传播技术，国内各行各业都在力图与"互联网＋"接轨。西部地区的家庭农场发展也不能错过互联网快速发展的良好契机。本部分将结合"淘宝农场"案例的分析，提出西部地区家庭农场如何借助互联网技术将自身做大做强。

11. 创新驱动发展战略与西部地区家庭农场发展

创新发展是我国"十三五"时期所倡导的五大新发展理念之一。西部地区的家庭农场不能照搬照抄西方国家或国内东部发达地区的家庭农场的发展模式，而要因地制宜，在发展过程中进行制度、技术、管理、市场乃至于观念创新。只有这样，西部地区的家庭农场才有持久的生命力。这一部分主要介绍创新的概念、农业创新的重要性、西部地区农业创新的现状，以及西部地区家庭农场如何创新。

12. 乡村振兴战略与西部地区家庭农场发展

乡村振兴战略是党的十九大提出的、旨在解决我国"三农"问题的最新举措。发展家庭农场与实施乡村振兴战略的终极目标可说是高度契合，都是为了实现城乡一体化发展，提高城乡人民的生活水平，满足城乡人民对美好生活的需要。这一章主要介绍乡村振兴战略的科学内涵、实施乡村振兴战略的重要意义，以及西部地区家庭农场在实施乡村振兴

（尤其是乡村产业振兴）战略中扮演的角色。

13. 西部不同类型地区家庭农场发展的模式与路径选择

应该说，经过多年的实践，国内外在发展家庭农场的过程中，逐步形成了一些成功的模式。但其规模、运行方式，不见得对于西部地区全部适用。这一部分在调查研究与分析的基础上，主要就西部地区的平原区、丘陵区、山区、高原区如何兴办具有自身特色的家庭农场进行探索性分析研究，并进行相关案例分析。

14. 促进西部地区家庭农场健康发展的政策建议及前景展望

这一部分主要针对西部地区发展家庭农场过程中的制约因素及可能遇到的困难，从立法司法、经济、行政、社会等角度，就加强对家庭农场的扶持、监督与管理进行研究，并对西部地区家庭农场的发展前景进行展望。

第四节　主要的创新点

一　建设性的建议或观点

1. 城市化率低的地区也可以发展家庭农场

我们认为，中央大力发展家庭农场等新型农业经营主体的主要目的是解决"谁来种地"的问题。基于此，只要存在"农地撂荒现象"的地方都可发展家庭农场。绝大多数的西部省市和自治区都是劳务输出区，大量的农村劳动力在比较利益原则下选择了"孔雀东南飞"——到经济发达地区务工以换取收入，致使农村土地出现"撂荒"。这对保证农产品的有效供应、确保我国的粮食安全是极为不利的。在城市化率相对东部地区要低的西部地区发展家庭农场，既可以充分地利用"被撂荒"的土地，又可以解除粮食安全之忧，同时还可以带动农民致富，实在是一举多得的事情。

2. 家庭农场的产业方向应该是走融合发展之路

无论是从国外的发展经验看，还是从国内的实际情况看，单纯地依靠种植业或养殖业很难提高家庭农场发展的效率与效益。只有依靠科技创新，促进农村第一、第二、第三产业融合发展，着力延伸农业产业链，才能够不断挖掘农业资源潜力，提高农产品的附加价值。西部各类型区域所发展的"农业+乡村旅游模式"实际是农业实现融合发展的极好例证。

3. 应该建立家庭农场的进入和退出机制

建立进入机制，就是要对进入农业产业领域的家庭农场的资格进行审定，保证现代农业发展的可持续性，以防止极个别主体恶意"圈地"，骗取国家农业政策优惠的不良行为。我们在一些地方调研的过程中，发现了一些只登记、不运营，有骗取国家的扶持政策（资金）之嫌的所谓"僵尸"家庭农场，在当地造成了不良影响。这正好充分说明在家庭农场发展中，政府相关部门守好"进入"关口的重要性。

对经营不善、亏损严重甚至资不抵债的家庭农场，建立退出机制。这对于保护集体和农户利益，盘活农村集体资产极其重要。家庭农场退出经营后的善后处理必须依法、依规，且要尊重农户与家庭农场双方意愿。尽管家庭农场退出经营，但原承诺的、对土地承包户的流转补偿金应该按照契约如数兑现；若家庭农场不能履约的，当地政府可以尝试建立常备基金，专门用于"兜底"土地流转补偿金，以保护土地流转农户的利益不受损失。另外，退出经营的家庭农场的利益也应该受到保护。尤其是其土地附属设施建设、耕地整理与整治方面的投资应该予以补偿，补偿金额应该是在当地政府组织下，由土地承包户与家庭农场主通过协商一致的办法予以解决。

4. 家庭农场是未来中国农业的主要经营主体，但不是唯一主体

我们认为，这种认识的理由至少有三：

（1）中央在鼓励家庭农场进行适度规模经营的同时，也在鼓励其他农业新型主体的发展。也就是说，新型农业经营主体包括家庭农场、专业大户、农民合作社、农业龙头企业四种类型。家庭农场是其中的重要成员，但不是唯一成员。这四股力量将共同承担起未来中国实现农业现代化和发展现代农业的重大责任。

（2）基于当下我国土地经营权流转的速度和难度，再加上农村经营管理人才不足等因素，家庭农场的适度规模经营可能要经历一个由少到多、由点到面的长期过程，家庭农场不可能在短期内就能够布满全国。

（3）家庭农场是我国现代农业发展的重要载体，但不见得就是唯一可行的载体。更何况家庭农场对于农业与农村经济的发展、"三农"问题的有效解决，也不见得就是"一贴就灵"的灵丹妙药。

因此，我们认为，家庭农场不可能在未来中国农业和农村发展中一统天下。在今后相当长的历史阶段，家庭农场的适度规模经营与普通农户的小规模承包经营将共存发展，共同为我国农业现代化做出自己的贡献。

5. 从长期看，股份制是家庭农场发展的可选择方式

根据有关专家的研究，与公司农场相比，家庭农场的效率更好，但管理能力更差。如何弥补家庭农场在管理能力上的不足呢？我们认为，引入股份制，家庭农场进行公司化运作、企业化管理是可行的选择。股份制农场可以兼有家庭农场与公司农场的特点，即既可以提高农场的管理能力，又不失较好的生产经营效率。在我国社会主义市场经济条件下，第二、第三产业已经有了股份制。作为第一产业的农业也可引入股份制。当然，这不是说要将城市工商资本引入农业领域（因为这与国家的相关政策不相符），我们是说农民兄弟自己的"股份制"。

从调研中我们发现，发展资金筹措难、流转土地缺乏稳定性是影响家庭农场可持续发展的两大重要因素。首先，引入股份制，让周边农户以责任地入股形式进入农场，可解决家庭农场流转土地稳定性问题；其次，公司化运作、企业化管理，能够有效提高农场的经营管理效率；再次，股份制农场的不断发展、壮大，企业的资金实力、偿债能力也会随之得到加强，能够减缓金融机构在资金安全上的担忧，能够有效解决家庭农场发展过程中的融资难问题；最后，农场与数个农民"股东"存在利益联结机制，能够有效提高股份制农场在周边农户中的凝聚力、向心力，这对农场的长远发展、可持续发展无疑具有重要意义。

6. 建立职业农民退休制度

在我国，传统农民（或者身份农民）实际上是没有真正意义上的"退休制度"的。但既然是职业农民，就应该建立严格的退休制度，按照养老金的缴纳情况，与城镇企业职工一样享受养老金。至于其所承包经营的土地，可以继承，也可以拿出来重新进入流转程序。

二　对家庭农场的考核指标体系进行了探索性研究

本书根据我国西部地区家庭农场发展的实际情况，设计了总量指标、经营结构指标、绿色发展指标和家庭农场发展后劲指标四个方面的指标，力求能够简单、客观地反映家庭农场发展的全貌。

三　对西部地区不同地理类型区域的家庭农场发展模式进行了探索性研究

本书认为西部不同类型区域应该根据本地资源特点发展具有本地特色的家庭农场模式。其中，平原区可以尝试发展种植业优先型家庭农场模式，要根据当地耕地成片成块的优势，大力发展粮食作物，发挥西部地区"粮仓"的作用，努力成为确保国家"粮食安全"的中坚力量；丘陵地区的家庭农场可以发展种养结合（循环农业）型产业发展模式，尽量做到种植业与养殖业的协调发展，协助平原区确保城乡居民的主要农产品的有效供应；山区的家庭农场应该在"特色"上下功夫，大力发展特色效益型产业模式，依靠特色与高效在农产品市场竞争中赢得"一席之地"；鉴于西部高原区水资源、耕地资源缺乏的实际情况，高原区家庭农场可以主要发展资源节约型产业模式，通过要素投入的高效率赢得市场。

四　提出了招收免费农校生的设想

本书建议，为了快速提升农业从业人员尤其是开办家庭农场的从业人员的科技文化素质，可以参照国内免费师范生的办法，招收免费农校生。对于这些免费农校生要着重培养其种养殖技术，并签订定向就业协议，规定毕业以后必须回乡从事家庭农场或其他涉农工作。

第一章

西部地区发展家庭农场的历史机遇和紧迫性

第一节 西部地区家庭农场问题的提出

西部地区①是我国较早出现家庭农场的地区，新疆生产建设兵团在20世纪80年代初期就有了国营农场中的职工家庭农场。因此，在西部地区发展家庭农场有必要性，也有可行性。

一 西部地区发展家庭农场的国际背景

如果说从英国的"圈地运动"算起的话，西方发达资本主义国家发展家庭农场的历史长达好几百年，并积累了丰富的经验。尽管西方国家的家庭农场是资本主义私有制的产物，是资本主义实现其土地所有权收益的重要形式。但作为一种农业经营模式，我们去讨论它姓"资"姓"社"，没有多大意义。西方发达国家的实践表明，家庭农场在促进农业产业化与现代化、解决农业人口的就业问题、增加农产品产出、提高农民收入、"倒逼"农业从业人员提高科学文化素质等方面具有现实的意义。

---

① 我国西部地区是享受国家为推进西部大开发战略而出台的一系列优惠政策的西部地区12个省、区、市，具体包括陕西、四川、云南、贵州、广西、甘肃、青海、宁夏、西藏、内蒙古、新疆、重庆。

二 西部地区发展家庭农场的国内背景

中央提出大力发展家庭农场等新型农业经营主体,其主要目的是解决"无人种地"的难题,并顺势加快农业现代化步伐,为全面实现小康目标而努力。国内的上海市松江区、安徽省郎溪县、浙江省宁波市、湖北省武汉市,以及吉林省延边市等地在发展家庭农场方面积累了丰富经验。它们的实践经验表明,家庭农场在促进农业增效与农民增收、促进现代农业建设、确保粮食安全方面是可行的路径。

我国西部地区的12个省市和自治区大多为经济欠发达,农业在地方经济社会中的地位举足轻重的区域。改革开放以来,西部地区农业和农村经济获得了大发展,农牧民的收入水平和生活质量都得到了极大的提高。但是,西部地区农村青壮年流入非农产业的比重较大、土地"撂荒"现象比较突出,这严重影响了农业和农村经济的高质量发展。更为重要的是,西部地区为我国少数民族聚居区,发展现代农业、促进农牧民增收,有利于促进民族大家庭的和谐、我国边境的安全和安宁。

第二节 西部地区家庭农场发展的历史机遇

家庭联产承包责任制实行四十多年,我国西部地区农业和农村经济相较于改革开放之前有了翻天覆地的变化。在坚持家庭联产承包责任制不动摇的前提下,大力发展家庭农场、促进现代农业的规模化经营是必然的选择。我们认为,西部地区发展家庭农场有着难得的历史机遇。

一 国家政策鼓励新型农业经营主体的培育与发展

为了有效解决我国农村"谁来种地"的问题,并促进农业和农村经济的持续、快速、健康发展,2013年1月31日发布的《中共中央、国务院关于加快发展现代农业、进一步增强农村发展活力的若干意见》,提出要大力发展家庭农场、农民合作社、专业大户及农业产业化龙头企业等新型农业经营主体;2014年2月24日,农业部的《关于促进家庭农场发展的指导意见》,专门对家庭农场的发展做出具体部署;2014年11月20

日,中共中央办公厅、国务院办公厅专门发文《关于引导农村土地经营权有序流转、发展农业适度规模经营的意见》,就农户承包土地经营权的流转进行规范;2016年3月17日公布的《中华人民共和国国民经济和社会发展第十三个五年规划纲要》也包括"培育农业新型主体""发展适度规模经营""健全农业社会化服务体系"等内容。为此,各级政府都必会出台一系列扶持政策,支持家庭农场等新型农业经营主体的发展。可以预见,家庭农场发展的政策环境肯定会变得越来越好。

二 农业结构的升级换代为家庭农场发展提供契机

实现农业现代化在内的"四个现代化"是我国政府和人民的共同愿望。要发展现代农业、实现农业现代农化,必然要对传统农业进行现代化改造,相应地,农业的产业结构必须要进行升级换代:农业功能要拓展,新兴农业产业要培育,农业产业链要延长,农产品附加价值要提升。而产业结构的升级换代所涉及的技术创新、产业与产品创新、经营管理创新等工作,由于其风险性、不可预知性,小规模承包经营的普通农户家庭显然难以胜任,也难以承担创新失败带来的损失。而作为新型农业经营主体的重要成员,家庭农场的业主将以新型职业农民为主,采取适度规模经营,其经营管理水平与经济实力,都是小规模承包经营的普通农户家庭所不能比拟的。再加上党和政府对家庭农场在政策、资金、人才等方面的大力支持,家庭农场的发展必将"如虎添翼"。因此,农业结构升级换代的重任理所当然也必须落在家庭农场等新型农业经营主体的身上。农业结构的升级换代对家庭农场来说是责任,更是发展的契机。

三 户籍制度改革为家庭农场的加快发展增添助力

长久以来,我国存在着城乡二元结构,二元经济成为我国的独有特色。农民或者农业人口成为一种身份的象征,其地位较为卑微,城市与乡村的基本公共服务并不平等。于是,农民的子弟要千方百计"跳农门",农民的子弟不愿意再种地当农民。因此,户籍制度改革已经成为促进城乡一体化发展的必然要求。2014年7月24日,国务院下发了《关于进一步推进户籍制度改革的意见》，对户籍制度改革进行部署。① 随着该意见的逐步落实，我国以后不会再有农业户口与非农业户口之分，统一登记为居民户口。农民不再是一种身份，而是一种职业，而职业是没有高低贵贱之分的。相信以后会有更多人，不仅居住在农村的居民，而且居住在城镇的居民，都会选择农业作为终身职业。这对于现代农业、家庭农场的加快发展都将是利好消息。

第三节　西部地区发展家庭农场面临的挑战

西部地区发展家庭农场有良好的历史机遇，但同时也面临严峻的挑战。主要包括以下几方面。

一　土地经营权的流转是一项艰难的工作

培育家庭农场、发展土地的适度规模经营，肯定要解决"地从何而来"的问题。尽管已有中共中央办公厅、国务院办公厅《关于引导农村土地经营权有序流转、发展农业适度规模经营的意见》作为农村土地经营权流转的实施依据，但是，从我们调研的情况看，土地流转的真正落实到位还需要做很多艰苦细致的工作。这些工作包括制定相关政策和措施提高农户对土地经营权流转的认识，说服责任地闲置的农民心甘情愿地将责任地出让，流转土地程序的统一与规范，流转期限的规定，流转补偿金的规定与支付，土地规模的确定，失地农民的就业与利益的协调与保障，确保流转的土地的农业用途，等等。这些工作中的任何一个环节没有处理好，都有可能使得土地经营权的流转遇到巨大阻碍。土地不能集中经营，兴办家庭农场就会变成不可能完成的工作。

---

① 2016年9月19日，北京市出台了《进一步推进户籍制度改革的实施意见》，提出取消农业户口与非农业户口性质区分，统一登记为居民户口，并建立和统一城乡户口制度相适应的教育、卫生计生、就业、社保、住房、土地及人口统计制度。我们相信，全国的其他省市和自治区会陆续跟进。

二 传统农民向职业农民的转变需要一个循序渐进的过程

现代农业的发展重点依靠的是职业农民而不是传统农民，这已经成为大家的共识。然而长期以来，我国农业属于技术含量较低的劳动密集型产业，对农业从业者的文化素养、技术与管理的素质要求都不太高，这样的农业从业者，我们习惯称为"传统农民"。而西部地区要发展家庭农场，必须有一支有文化、懂经营、善管理的职业农民队伍。但要实现传统农民向职业农民的转变，不可能在短期内完成。这是因为，在西部农村，留守的农民大多年老体衰，其知识结构已经定型，要重塑其知识结构几乎不可能；外出打工的青壮年劳动力，在比较利益原则下，在短期内，很难有吸引力让他们重新回到乡村；退伍军人、出生于农村的大中专毕业生回乡创业的动机至少在当下不是那么强烈。因此，西部地区职业农民队伍的打造，需要一个相当长的过程。

三 农业社会化服务体系的建立与完善面临诸多困难

农业服务社会化是发展现代农业、实现农业现代化的必然要求。完善的"社会化服务体系"同时也是培育新型农业经营主体、发展家庭农场的重要保证。[①] 俗话说：兵马未动，粮草先行。相对于家庭农场与现代农业而言，农业的各项社会化服务内容就是"粮草"。由于历史的原因，当下的西部地区，与全国其他地方一样，农业服务仍然处于相对薄弱的状态。主要困难在于缺人才、缺资金、缺场地、缺优惠政策扶持等。因此，农业社会化服务这一环节工作还暂时处于很少人做、很少人愿意做、很少人能够做的困难状态。

第四节 西部地区发展家庭农场的紧迫性

如前所述，西部地区拥有成都平原、关中平原两大"粮仓"，以及一大片适宜农耕的丘陵区域，经营管理好这一区域的农业，对于确保我国

---

① 农业社会化服务体系的定义详见第二章第二节"家庭农场的相关概念界定"。

的粮食安全、维护我国西部边陲的稳定与安宁具有重要的现实意义。但西部地区作为劳务输出大区,农地"撂荒"现象极为突出,发展家庭农场、有效解决"谁来种地"的问题已经相当迫切。

一 西部地区的现代农业发展需要以家庭农场为重要载体

发展现代农业、实现农业现代化是我国政府和人民不懈追求的重要目标。从目前的实际情况看,西部地区要发展现代农业、完成对传统农业的现代化改造,势必要借助一种合适的载体,而家庭农场正好可以胜任这一载体。正如2013年3月28日,李克强总理在江苏省常熟市田娘家庭农场视察时所指出的那样:"家庭农场、股份合作、专业合作等适度规模经营是发展现代农业的有效载体,它代表着一个大方向。"[①] 家庭农场作为实现农业现代化的载体,一方面可以促进农业与农村经济的生产经营人才的快速成长,加快农业从业人员的职业化进程;另一方面有利于寻找优化农业产业结构,提高农业资源使用效率和效益。

二 西部地区农业在家庭联产承包责任制下面临增收与增效"瓶颈"

当今农民家庭收入的增加,主要来源于务工收入而不是农业经营收入,这已经不是什么秘密。由于西部地区的大部分青壮年劳动力外出打工,留守的多为年老体弱的农业从业者,土地"撂荒",农业生产基本处于"放任自流"状态。在这样的情况下,农业自身要实现更多的产出、更高的收入、更好的效率和效益,难度可说已经相当大,实现农业现代化就更是不可能完成的任务。一定意义上讲,这也是实行已经四十多年以来的家庭联产承包责任制所面临的困境,要解除困境就必须对原有的"小规模承包经营"制度本身进行微调,鼓励土地承包经营权的有序流转,鼓励家庭农场等新型农业经营主体发展适度规模经营,让真正有志于农业产业的职业农民承担起发展现代农业的重任。

---

① 陈刚、董俊:《从李克强总理考察家庭农场看现代农业发展新趋势》,2013年3月,新华网(http://news.xinhuanet.com/politics/2013-03/31/c_124525073.htm)。

三 土地规模化经营是西部地区农业发展的大势所趋

要实现由传统农业向现代农业的转变,农业的提质增效是极为关键的环节。在这一环节,农业产业结构需要升级换代、农业要素使用效率要提高、农业产出与效益要确保。我国人均占有耕地 1.4 亩,约占世界平均水平的 1/4。在家庭联产承包责任制的"均田承包"情况下,农民家庭所经营的土地都是呈"碎片状"分布的,这既不利于降低成本,也提高不了效率和效益。不管是从国内外农业科技的发展大势看,或者是现代农业所要求的结构调整和产业化发展要求看,鼓励对农地经营权进行有序流转、发展适度规模经营都是必然的选择。

四 兴办家庭农场可以成为西部地区返乡农民创业的有效方式

多年来,西部地区各省市和自治区一直是剩余劳动力的重要供应地。改革开放以后,随着农村普遍推行家庭联产承包责任制,我国一大批农村剩余劳动力从土地上解放出来。为了增加农户家庭的非农收入,农村青壮年劳动力纷纷加入进城务工队伍的行列。经过多年的打拼,不少的农民工有了相当规模的资金积累,也学习到了一定的生产技术与经营管理经验,于是产生了回乡自己创业的念头。兴办家庭农场自然而然就成为这部分回乡农民实现其创业理想的极好的方式:既可以响应党中央发展新型农业经营主体的号召,又可回报家乡以繁荣农业和农村经济。

第 二 章

家庭农场发展的理论基础及经验借鉴

第一节 家庭农场发展的理论基础

一 规模经济理论

所谓规模经济,是指在一定时期内,随着企业产量的增加,平均成本(尤其平均固定成本)会下降,企业效益会增加。

"规模经济"思想一般认为是英国古典经济学家亚当·斯密首先提出来的。他曾经在其于1776年出版的著名经济学著作《国民财富的性质和原因的研究》中指出:"劳动生产上最大的增进,以及运用劳动时所表现的更大的熟练、技巧和判断力,似乎都是分工的结果。"斯密以制针工场的生产作为实例,分析出制针厂效率的提升在于分工,分工使得每个工人的生产技术、技巧更为熟练,从而节省了因变换工作而花费的时间,并且有利于机器的发明和使用。这在一定程度上可以看作"规模经济理论"的古典解释。

规模经济理论的提出者一般认为是美国著名的经济学家阿尔弗雷德·马歇尔。马歇尔在其著名的著作《经济学原理》中曾经提出:"大规模生产的利益在工业上表现得最为清楚。大工厂的利益在于:专门机构的使用与改革、采购与销售、专门技术和经营管理工作的进一步划分。"并认为,规模经济的形成有两条途径:一是企业对所获得资源的充分有效利用,使得企业的经营管理效率提高,这被称作"内部规模经济";二是通过企业之间的分工与合作、合理的区域布局等,使得企业的经营管理效率提高,这被称作"外部规模经济"。马歇尔还指出了规模报酬演化的三个阶段，即规模报酬递增、规模报酬不变、规模报酬递减。

无产阶级的经济学家卡尔·马克思也对"规模经济理论"的发展做出过重要贡献。在《资本论》第一卷中，马克思指出：大规模生产是提高劳动生产率的有效途径，是近代工业发展的必由之路，以此为基础，"才能组织劳动的分工和结合，才能使生产资料由于大规模积聚而得到节约，才能产生那些按其物质属性来说适于共同使用的劳动资料，如机器体系等，才能使巨大的自然力为生产服务，才能使生产过程变为科学在工艺上的应用"。马克思同时还指出了生产规模扩大所要达到的两大目的：一是产、供、销的联合与资本扩张；二是生产成本的下降。

尽管"规模经济理论"的本意主要是讲的企业，但我们认为，它仍然适用于家庭农场的发展与管理。这是因为，家庭农场发展的是适度规模经营，追求规模效益；家庭农场作为重要的新型农业经营主体，需要有效降低生产经营成本，提高生产经营的效益和效率。

二 现代产权理论

产权是经济所有制关系的法律术语。它包括所有权、占有权、支配权、使用权、收益权和处分权。在现代市场经济条件下，产权具有三重属性，即可分离性、独立流动性和经济实体性。

1937年11月，美国著名经济学家罗纳德·哈里斯·科斯在英国伦敦经济学院学报《经济学家》上发表了其著名的论文《企业的性质》，可看作产权理论兴起的标志。20世纪50年代末到60年代初，科斯重点对产权的经济功能进行分析，特别考察了产权结构对于降低社会成本、克服经济外部性等市场失灵现象的关键性作用。值得一提的是，这一时期，科斯的代表作为1960年发表于《法与经济学杂志》上的《社会成本问题》一文，重要的成就就是提出了著名的"科斯定理"（即只要交易成本为零，同时允许自由交易，产权的初始安排对效率没有影响）。

我国农村实行四十多年的家庭联产承包责任制，为调动农民的工作积极性、主动性和创造性，为繁荣农业和农村经济、提高农民收入水平、改善农民的生产生活环境，做出了不可磨灭的贡献。但是家庭联产承包责任制的制度缺陷也是客观存在的，比如产权虚置、不利于降低农业交易费用、不利于农业效率的提高。发展家庭农场等新型农业经营主体，就是要借助西方的现代产权理论，在不损害土地国有的前提下，对我国农村土地产权制度进行重新安排，实行"三权分置"，即土地所有权归国家、土地使用权归农户、土地经营权归家庭农场等新型农业经营主体，以实现农业和农村经济的第二次飞跃。

三 科学发展观①

党的十六届三中全会提出要"坚持以人为本，树立全面、协调、可持续的发展观，促进经济社会和人的全面发展"，强调要按照"五个统筹"（即统筹城乡发展、统筹区域发展、统筹经济社会发展、统筹人与自然的和谐发展、统筹国内发展与对外开放）的要求，推进我国改革与发展事业不断取得新进展。《中共中央关于国民经济和社会发展第十一个五年规划的建议》进一步强调指出："要坚定不移地以科学发展观统领经济社会发展全局，坚持以人为本，转变发展观念、创新发展模式、提高发展质量，把经济社会发展切实转入全面协调可持续发展的轨道。"在党的十七大报告中，时任中共中央总书记胡锦涛对"科学发展观"的内涵进行了全面阐释。

简单来讲，科学发展观的基本内涵就是：坚持以经济建设为中心；坚持全面、协调、可持续发展；坚持以人为本。其中，科学发展观的第一要义是发展，即"以经济建设为中心""发展是硬道理"；"以人为本"思想是科学发展观的本质和核心；"全面、协调、可持续发展"思想是科学发展观的基本要求；具体方法是统筹兼顾。

在继续坚持家庭联产承包责任制不动摇的情况下，着力培育和发展家庭农场等新型农业经营主体正是坚持农业科学发展、创新发展、协调发展的极好体现。

---

① 本部分转引自王大明、邓玲《发展农业循环经济促进欠发达地区现代农业发展——以四川省南充市为例》，《软科学》2009年第1期。引用时，进行了适当修改和调整。

四　五大发展理念

"五大发展理念"是2015年10月召开的党的十八届五中全会提出来的。其科学含义包括以下几方面。

1. 创新发展

"创新"一词是由美籍奥地利经济学家约瑟夫·熊彼特在其著作《经济发展理论》中率先提出来的。熊彼特认为，技术不断创新，产业不断变迁，出现所谓的"创造性破坏"，是现代经济增长的最重要本质。以往的历史经验表明，一个国家的"后发优势""比较优势"红利一旦消失，进入更加成熟的发展阶段，创新能力不强就会成为制约经济增长的"阿喀琉斯之踵"。经济发展进入新常态的中国，急迫地需要一次思想与发展模式的创新、变革。作为新型农业经营主体的重要成员，家庭农场对现代农业的发展必然要厉行创新，以新的发展理念经营农业，以新的技术装备武装农业，及时推广与采用新的科研成果，以实现农业增产、农民增收。

2. 协调发展

与协调发展相对应的概念是"非均衡、不平衡发展"。一段时间以来，我国区域发展不协调、产业发展不协调的问题比较突出：尽管实现了GDP的高速增长、经济总量也自2013年以后跃居世界第二，但国内社会矛盾较为突出，区域之间、城乡之间的发展不均衡、不协调已经严重影响我国社会主义现代化目标的实现。强调协调发展，就是要实现整体发展、系统发展。家庭农场的适度规模经营，就是要解决我国乡村"无人种地"的难题。通过家庭农场等新型农业经营主体的示范带动，让更多的社会力量参与农业现代化进程，以改变长久以来"农业不稳"现象，实现城乡、工农的协调发展。

3. 绿色发展

一定意义上讲，我国的经济高速增长是以牺牲环境生态为代价的。生态环境的持续恶化不利于经济、社会的可持续发展，更为主要的是已经严重影响到人的身心健康。如今"人民对美好生活的向往"就不仅仅是吃饱、穿暖的问题了。人民要追求"金山银山"，也不愿意放弃"绿水青山"。可见，绿色发展是完全必要的。家庭农场的现代农业发展能够兼顾"食品安全"与生态环境保护，这本身就是对绿色发展理念的极好诠释、极好贯彻执行。

4. 开放发展

1978年以后我国经济社会的长足发展离不开改革开放这一基本的国策。我们强调开放发展就是要告诉国内外：中国的发展离不开世界，中国永远不会向世界关闭已经开放的大门。我国倡导"一带一路"、牵头成立亚投行，正是"开放发展"理念的体现。世界上最早发展家庭农场的是西方资本主义国家，尤其是英国在"圈地运动"之后就有了资本主义的家庭农场，成为世界较早发展家庭农场的国家，其积累的发展经验是相当丰富的。我国的家庭农场肯定要走开放式发展的道路，要想办法学习国内外一切先进的成功经验，吸取别的国家、别的地区发展家庭农场中的失败教训。

5. 共享发展

坚持共享发展，就是要让全体中国人共享我国改革开放以后取得的伟大成果。改革开放以后，我国的经济总量越做越大，但城乡之间、不同区域之间的发展水平与收入分配差距问题仍然相当突出，这对于全面建设小康、解决人民日益增长的对美好生活的需求与发展不平衡不充分之间的矛盾肯定是不利的。发展家庭农场，就是要通过家庭农场等新型农业经营主体的引领作用，让更多的农民兄弟走上"生活富裕"的道路，不断满足自己日益增长的"对美好生活的需求"。

上述五大发展理念相互联系、相互依存、缺一不可。其中，创新发展强调的是发展的高质量、高效率；协调发展注重发展的均衡性、全面性；绿色发展注重发展的环保与和谐；开放发展注重发展的优化（肯定不排除竞争）与融入；共享发展强调发展中的公平、正义，强调发展的全覆盖。

第二节　家庭农场的相关概念界定

一　家庭农场

我们今天要发展的家庭农场既不同于西方资本主义国家的家庭农场，

也不同于20世纪80年代国营农场背景下的职工家庭农场。按照国家农业部的定义，家庭农场作为新型农业经营主体，是指"以农民家庭成员为主要劳动力，以农业经营收入为主要收入来源，利用家庭承包土地或流转土地，从事规模化、集约化、商品化农业生产，保留了农户家庭经营的内核，坚持了家庭经营的基础性地位，适合我国基本国情，符合农业生产特点，契合经济社会发展阶段，是农户家庭承包经营的升级版，已成为引领适度规模经营、发展现代农业的有生力量"[①]。从农业部的定义中，我们至少可以总结出家庭农场的五大特点。

1. 家庭成员为主要劳动力

这既不同于资本主义和封建主义条件下的雇工生产，也不同于我国计划经济条件下的国营农场中的集体劳动。依靠家庭成员自己的劳动，为农户家庭增产、增收、谋利，是家庭农场的一大特点。当然，也不能排除在农忙时节不同农户成员之间的互助互利、联合劳动。

2. 农业经营收入为主要收入来源

当今的农户家庭收入主要来自四个方面，即工资性收入、家庭经营收入、转移性收入、财产性收入。从总体看，在家庭联产承包责任制条件下，工资性收入是农户的主要收入。而在家庭农场背景下，农户收入主要来自家庭成员的农业经营收入。

3. 适度规模经营

家庭农场等新型农业经营主体不是对家庭联产承包责任制的否定，而是对家庭联产承包责任制的有益补充和完善，是家庭联产承包责任制的"升级版"。家庭农场与家庭联产承包责任制之间的区别在于是适度规模经营还是"农户均田承包"的小规模经营。家庭农场的土地经营规模不见得越大越好，它由自然地理条件、农业技术条件、农场主的经营管理素质、家庭农场的经营项目等多方面因素综合决定。

4. 农场主的高素质

与传统农民的文化程度普遍不高不同，农场主作为职业农民，主要

---

① 《农业部关于促进家庭农场发展的指导意见》，2014年2月，中国中央政府网（http://www.gov.cn/zhengce/2014-02/24/content_5023448.htm）。

来自返乡农民、退伍军人、回乡的大中专毕业生，自然是有文化、有一定技术和先进管理理念的农业从业者。家庭农场发展的是现代农业而不是传统农业，要求农场主必须以职业农民为主，其综合素质必须是高标准、严要求的。

5. 发展现代农业的有生力量

发展现代农业、实现农业现代化的依靠力量有两大选项：传统农民与职业农民。由于现代农业是以现代最新科学技术武装起来的，高度集约化、专业化、产业化的产业，对农业从业者的综合素质要求必然是相当高的，文化层次较低、主要依靠生产经验进行简单劳作的传统农民显然难以适应要求。以职业农民为主要力量的家庭农场必然成为发展现代农业、引领农业现代化方向的生力军、主力军。

二 新型职业农民

1. "新型职业农民"概念的提出

2005年12月，农业部下发的《关于实施农村实用人才培养"百万中专生计划"的意见》中首次有了"职业农民"的提法。在该文件中，农业部指出：农村实用人才培养"百万中专生计划"的适用对象是："农村劳动力中具有初中（或相当于初中）及以上文化程度，从事农业生产、经营、服务以及农村经济社会发展等领域的职业农民。重点培养村组干部、专业农户、农民合作经济组织骨干、农村经纪人、远程教育接收站点管理员、复转军人以及农村应届初高中毕业生等。"

2007年1月，《中共中央、国务院关于积极发展现代农业扎实、推进社会主义新农村建设的若干意见》中首次提出要培养"有文化、懂技术、会经营"的新型农民。

"新型农民"的培养问题写入了2007年召开的党的十七大报告。在这里，新型农民泛指一种身份，也是一种职业，包括"职业农民"在内。

2. 新型"职业农民"的内涵

"职业农民"是与"职业运动员""职业经纪人"等相类似的概念。所谓新型"职业农民"，是指具有一定科学文化知识、掌握现代农业生产技能、具备一定经营管理能力，以农业生产、经营或服务作为终身职业，以农业收入作为主要生活来源，居住在农村或集镇的农民。职业农民可分为生产型、经营型、服务型三种类型。

三　土地流转

土地流转是土地经营权流转的简称。它是指拥有土地承包经营权的农户按照依法、自愿、有偿的原则将其拥有的土地经营权转让给其他农户或农民合作组织。也就是说，农户保留使用权，转让经营权。国家鼓励农民通过转包、转让、入股、合作、租赁、互换等方式将承包地的经营权向家庭农场、专业大户、农民合作社等流转，发展农业适度规模经营。土地经营权的流转，是我国农村土地经营制度继家庭联产承包责任制以后的再次创新，它必将带来我国农业和农村经济发展效率与效益的快速提升，对于我国农业实现现代化与农村居民实现更高水平的生活具有重要的战略意义。

四　农业产业化

农业产业化经营，是在我国农村深化改革过程中出现的一种新型的扶持、保护和促进农业发展的新机制，是继农村家庭联产承包责任制、乡镇企业之后的又一次农村经济的制度创新。

1. "农业产业化"概念的提出

"农业产业化"这个概念于 20 世纪 90 年代开始出现在我国学术界。但就其实际内容而言，可以追溯到 20 世纪 70 年代。当时，泰国的正大饲料公司为开辟中国市场，由公司向农户提供技术服务和种鸡、饲料等生产资料，带动农户发展家庭养鸡业，然后，再由该公司收购成年活鸡进行屠宰、加工、分割、包装，向市场销售其产品，从而使得该公司得以站稳脚跟并获得发展。这是"公司+农户"模式在我国的较早实践，因此，又有人称之为"正大模式"。

2. "农业产业化"的内涵

所谓"农业产业化"，又叫农业一体化，就是通过中介组织的带动与连接，将千家万户分散的农业生产经营活动组织起来，在一定区域实行种养加、农工商或贸工农一体化经营，使得农户由单纯生产初级农产品向农产品的精深加工、综合利用方向转变,并通过一体化经营形式,把农业的产前、产中与产后各环节连为一体,把农业的生产经营纳入农产品的加工与销售过程,使现代农业与现代工业、商业、金融业与运输业等紧密联系与合作,形成一种囊括初级产品的生产与最终产品的加工、利益共享和风险共担的经济活动整体。农业产业化是以经济学、生态学原理、市场经济规律和系统工程为指导的多功能、多目标、多层次的农业产业经营系统,可以达到农业总体经济效益最高,环境与经济社会效益结合最好,从而满足市场多种需求的复合系统。农业产业化是现代农业的基本要求和特征,它克服了传统农业的自给自足的自然性质,将农户的生产活动与市场联系起来,同时又把分散的农户组织起来,克服了农户分散无序生产经营与统一大市场要求之间的矛盾,有利于农村生产要素的优化组合与农业资源的高效配置,有利于实现农业生产的商品化、社会化、专业化、组织化。

3. "农业产业化"的实现形式

农业产业化的核心问题是在农产品的生产、加工、储运与销售等各个环节建立合理的利益分配机制,特别是龙头企业或中介组织在农户与市场之间起着重要的桥梁、纽带作用,延长了农业的产业链。学者曹俊杰、王学真根据发达地区、发达国家农业产业化的实践经验,将农业产业化的实现形式归纳为六种类型。[①]

(1)龙头企业带动型。这种产业化经营形式一般是由具有一定规模与实力、带动与辐射力相对较强的生产或流通企业作为龙头,组织一定区域的众多农户进行专业化生产,并将农产品的生产、加工与销售等环节结合起来,采取一体化经营。其中龙头企业在市场与农户之间起着桥梁与纽带作用。这种形式,可以简称为"公司+农户"模式。

(2)中介组织带动型。这种产业化经营形式主要是通过农村供销合作社、社区合作经济组织、农业专业合作组织、农民专业技术协会等中

---

① 曹俊杰、王学真:《东亚地区现代农业发展与政策调整》,中国农业出版社 2004 年版,第 61 页。而韩俊把农业产业化经营的形式归纳为四种,即龙头企业带动型、中介组织带动型、专业市场带动型与其他类型(韩俊:《中国经济改革 30 年(农村经济卷 1978—2008)》,重庆大学出版社 2008 年版,第 138 页)。

介组织，一头与大公司或农产品批发商相联系，一头与农户相联系，组织一定区域的农户进行专业化生产，并将农产品的产、供、销连为一体。这种产业化实现形式又可简称为"公司+中介+农户"模式。

(3) 生产基地带动型。这种产业化实现形式主要是通过建立农业高新技术园区或农业专业生产基地，发挥技术园区与专业生产基地的辐射、带动与示范作用，影响与连接周边区域的农户进行专业化生产，并与农户形成利益共享机制。这种形式又可简称为"基地或园区+农户"模式或者"公司+基地+农户"模式。

(4) 专业市场带动型。这种组织形式主要是通过一定专业市场或批发市场作为纽带，带动市场附近区域的农户发展有较大市场需求量的特色农产品或主导产业，将分散的、小规模的农业生产经营活动组织起来与市场进行对接，从而推动农业的专业化与商品化发展，其中，专业市场与批发市场居于中心地位。这种实现形式又可以简称为"市场+农户"模式。

(5) 农业科研机构带动型。这种专业化组织形式一般是由农业科研机构或技术推广机构作为领头，为农户提供产前、产中与产后的一条龙服务，必要时对农户进行技术培训与指导，从而与农户形成利益共同体，该实现形式又可以简称为"科研与技术机构+农户"模式。

(6) 农业经济合作组织型。这种产业化组织形式主要是通过成立各种农民经济合作组织，或由农民自发组建，或由政府帮助组建，或由一些龙头企业、农村供销合作社或农业技术协会牵头吸引农民入股组建，这些组织与农民形成了新型的专业产权关系，对农户实行入股分红、利润返还，逐步形成利益共享、风险共担的经济合作共同体。

上述的任何一种产业化组织形式都意味着企业、中介组织与农户之间形成了利益同享、风险共担的经济共同体，实行产、供、销一体化，既最大化了农业效益与效率，也降低了农业的生产经营风险，对于区域经济繁荣、实现城乡统筹发展与农业的现代化都有着重要意义。

五 农业社会化服务体系

农业社会化服务体系是指与农业相关的社会经济组织（包括政府与

相关农合组织、科研院所等），为满足农业生产的需要，为农业生产的经营主体提供的产前、产中或产后等各种服务。其内容包括政府的公共服务体系，如基础设施建设、技术推广、资金投入、保险服务、信息服务、政策和法律服务等；以及其他组织提供的各种服务，包括农业产前、产中、产后的服务。

第三节 厘清家庭农场的几大认识误区

2013年"中央一号文件"提出发展家庭农场后，理论界、学术界掀起了有关家庭农场的讨论热潮。如何认识家庭农场、如何发展与管理家庭农场是讨论的重点。在讨论如何发展与管理家庭农场之前，应该正确认识家庭农场，要厘清有关家庭农场的四大认识误区。

一 家庭农场的发展是对家庭联产承包责任制的否定

家庭联产承包责任制实施四十多年以来，在促进农业增产、农民增收、解决人民温饱问题、解放农村剩余劳动力等方面取得了举世瞩目的成就。尽管家庭联产承包责任制本身存在制度缺陷，但其作用是得到上至中央、下至人民群众的充分肯定的。中央提出，要保持家庭联产承包责任制长期不变，正是肯定其作用的体现。目前，中央提出要大力发展家庭农场，鼓励农村土地的适度规模经营。在这样的情况下，有人便有了"还要不要坚持家庭联产承包责任制长期不变"的疑问。

首先，家庭农场的发展仍然强调以农户家庭作为农业经营的主体，以农户收入、农业产出增加最大化为目标，这与实行家庭联产承包责任制条件下的农户家庭经营是一致的；其次，家庭农场强调适度规模经营，其目的在于提高农业的规模效益，与家庭联产承包责任制的农户均田承包经营属于不同规模的承包经营，而这并不矛盾。因此，我们认为，发展家庭农场并不是对家庭联产承包责任制的否定，恰恰相反，家庭农场的适度规模经营是对家庭联产承包责任制下农户均田承包的补充与完善。

二 家庭农场的发展有损于土地公有制

在基层调研中，我们发现，一些年长的群众对家庭农场的发展有疑虑。他们反映，共产党领导我们干革命，赶跑了地主，穷人分得了田地。尽管后来一家一户的土地加入了人民公社，乃至于今天的家庭联产承包责任制，土地公有我们放心。但发展家庭农场，就会有"农场主"，这是否意味着将赶跑的"地主"又重新请回来？土地公有制是否会受到损害？我们认为，这是没有正确认识家庭农场的表现。

家庭农场集中一部分土地在自己手中实行适度规模经营，农场主拥有的是土地的经营权，而不是所有权，土地国有仍然没有变化。今天的农场主不再剥削他人，而是通过自己参加劳动来获取报酬。不管家庭农场发展态势如何，它都要遵纪守法、接受相关部门的管理、甚至将来有可能要照章纳税。家庭农场的发展不会损害土地公有制，相反，家庭农场应该被看成土地公有制的一种实现形式。

三 只有城镇化率高的地区才适宜发展家庭农场

一些学者提出，家庭农场应该在城镇化率高的地区发展。这种观点，从理论上讲是正确的。但这种观点也有不完善的地方：东部城镇化率高的地方，土地"撂荒"肯定严重；但同时，在西部地区一些劳务输出大省，其城镇化率并不高，但土地"撂荒"现象同样严重。

我们认为，中央大力发展家庭农场等新型农业经营主体的主要目的在于解决"谁来种地"的问题。基于此，只要存在土地"撂荒"现象的地方都可发展家庭农场。绝大多数的西部省、市、自治区都是劳务输出区，大量的农村劳动力在比较利益原则下选择了"孔雀东南飞"——到经济发达地区务工以换取收入，致使农村土地少人耕种。这对保证农产品的有效供应、确保我国的粮食安全是极为不利的。在城市化率相对低的西部地区发展家庭农场，既可以充分地利用被"撂荒"的土地，又可以解除粮食安全之忧，同时还可以带动农民致富，实在是一举多得的事情。

四　家庭农场将在中国农业中一统天下

中央提出要大力发展家庭农场，于是有人提出：与今天的一些西方国家一样，未来的中国农业将是家庭农场一统天下。我们认为，这种认识有失偏颇。理由至少有三。

第一，中央在鼓励家庭农场进行适度规模经营的同时，也同样鼓励其他如专业大户、农民合作社、农业龙头企业等新型农业经营主体的发展。也就是说，家庭农场是新型农业经营主体的重要成员，但不是唯一成员。上述四股力量将共同承担起未来中国发展现代农业、实现农业现代化的重大重任。

第二，在我国，鉴于土地流转的速度和难度，再加上农村经营管理人才的不足等因素，家庭农场的适度规模经营可能要经历一个由少到多、由点到面的长期过程，家庭农场不可能在短期内布满全国。

第三，家庭农场是我国现代农业发展的重要载体，但不见得就是唯一可行的载体。更何况家庭农场对于农业与农村经济的发展、"三农"问题的有效解决，也不见得就是"一贴就灵"的灵丹妙药。

因此，我们认为，家庭农场不可能在未来中国农业和农村发展中一统天下。在今后相当长的历史时期，家庭农场等新型农业经营主体的适度规模承包经营与普通小农户家庭的承包经营将共存发展，共同为我国农业现代化做出自己的贡献。

第四节　家庭农场的国内外经验借鉴与启示

一　国外经验与启示

在西方国家中，美国、德国、法国、荷兰、日本、英国等国的家庭农场管理与发展较为有特色，对我国家庭农场的发展具有较强的借鉴价值。因此，有必要对这些国家的家庭农场发展经验进行研究。

(一) 国外家庭农场发展情况介绍①

1. 美国：智慧农业的先行者

家庭农场是美国农业的主要形式，约占各类农场的87%。在全美约220万个各式农场中，平均每个农场主的经营规模为400英亩（约合2400亩），而美国每家农场的农业劳动力仅为1.6个，可见美国农业是高度机械化、智能化的农业。

联合收割机安装卫星定位系统，依靠现代生物技术提高土地产能，早期订单减少了农产品销售困难和风险。说农业现代化让美国农场主成了富翁，一点儿也不为过。

美国政府的惠农政策，一是税收优惠，二是农产品补贴。在税收方面，美国有近1/4的农场因为属于资源有限农场而免交所得税，有一半农场只需按最低税率15%上缴所得税。只有5%的大农场主按最高税率交税，这部分人缴纳的税收占农业税收总额的一半左右。在农产品补贴方面，主要包括三部分：农产品的支持性收购，差价补贴，直接补贴（或称"不挂钩补贴"）。

2. 丹麦：童话般的家庭农场

丹麦是童话作家安徒生的故乡。对于丹麦人来说，也就犹如童话世界，农场主可以在自己的农场挥洒自如，想种什么就种什么。丹麦人以占全国3%的劳动力生产出了可供养3倍丹麦人口所需的粮食。除了满足本国需求以外，丹麦的粮食出口到了世界170多个国家和地区。

尽管丹麦的家庭农场财产为私人所有，但其子女没有对农场土地的继承权。若子女想要继承上一代人经营的农场，必须以足够资金或贷款，按照市场价格购买。另外，根据丹麦政府的规定，凡是拥有30公顷（合450亩）以上土地规模的农场场主，必须接受为期五年的农业院校的正规培训，之后才有资格管理农场。而且还规定，农场主要获得耕种的权利，必须在农场中居住。

---

① 其中，美国、丹麦、法国、日本模式参见冯晓霞《国外家庭农场的成功模式》，《光彩》2013年第5期；德国模式参见徐会苹《德国家庭农场发展对中国发展家庭农场的启示》，《河南师范大学学报》（哲学社会科学版）2013年第4期；英国模式参见邱谊萌《英国家庭农场的演变及其启示》，《辽宁经济》2010年第1期。

尤其值得一提的是，丹麦的农场主还享有终身接受教育的权利，相关的农业院校与科研机构每年会定期对农场主进行知识更新培训，以打造知识型、高素质的农民队伍。

3. 法国：专业化生产的楷模

法国家庭农场的最突出特点就是专业化，也就是说，农场将耕作、收获、运输和供应（销售）等工序交给其他专业化企业来运作，使得农场由自给性生产转变为商业化生产。在法国，专业农场大部分只经营一种产品，以突出其各自特点。

4. 日本：小而精的家庭农场

日本国土面积狭小，人均占有耕地很少，因此，日本的家庭农场一直走的是"精品路线"。第二次世界大战结束以后的1945—1950年间，日本政府采取强制措施，向地主购买土地，然后转卖给无地或少地的农户，并以法律形式规定，每个农户家庭的土地规模不得超过3公顷（合45亩）。1962年，日本对《农业基本法》进行修订，规定农户家庭的土地经营规模可以超过3公顷，但前提条件是只能使用本家庭成员作为劳动力。

到20世纪六七十年代，随着工业化的快速推进，日本农村的青壮年劳动力大量涌向城市，农业人口不断减少。为解决农户家庭的"用工荒"问题，日本政府将农地改革的重点由所有权转向使用权，提出允许所有权与使用权的"两权分离"，鼓励农户以作业委托、农田租赁等形式参与协作生产，以克服因为土地集中困难或土地的分散占有给农业可持续发展带来的障碍。

5. 德国：中小规模经营+持证上岗

德国家庭农场发展的主要特点有两个：一是土地的中小规模经营，二是农场主要持证上岗。

在德国，政府通过土地整理、推行土地租赁制、统一农地产权等措施，鼓励农地规模经营，但中小规模的家庭农场是德国农业的主体。1960年，当时的联邦德国全国的大农场（经营规模450亩以上）占农场总数的4.3%，中型农场（经营规模150—450亩）占总数的26.4%，小型农场（经营规模150亩以下）占总数的69.3%。到了2007年，尽管农业机械化水平不断提高，德国衡量大中小型农场的标准有所调整，但中小型家庭农场仍然是主体。其中，大型农场（指1500亩以上的农场）占总数的8.5%，中型农场（指450—1500亩规模的农场）占总数的27.3%，小型农场（指规模在450亩以下的农场）占总数的64.2%。德国的实践表明，发展中小规模的家庭农场比大规模雇工的大农场有更高的经济效率。

德国农场农业劳动力素质很高。根据德国相关法律的规定，任何农民都必须经过教育，持证上岗。德国的农业教育主要有两种方式：一是通过大学教育培养专门的农业人才；二是通过职业培训批准农业从业资格。目前，德国农业从业人员中大约40%具有大学文凭。

6. 英国：土地集中＋租赁制

英国是世界上最早开办家庭农场的西方资本主义国家之一。早在16世纪，英国农民就采取土地租赁的方式开办了大量家庭农场。这些家庭农场，有适度的土地经营规模，并且明确界定了使用权和收益权的归属，从而促进了农业劳动效率的提高。正是由于家庭农场的涌现，促使英国快速地由传统农业转化为现代农业。英国的主要做法是：（1）土地集中经营。主要途径是交换田地（主要是将自家田地与邻近的土地进行交换，以便连片集中）、添置土地（鼓励富裕的农民购置土地）。（2）实行土地租赁。在英国，除少部分农民拥有自己的私有土地以外，其他大多数农民依靠租赁土地维持自己及其家庭生活。

（二）国外家庭农场经验对西部地区的启示

1. 国家的政策导向对家庭农场的发展具有极为重要的作用

国内一些学者反对政府对家庭农场给予过多"照顾"。但实践表明，即便是在西方那些崇尚自由市场经济的国家（比如美国），对于惠农政策的制定和实施它们也是没有丝毫保留的。在我们这样一个发展中的农业大国、人口大国，家庭农场属于新生事物，政府的支持和政策扶持不仅必要，而且极为迫切。

2. 家庭农场以中小规模效率更高

德国的家庭农场以中小规模为主，日本、荷兰更是以发展"迷你型"小农场为特色。在我国这样一个山地、丘陵、高原占多数的国家里面，大型农业机械的使用受到极大限制，不可能像美国那样动辄2000多亩的土地经营规模。实践表明，中小规模的家庭农场比起大型家庭农场的效率更高、效益更好。

3. 农业从业人员的素质提高对于家庭农场的发展具有指标作用

从一定程度讲，农业从业人员的科学文化素质高低决定着家庭农场发展前景的好坏。从前面的介绍可以看到，西方国家的家庭农场发展过程中尤其注重农业从业人员的素质培养。荷兰、德国等国的家庭农场主都接受过农业院校的正规培训，相当大一部分农场主具有大学本科文凭，有文化、懂管理、善经营是其必备条件。德国甚至还要求农场主需获得从业资格证书、持证上岗，这对于我国家庭农场发展具有借鉴意义。

4. 现代高科技的使用有利于提高家庭农场的经营效率和效益

科学技术是第一生产力。如前所述，在美国，每户家庭农场的土地经营规模高达2400亩，而户均劳动力只有1.6个；在丹麦，占全国总人口3%的农业劳动力生产出了能够满足3倍丹麦人口需要的粮食。这些都离不开现代农业科技、生物技术的大力支持。

二　国内经验与启示[①]

在国内，浙江宁波市、上海松江区、湖北武汉市、吉林延边州、安徽郎溪县等地在发展家庭农场方面创出了具有各自地方特色的新路子，积累了一些可资借鉴的发展经验。研究这些地方的发展经验，对于西部地区的家庭农场发展具有现实的指导意义。

（一）国内发展家庭农场的经验

1. 国内主要家庭农场模式简介

从已经掌握的资料看，国内家庭农场发展比较成熟的，主要有浙江宁波市、上海松江区、湖北武汉市、吉林延边州、安徽郎溪县。这五个地方的家庭农场发展，一方面繁荣了地方经济、提高了农户收入，另一

---

① 本部分内容转引自王大明《关于四川省发展家庭农场的思考》，《西华师范大学学报》（哲学社会科学版）2014年第5期。引入时，进行了适当修改。

方面也为国内其他地区发展家庭农场积累了可供借鉴的经验。

(1) 浙江宁波模式：市场化运作的典范

相比其他地方，浙江宁波市对家庭农场模式的探索要早。早在20世纪80年代中后期，宁波就有了家庭农场的雏形，涌现了一批进行规模经营的种粮大户。90年代后期，一些种粮大户、养殖大户自动或在政府的引导下，到工商部门进行注册登记，以寻求法律的保护。农场遵循公司化经营方式。目前，宁波市的土地流转率与规模经营率均在60%以上，在国内处于领先地位。拥有家庭农场600多户，经营规模50亩以上，"租金+薪金收入"为农场主主要收入来源。

(2) 上海松江模式：农场主持证上岗

2007年下半年开始，上海市松江区就开始探索规模为100—150亩的、主要从事粮食作物种植的家庭农场。采取农户委托村委会流转的方式，将农户的耕地首先流转给村集体。土地流转到村委会以后，由区政府统一将耕地整治为高标准农田，再发包给土地承租者。目前，拥有家庭农场1206户，单户经营规模100—150亩，年均收入7万—10万元。

(3) 湖北武汉模式：注重农场主的本土化

2011年开始，湖北武汉市鼓励拥有本市户籍的有文化、懂技术、擅长经营的农民，通过承包、投资入股等方式，对当地土地进行集中连片开发。目前，拥有家庭农场167户，单户经营规模15—500亩不等，年均收入20万元以上。

(4) 吉林延边模式：政府扶持力度大

吉林延边州从2008年开始探索家庭农场发展模式。农村种田大户、城乡法人或自然人，通过承租农民自愿流转的承包地，创办土地集中经营的经济组织。目前，拥有家庭农场451户，单户经营规模1275亩，年均收入10万元以上。

(5) 安徽郎溪模式：成立家庭农场协会，建科技示范基地

从2009年开始，郎溪县连续三年安排项目资金90万元，在全县优选10个家庭农场，每年为每个家庭农场投入资金3万元，兴办示范家庭农场。目前，安徽郎溪县拥有家庭农场216户，单户经营规模50亩以上，年均收入约2.9万元。

2. 国内主要家庭农场模式的特点分析

从国内公认的几种家庭农场模式来看，主要有如下特点：

（1）家庭农场主要以政府主导型模式为主。除了浙江宁波市为当地农民或企业自发组织起来、实行适度规模的家庭农场的生产经营以外，其他几种模式均有政府主导、扶持的痕迹。比如，吉林延边州于2009年1月，出台了名为《延边州人民政府关于发展农业农场促进土地流转、推进城乡一体化试点工作指导意见》（延州政发〔2009〕1号）的文件，就三个领域做出了规定：农场的组织形式、土地使用权的赋权和政府扶持、农民离开土地进城后如何根植城市；2011年，延边州政府专门出台了《关于做好专门农场政策性农作物保险试点工作的实施意见（试行）》，成为国内首创。安徽郎溪县成立了"家庭农场协会"，每年遴选出10户家庭农场作为示范基地，每个基地给予3万元帮扶；县农委积极协调，对每个农户提供2万—5万元的小额优惠贷款；2013年3月18日，郎溪县出台了《关于促进家庭农场持续健康发展的意见》，专门组织总额为1000万元的专项扶持资金，强力推进扶持家庭农场发展的"553"行动；等等。

（2）家庭农场主要以种养殖业为主。如前所述，家庭农场的发展，主要目的在于解决"谁来种地"的问题，以确保粮食安全、农业持续增效、农民不断增收。理所当然，种养殖业是家庭农场的主要业务范畴。国内的家庭农场主大多来自过去的种粮大户、养殖大户，从事种植业、养殖业应该是他们的传统强项。从上述几种模式来看，粮食种植为家庭农场的第一主打产业，第二才是养殖业。

（3）家庭农场的竞争意识、品牌意识大多不太强。如前所述，仅有浙江宁波市的家庭农场主为自发组织，积极创建自己的产品品牌，自愿进行工商注册，主动寻求法律保护，实行公司化生产与经营。该地农场主的市场竞争意识、效益意识、法律意识值得其他地区的农场主借鉴和学习。而其他地区模式的家庭农场在产业发展过程中，仍然被动地按政府的"指挥棒"行事，而很少在产业选择、产品品牌培育等方面采取主动行动，其"等、靠、要"思想仍然根深蒂固，市场竞争意识、品牌意识普遍有待加强。

（4）对农场主的文化素质要求普遍不太高。自古以来，我国农业就属于劳动密集型产业，传统农业是靠"人海战术"逐步发展起来的，对农户的文化素质要求原本就不太高。在上述五种家庭农场模式中，只有湖北武汉市规定家庭农场主"必须具有高中以上文化程度"，其他地区对家庭农场主的文化素质要求并未明确提出来，这对现代农业的可持续发展肯定是不利的。

（二）国内经验对西部地区的启示

国内先行地区发展家庭农场的成功经验，对于西部地区家庭农场的发展具有重要的借鉴价值。

1. 家庭农场的发展应结合运用政府与市场的力量

政府在家庭农场的发展中具有无可替代的作用。家庭农场的发展究竟应是"政府主导"还是"市场推动"，在理论界一直有争论。"政府主导说"看重的是政府丰富的政策资源和超强的动员能力，其目的在于让家庭农场在发展现代农业的起步阶段就受到呵护，以利于其尽快走入农业可持续发展的正轨；而"市场推动说"看重的是未来的家庭农场对市场经济、市场机制的极强适应能力，其目的在于减少政府干预，解放家庭农场自身生产经营与管理的积极性、主动性和创造性。两相比较，在对家庭农场的培育速度上，很显然，"政府主导"方式要快于"市场推动"的循序渐进方式。我们认为，西部地区发展家庭农场宜走"政府主导"与"市场推动"相结合的方式，这既可利用政府丰富的政策资源与超强的动员能力，又可最大限度地发挥广大农户的生产经营的积极性、主动性和创造性。

2. 家庭农场的竞争意识培养不可或缺

要指出的是，我们是在社会主义市场经济条件下而不是计划经济条件下发展家庭农场，家庭农场所涉及的人财物资源主要依靠市场这只"看不见的手"的配置。由于种养殖业参与者众多，农产品趋同性较强，根本不存在"皇帝的女儿不愁嫁"现象，因此，未来的家庭农场只有重视品牌意识、竞争意识、效益意识，才能够在激烈的市场竞争中立于不败之地。

3. 职业农民的培养应循序渐进地进行

新型职业农民是未来家庭农场生产经营的主力军。但鉴于西部地区的大多数省市和自治区的青壮年劳动力大多常年在外打工，中高等院校学生毕业以后不愿再回到乡村的实际情况，我们以为，职业农民的培育、培养要经历一个相当长的过程，将传统农民改造为职业农民不可能在短期内完成。当务之急应该是先行做好舆论准备、政策宣传，并做好基地示范，待条件成熟后逐步推行：成熟一批，培育、发展一批。

4. 农场经营规模的确定不能一概而论

与改革开放以后实行的家庭均田承包制不同，家庭农场追求的是规模化经营。但每户家庭农场的经营规模（面积）究竟应该多大，不能一概而论。就上述的五种模式而言，吉林延边州的单户经营规模是最大的，达到1275亩，其他几种模式的经营规模多为50—500亩不等，有的仅15亩。根据西部地区的实际情况，单户家庭农场模式确定为50亩以上、500亩以下为宜。理由在于：西部地区外出务工人员众多，土地"撂荒"现象较为突出，因此，50亩以上规模的家庭农场较为恰当；西部地区以丘陵区、山区甚至高原区为主，不利于大型农具的采用，因此，不能像吉林延边州那样动辄上千亩的经营规模。

三　小结

尽管西方发达国家发展家庭农场与我国的历史基础不同、所有制性质不一样，但从上述对国内外家庭农场的发展经验看，国内外家庭农场发展至少有如下几点是共同的。

1. 家庭农场的发展离不开政府的政策支持

从上述国内外家庭农场的发展经验看，政府对家庭农场的发展都采取了支持和扶持措施，比如有的是政策规范支持，有的是财税手段支持，有的是教育培训上的扶持（尤其丹麦的农场主可以获得终身接受教育的权利），等等。可以说，家庭农场发展的全过程，都离不开政府的"保驾护航"。

2. 科学技术在家庭农场的发展中扮演着重要角色

家庭农场要发展的农业是以现代科学技术武装起来的现代农业，科学技术的进步、应用与现代农业的加快发展密切相关。从前面的发展经验介绍看，科学技术在现代农业中的广泛采用尤其以美国最为突出。在美国，联合收割机、卫星定位技术、互联网技术、现代生物技术等已经广泛运用于农业的生产经营。现代科学技术成果的运用，对于提高美国农业发展的效率与效益起着不可替代的作用。

3. 土地集中经营，但土地经营规模以中小规模为主

值得一提的是，西方国家在实行土地集中经营时，在不改变土地私有性质的情况下，采取租赁制（比如在英国、德国）。这一条经验，值得我国在土地经营权流转的过程中借鉴，我国的土地经营权流转同样不改变土地的国有性质。

4. 新型知识型职业农民成为家庭农场发展的必要条件

职业农民参与甚至引领家庭农场的生产经营方向，是大势所趋。为了发展有中国特色的家庭农场，加快职业农民的培养和标准认定，将成为影响我国现代农业发展、农业农村现代化实现的迫切之事。

第三章

西部地区发展家庭农场的基础条件

第一节 家庭农场的关键要件

家庭农场等新型农业经营主体成为现代农业建设的主要力量，这应该是我国农业和农村经济发展的必然趋势。但家庭农场作为其中的重要成员，它不可能建立在"空中楼阁"之上。家庭农场的建立，必然需要一系列的物质技术条件作为保证。

一 高素质的职业农民

与"职业农民"相对应的概念就是"传统农民"。在我国，习惯上提到的"传统农民"，主要包括至少三层含义：一是居住在农村，属于"农业户口"；二是文化层次比较低，基本为中专文化程度以下，一些年龄较大的甚至为文盲或半文盲；三是会模仿，习惯上我国农业生产的技术要求不高，青年农民只要老老实实地模仿老一辈农民按季节完成应季的农业生产劳动即可。但是，培育与发展家庭农场的目的是要发展现代农业、实现农业现代化，所需要的绝不是"传统农民"，而是有文化、懂经营、善于管理、敢于开拓创新、愿意终身"务农"、高素质的职业农民。

二 充足的土地资源

土地资源是从事农业生产活动所必备的重要的生产要素。要发展家庭农场、实现农业的适度规模经营，集中使用呈一定规模的土地是必要条件之一。当然，这样的规模究竟是多大面积，这要视家庭农场所处的地理自然条件、所从事的农业项目、所使用的农业工具、农业从业者的文化素质、农业服务体系的完善程度、政府的政策导向等因素而定，不能搞一刀切。

三 完备的农业基础设施

家庭农场要顺利地发展壮大，交通、水利、电力、通信、信息服务等基础设施的完善是必然的要求。从我们调研的情况看，公路方面，在西部地区的一些村镇还存在"断头路"，所谓的"村村通"还有努力的空间；在水利设施方面，一些地区的农业灌溉设施设备年久失修，基本处于无人过问状态；信息服务方面，服务设施欠缺，农村互联网的普及还有很长的路要走。

四 完善的社会化服务体系

有人将"农业服务"形象地比喻为农业生产经营的"保姆"，这是极为贴切的。在计划经济条件下，我国农业的产前、产中、产后服务基本依靠政府所设立的基层"农业技术服务站"（以下简称"农技站"）来完成。当时的"农技站"人员编制少、文化层次低，多为半脱产人员，因而由他们提供的农业服务不仅质量低下，而且往往不能及时到位。从这个意义上说，计划经济条件下的乡村"农技站"所起到的农业服务作用不大。进入社会主义市场经济的今天，要依托家庭农场等新型农业经营主体发展现代农业、实现农业现代化，肯定不能够仅仅依靠"农技站"的低层次服务。建立和完善农业服务体系，实现农业服务的社会化、商品化、产业化是必然的趋势。

五 强有力的政府政策扶持

尽管我国已经进入社会主义市场经济阶段，但家庭农场的发展仍然离不开政府政策的强有力支持。如前所述，在美国等西方发达国家家庭农场的发展壮大过程中，政府的财政、金融政策支持起到了"助推器"的作用。相较于东部沿海地区，我国西部地区原本经济发展水平就低，且由于地形地貌多样，农业规模化、产业化、商品化经营的起步较晚，如果没有政府的政策导向作用，要顺利地发展家庭农场等新型农业经营主体是比较困难的。因此，西部地区的家庭农场发展迫切需要政府政策的强力支持。

第二节 西部地区发展家庭农场的坚实基础

我国西部地区可以而且能够培育和发展家庭农场，源于西部地区已有的、坚实的农业和农村经济基础，拥有发展家庭农场的各项基本条件。

一 广袤的土地资源

我国西部地区主要是指实行西部大开发战略的陕西、四川、重庆、贵州、云南、广西、西藏、甘肃、青海、宁夏、内蒙古、新疆12个省市和自治区。该地区拥有土地面积686万平方公里，占全国总面积的71.40%；人均拥有耕地2亩，是全国平均水平的1.3倍。耕地后备资源庞大，未开发用地面积占全国的80%，其中5.9亿亩土地可以开发为农用地，1亿亩土地适宜开发为耕地，占全国耕地后备资源的57%。西部地区还拥有占全国总量62%的草地，适宜发展特色畜牧业。拥有丘陵、平原、高原、山区、盆地等五种地形地貌类型区域，拥有丰富的动、植物资源，为我国长江、黄河两大河流的发源地和上游地区。广袤的土地资源，适宜发展农业的适度规模经营。

二 丰富的劳动力资源

到2018年末，我国西部地区12省市和自治区拥有总人口37955.87万人，占全国总人口的27.20%。[①] 其中，农业人口17869.06万人，占全国总人口的31.68%；城镇人口20086.81万人，占全国总人口的24.16%。从人口占比情况看，西部地区城镇化率要远低于我国中部与东部地区，且我国农民更多地分布在西部地区。西部地区有44个少数民

---

① 资料来源：课题组根据国家及西部12省市和自治区《2018年国民经济和社会发展统计公报》整理、计算得来。

族，少数民族人口占全国的60%以上。在文化层次方面，西部地区务农人口高中及其以下文化程度的居多。除了满足当地农业生产经营的基本需要以外，我国西部地区每年向东部沿海经济发达地区输送了数量多达数千万人的农村劳动力，为建设东部、发展东部、繁荣东部做出了重要贡献。若能采取有效措施，鼓励外出务工人员回乡创新创业，将有利于西部地区农业和农村经济的快速发展。

三　类型多样的气候条件

我国西部地区气候类型多样：从热量分布上，由南向北分别横跨亚热带、暖温带、中温带三个温度带和一个"高原气候区"[①]，相应的气候类型包括亚热带季风气候、高原山地气候、温带大陆性气候等；从水分分布上看，我国西部地区也涵盖了湿润区、半湿润区、半干旱区、干旱区等我国所有的类型区域。多样化的气候类型适宜开展多样化的农业生产经营。比如亚热带季风气候区雨水充沛、热量充足，且雨热同季，处于该区域的我国西南各省市自治区的种植业较为发达，为我国重要的农业产区；而在西北的半干旱或干旱区（包括甘肃、宁夏、新疆、内蒙古等），由于受水分条件的限制，则为我国重要的牧业基地，等等。

众所周知，农业对自然条件尤其是气候条件的依存度比较高。不同的气候条件适宜发展不同类型的农业，因而导致农业产业的多样化、特色化。因此，西部地区多样化的气候条件对于因地制宜发展具有地方特色的家庭农场、家庭牧场是有利的。

四　稳定有效的农产品供给

改革开放以后，我国西部地区农业和农村经济获得了快速发展，取得了令人瞩目的成就，主要农产品的生产实现了稳定发展，确保了城乡居民的基本生活需求。到2019年，我国西部地区12个省、市、区的主要农产品产量情况如表3—1所示。

---

① "高原气候区"主要指青海和西藏。

表 3—1　　　　2019 年我国西部地区主要农产品生产情况表

行政区	主要农产品生产情况
陕西[※]	肉类总产量 109.53 万吨，比上年下降 4.3%。其中，猪肉产量 80.94 万吨，下降 6.5%。禽蛋产量 64.11 万吨，增长 4.1%。奶类产量 159.66 万吨，与上年持平。其中，生牛奶产量 107.77 万吨，下降 1.8%。年末生猪存栏 795.70 万头，比上年末下降 5.2%；牛存栏 150.17 万头，增长 0.2%；羊存栏 815.05 万只，下降 6.0%；家禽存栏 7760.16 万只，增长 7.0%。全年水产品产量 16.62 万吨，增长 2.0%
四川	粮食总产量 3498.50 万吨，比上年增长 0.1%。其中，小春粮食产量增长 0.8%，大春粮食产量增长 0.1%。经济作物中，油料产量 367.40 万吨，增长 1.3%；烟叶产量 16.00 万吨，下降 1.3%；蔬菜及食用菌产量 4639.10 万吨，增长 4.5%；茶叶产量 32.50 万吨，增长 8.2%；园林水果产量 1000.80 万吨，增长 5.5%。全年肉猪出栏 4852.60 万头，比上年减少 26.9%；牛出栏 291.70 万头，增长 5.6%；羊出栏 1780.20 万只，增长 2.3%；家禽出栏 78756.60 万只，增长 19.2%。猪肉产量减少 26.5%，牛肉产量增长 5.7%，羊肉产量增长 2.9%。禽蛋产量增长 8.7%，牛奶产量增长 3.9%
重庆	粮食总产量 1075.20 万吨，比上年减产 0.4%。其中，夏粮产量 120.20 万吨，减产 1.6%；秋粮产量 955.00 万吨，减产 0.2%。全年谷物产量 750.60 万吨，减产 0.4%。其中，稻谷产量 487.00 万吨，与上年持平；小麦产量 6.90 万吨，减产 15.2%；玉米产量 249.50 万吨，减产 0.7%。全年猪肉产量 112.07 万吨，下降 15.2%。生猪出栏 1480.42 万头，下降 15.8%。年末生猪存栏 921.62 万头，下降 21.0%
贵州	粮食总产量 1051.24 万吨，比上年下降 0.8%。蔬菜及食用菌产量 2735.44 万吨，增长 4.7%。园林水果产量 370.85 万吨，比上年增长 26.5%。年末全省猪存栏 1171.27 万头，比上年末下降 24.4%；牛存栏 492.96 万头，增长 5.9%；羊存栏 380.25 万只，下降 5.3%；家禽存栏 10640.67 万羽，增长 9.8%。猪出栏 1678.56 万头，比上年下降 10.2%；牛出栏 168.56 万头，增长 7.0%；羊出栏 293.55 万只，下降 1.2%；家禽出栏 15004.83 万羽，增长 27.6%。猪牛羊禽肉产量 202.49 万吨，比上年下降 3.5%；禽蛋产量 22.95 万吨，增长 14.6%；牛奶产量 5.29 万吨，增长 15.5%。全年水产品产量 24.36 万吨，比上年增长 2.7%。其中，养殖水产品产量 23.30 万吨，增长 2.9%

续表

行政区	主要农产品生产情况
云南	粮食总产量1870.03万吨，比上年增长0.5%。油料产量62.51万吨，增长2.5%；烤烟产量81.00万吨，下降1.6%；蔬菜产量2304.14万吨，增长4.5%；园林水果产量802.73万吨，增长6.0%；茶叶产量43.72万吨，增长3.3%；鲜切花产量139.00亿枝，增长23.9%。全年猪、牛、羊、禽肉总产量404.43万吨，下降5.1%；牛奶产量59.87万吨，上涨2.9%；禽蛋产量35.80万吨，增长9.4%
广西	粮食总产量1332.00万吨，比上年减少41.00万吨，减产3.0%。其中，春收粮食产量20.00万吨，减产6.1%；早稻产量452.60万吨，减产3.8%；秋粮产量859.40万吨，减产2.5%。全年谷物产量1259.10万吨，减产2.8%。其中，稻谷产量991.90万吨，减产2.4%；玉米产量261.20万吨，减产4.5%。全年全区油料产量71.63万吨，比上年增产7.5%。甘蔗产量7490.65万吨，增产2.7%。蔬菜产量（含食用菌）3636.36万吨，增产6.0%。园林水果产量2140.17万吨，增产19.5%。全区猪牛羊禽肉产量370.80万吨，比上年下降11.4%。其中，猪肉产量192.10万吨，下降27.2%；牛肉产量12.40万吨，增长0.7%；羊肉产量3.50万吨，增长2.9%；禽肉产量162.90万吨，增长17.3%。禽蛋产量25.10万吨，增长12.4%；牛奶产量8.70万吨，下降1.8%。生猪出栏2505.80万头，比上年下降27.7%。年末生猪存栏1599.60万头，比上年末下降30.4%。蚕茧产量37.87万吨，比上年增长2.7%。全年全区水产品产量340.33万吨，比上年增长3.2%。其中，海水产品产量197.68万吨，增长2.8%
西藏	全年粮食总产量104.69万吨，比上年增长0.3%。其中，青稞79.29万吨，增长1.9%。油菜籽5.69万吨，下降2.2%。蔬菜77.49万吨，增长6.8%。年末牲畜存栏总数1702.81万头（只、匹），比上年末减少23.65万头（只、匹）。其中，牛621.89万头，增加15.16万头；羊1016.98万只，减少29.09万只。全年猪牛羊肉产量达27.75万吨，比上年下降0.2%。奶类产量46.66万吨，增长14.2%

续表

行政区	主要农产品生产情况
青海	粮食产量105.54万吨，比上年增长2.4%；油料产量28.88万吨，比上年增长1.5%；蔬菜及食用菌产量151.86万吨，比上年增长1.1%；瓜果类产量2.03万吨，比上年减产4.4%；园林水果1.66万吨，比上年增长19.8%；水产品产量1.85万吨，比上年增长8.2%。年末全省牛存栏494.61万头，比上年末下降3.8%；羊存栏1326.88万只，下降0.7%；生猪存栏34.65万头，下降55.7%；家禽存栏149.38万只，下降51.1%。牛出栏148.06万头，比上年增长9.2%；羊出栏804.43万只，增长7.5%；生猪出栏98.77万头，下降15.2%；家禽出栏498.19万只，增长0.8%。全年全省肉类产量37.40万吨，比上年增长2.4%
甘肃	全年粮食总产量1163.00万吨，比上年增产1.0%。其中，夏粮产量328.00万吨，增产2.0%；秋粮产量835.00万吨，增产0.6%。全年蔬菜产量1388.80万吨，比上年增产7.4%。园林水果产量438.50万吨，增产18.5%。中药材产量113.20万吨，增产11.1%。全年肉类产量101.70万吨，比上年增长0.5%。牛奶产量44.10万吨，增长8.9%。年末牛存栏458.20万头，增长4.0%；牛出栏214.80万头，增长6.4%。羊存栏1987.10万只，增长5.4%；羊出栏1548.20万只，增长5.8%。生猪存栏480.30万头，下降11.9%；生猪出栏648.70万头，下降6.2%
宁夏	粮食总产量373.15万吨，比上年减产19.43万吨，下降4.9%。其中，夏粮产量36.16万吨，下降16.6%；秋粮产量336.99万吨，下降3.5%。全年全区小麦产量34.61万吨，下降16.8%；水稻产量55.09万吨，下降17.2%；玉米产量230.47万吨，下降1.8%；马铃薯产量（折粮）39.43万吨，增长8.4%。蔬菜产量565.58万吨，比上年增长2.7%；红枣产量7.10万吨，增长23.8%；枸杞产量10.20万吨，增长4.4%；葡萄产量24.54万吨，增长23.3%；油料产量7.62万吨，增长4.5%。肉类总产量33.53万吨，比上年下降1.8%。其中，猪肉产量7.82万吨，下降11.6%；牛肉产量11.46万吨，下降0.5%；羊肉产量10.41万吨，增长5.1%；禽肉产量3.57万吨，增长0.1%。禽蛋产量13.86万吨，下降3.6%。牛奶产量183.36万吨，增长9.0%。水产品产量15.77万吨，下降10.9%。年末全区生猪存栏73.37万头，下降0.5%；生猪出栏96.56万头，下降14.1%；肉牛存栏97.12万头，增长15.0%；牛出栏71.90万头，下降3.9%；羊存栏568.46万只，增长6.4%；羊出栏579.66万只，增长3.7%；奶牛存栏43.73万头，增长8.9%；活家禽存栏1284.38万只，增长12.4%；活家禽出栏1723.94万只，下降6.7%

续表

行政区	主要农产品生产情况
新疆	全年粮食产量1527.07万吨,比上年增加22.84万吨,增产1.5%。其中,夏粮产量579.28万吨,增产0.9%;秋粮产量947.79万吨,增产1.6%。谷物产量中,小麦产量576.03万吨,增产0.7%;玉米产量858.37万吨,增产3.7%。全年棉花产量500.20万吨,减产2.1%。油料产量66.41万吨,减产1.8%。甜菜产量445.33万吨,增产4.9%。特色林果产量1729.44万吨,比上年增产7.8%。其中,园林水果产量1118.72万吨,增产5.6%;坚果产量124.69万吨,增产16.7%;果用瓜产量486.03万吨,增产10.8%。全年猪牛羊禽肉产量160.60万吨,比上年增长2.2%。其中,羊肉产量60.32万吨,增长1.6%;牛肉产量44.52万吨,增长6.1%;猪肉产量37.62万吨,下降1.3%;禽肉产量18.14万吨,增长13.4%。禽蛋产量40.46万吨,增长8.6%。牛奶产量204.42万吨,增长4.9%。牛羊猪存栏4940.01万头,比上年下降0.3%;牛羊猪出栏4512.83万头,增长1.2%。全年水产养殖面积114.29千公顷,下降5.1%。水产品产量16.67万吨,比上年下降4.4%。其中,养殖水产品产量15.20万吨,下降5.2%;捕捞水产品产量1.47万吨,增长5.0%
内蒙古	粮食总产量达3652.60万吨,比上年增长2.8%;油料产量228.70万吨,比上年增长13.5%;甜菜产量629.60万吨,比上年增长22.1%;蔬菜产量1090.80万吨,比上年增长8.4%;水果(含果用瓜)产量280.40万吨,比上年增长6.1%。全年肉类总产量264.60万吨,比上年下降1.0%。其中,猪肉产量62.60万吨,下降12.9%;牛肉产量63.80万吨,增长3.8%;羊肉产量109.80万吨,增长3.2%;禽肉产量20.70万吨,增长5.1%。禽蛋产量58.10万吨,增长5.3%。牛奶产量577.20万吨,增长2.1%。年末牲畜存栏数7192.40万头(只),比上年下降1.2%。其中,生猪存栏429.60万头,下降13.6%;牛存栏626.10万头,增长1.6%;羊存栏5975.90万只,下降0.4%

资料来源:根据2019年西部地区各省市和自治区《国民经济和社会发展统计公报》整理。

注:※2019年《陕西省国民经济和社会发展统计公报》中只公布了粮食播种面积,没有公布粮食产量。

从表3—1可以看出，改革开放以来，经过40多年的不懈努力，我国西部地区的农产品生产能力获得了较大提升。农产品品种较为丰富，个别省市和自治区的部分农产品产量略有起伏，但西部地区整体农产品生产稳定增长，实现了对城乡居民需求的有效供给，这为家庭农（牧）场的健康发展、多元化发展奠定了坚实的基础。

第三节 西部地区家庭农场发展现状及制约因素

一 西部地区家庭农场发展的现状

1. 我国西部地区家庭农场发展特点分析

根据表3—2所示，我们可以看出，我国西部地区家庭农场的发展有以下几个方面的特点。

表3—2　　2014年我国各区域家庭农场发展现状比较表

所属区域	省、市、自治区	发展数量（到2014年底，户）	年销售额（2014）	产业领域	经营规模
东部地区	北京	正进行试点	—	—	—
	天津	2044，经工商注册322	11.07亿元，场均54.16万元	—	场均171.28亩
	河北	30277，其中工商注册7809，农业部门认定4512	纯收入15亿元，场均5万元	种植业53%、畜牧业40.39%、渔业0.26%、种养结合5.65%、其他2.82%	场均126.30亩
	上海	2787	11万—24万元不等	种植业为主	—
	江苏	农业部门认定21800	—	—	场均194亩
	浙江	工商注册17955	108.90亿元，场均60.70万元	—	场均106.10亩
	福建	12000，其中工商注册5393，农业部门认定1176			场均70.20亩

续表

所属区域	省、市、自治区	发展数量（到2014年底，户）	年销售额（2014）	产业领域	经营规模
东部地区	山东	工商注册38000，农业部门备案20372	10万—50万元及以上不等	种植业84.20%、养殖业及种养结合9.90%、其他5.80%	200亩及其以下占76.20%，200—500亩占18.50%，500—1000亩占3.70%，1000亩以上占1.40%
	广东	38200，工商注册1566	—	涉及种植业、畜牧业、水产业、林下经济，其中多数为种植业或畜牧业	—
	海南	2632	场均10万—50万元不等	种植业43.30%、养殖业45.10%、种养结合11.20%、其他0.40%	50亩以下占49.10%，50—100亩占37.50%，100—500亩13.20%，1000亩以上1家
中部地区	山西	农业部门认定8336	—	种植业62.61%、养殖业34.60%、种养结合2.62%、其他0.17%	—
	安徽	20947，其中工商注册18866	121.40亿元，场均58万元	种植业52.60%	场均210.50亩

续表

所属区域	省、市、自治区	发展数量（到2014年底，户）	年销售额（2014）	产业领域	经营规模
中部地区	江西	13457	36.60亿元	种植业36.78%、养殖业49.03%、种养结合10.71%、其他3.48%	小于50亩的6458家，50—100亩的3865家，100—500亩的2495家，500—1000亩的354家，1000亩以上的90家
	河南	19700，其中工商注册15465	—	种植业72.59%、畜牧业27.41%	场均196亩
	湖北	46682，其中工商注册17694	—	种植业、畜牧业、水产业、产品销售等	—
	湖南	11006，其中农业部门认定8006，工商注册约3000	—	种植业58.76%、养殖业29.56%、种养结合11.28%、其他0.4%	场均109亩
东北地区	辽宁	3217，其中工商注册1833、农业部门认定1509	—	种植业79.83%、畜牧业7.58%、渔业0.78%、种养结合5.97%、其他5.84%	场均260.30亩
	吉林	21558	27.60亿元	种植业79%	50—500亩为主
	黑龙江	28600	—	种植业87.40%、畜牧业10.50%、种养结合1.33%、渔业0.77%	场均275亩

续表

所属区域	省、市、自治区	发展数量（到2014年底，户）	年销售额（2014）	产业领域	经营规模
西部地区	内蒙古	7249	14.40亿元	种植业87.20%、种养结合12.40%	50—200亩、200—500亩不等
	广西	注册2538（2014年）、3439（2015年6月）	26亿元	种植业44%、养殖业35%、种养结合19%、其他2%	场均92亩
	重庆	11400，其中工商注册3382	—	种养结合82%	场均65.60亩
	四川	13873，其中工商注册9223，农业部门认定6896	29.40亿元	种植业49.04%、畜牧业30.90%、渔业5.25%、种养结合10.73%、其他4.08%	场均96亩
	贵州	2582	4.93亿元	种植业44.14%、畜牧业37.57%、种养结合7.98%、渔业5.93%、其他4.38%	种植业50—200亩
	云南	8008，其中农业部门认定1050，工商注册679	20.20亿元，户均25万元	种植业56.80%、畜牧业29.90%、种养结合8.10%、渔业1.40%、其他3.80%	场均66.50亩
	西藏	11	320万（2015年预估）	养殖业27.27%、种植业72.73%	场均200亩
	陕西	农业部门认定5526（2015年6月数据）	场均13.60万元	种植业49%、畜牧业33.70%、渔业1.40%、种养结合11.50%、其他4.40%	50—200亩，种植业场均147.50亩
	甘肃	3161，其中工商注册472	—	种植业65.20%、养殖业30.31%、种养结合2.25%、其他2.25%	50—1000亩不等

续表

所属区域	省、市、自治区	发展数量（到2014年底，户）	年销售额（2014）	产业领域	经营规模
西部地区	青海	1879，其中工商注册1559，农业部门认定937	—	种植业25.43%、养殖业47.31%、种养结合27.24%	场均427亩
	宁夏	1560（2015年6月底），农业部门认定400	—	种植业51.50%、畜牧业23.80%、渔业3.0%、农林牧结合15.40%、其他6.30%	场均590.60亩
	新疆	工商注册810，专业大户7963	—	—	场均178.96亩
全国		139000	—	—	场均334亩

资料来源：根据农业部农村经济体制与经营管理司、中国社会科学院农村发展研究所编《中国家庭农场发展报告（2015年）》（中国社会科学出版社2015年版）资料整理。尽管数据为2014年，但仍然能够较为客观反映2013年"中央一号文件"发布后，我国各区域家庭农场发展状况。

（1）家庭农场的认定标准尚不统一。与全国其他地区一样，我国西部地区各省市和自治区上报家庭农场发展的数量时，实际有三个口径：地方各级自行申报的数据，经工商注册的数据，经农业部门认定的数据。家庭农场究竟应该由谁来主管，看样子需要一段时间的"博弈"才会有结果。

（2）家庭农场的经营范围以种植业、养殖业为主。尽管各地家庭农场的经营涉及农业的各个领域，包括种植业、畜牧业、渔业、水产养殖业、林业等，但主要还是各地农户的传统强项（种植、养殖）为最多。这说明，处于起步阶段的家庭农场还是求稳为主，专门选择自己熟悉的项目进行发展，不愿意也不敢轻易冒险去涉足新的项目、新的业态。

（3）家庭农场的经营土地面积各地不一，但基本维持在了适度范围。从表3—2看，全国每户家庭农场经营的土地面积为334亩。而西部地区多数省市和自治区的家庭农场均未达到全国平均的土地经营规模。从西部地区内部看，西南地区的丘陵、山区省市的家庭农场规模明显不及西北地区。这可能与家庭农场的经营项目有关：丘陵或山区以种植业、养殖业为主，而西北地区以畜牧业为主。但总体看，西部地区各地的家庭农场的规模是适度的。

（4）各地家庭农场的发展速度有快有慢。从表3—2可以看出，新疆、西藏的发展速度稍慢，其他省市和自治区都有了自己的家庭农场，而且过半数的西部地区省、市、自治区报出了所属地区的家庭农场的年销售额。这说明，多数省份对其家庭农场的发展状况是有信心的。

2. 有关西部地区家庭农场发展的问卷调查

2014—2016年，课题组分别到四川、重庆、宁夏、浙江、上海、江苏等地调研，并在西部地区相关地方发放并当场回收了调查问卷，分别对乡镇一级干部（见文末附录问卷1）和来自农村的在校大学生（见文末附录问卷2）就西部地区的家庭农场现状进行了调查。

（1）乡镇干部问卷情况。共发放问卷210份，收回200份，有效问卷200份。本问卷共设计了12个问题，可以代表地方政府对家庭农场发展的基本认知。问卷简要情况如下：

从收回的问卷情况看，57.6%的乡镇已有自己的家庭农场。家庭农场的经营范围主要是种植业或养殖业。家庭农场业主主要来自留守农民、回乡农民、退伍军人、大中专毕业生、城市人，其中以回乡农民和留守农民居多，占总数的51%；家庭农场主的文化程度以初中、高中居多，占总数的54.8%。

对于家庭农场经营良好的影响因素，多数受访者认为首先是农场主经营管理好，其次是国家政策好和地方领导重视；对于家庭农场经营状况欠佳的影响因素，受访者大多数首先选择了经营管理人才不足。对于家庭农场的经营规模，75.6%的受访者认为应该控制在50—100亩。80%的受访者认为家庭农场既可以增加农民家庭的收入渠道，又可以有效解决"谁来种地"的问题。85%的受访者认为家庭农场的适度规模经营与农村土地联产承包责任制可以实现兼容。对于土地经营权的流转难点问题，87%的受访者认为是"农民不支持"与"流转期限不好掌握"。在对家庭农场的管理方面，约70%的受访者认为应该加强管理，认为家庭农场个体应该服从地方的产业发展大局。

对于"宅基地是否应该入市"的回答分为"两极"：50%的人认为"宅基地入市"是社会主义市场经济的必然，另外50%的被调查对象则反对"宅基地入市"。

（2）在校大学生问卷情况。对来自农村的在校大学生发放问卷512份，回收500份，有效问卷500份。该问卷共设计了21个问题。问卷简要情况如下：

参与问卷的、来自农村的在校大学生按占比多少依次来自丘陵区、平原区、山区和高原区，能够回答代表不同地理类型区域的普通民众对家庭农场发展情况的基本认知。

对于"是否听说过家庭农场"，78%的学生回答"是"；对于"新型农业经营主体"所涵盖的对象，88%的被调查对象回答是正确的，这充分说明基层政府对培育包括"家庭农场"在内的新型农业经营主体的宣传教育是到位的。

从问卷回收情况看，44%的被调查对象反映自己的家乡已有"家庭农场"成立；家庭农场的经营范围涉及种植业、养殖业、林业，但主要是养殖业或林业，占比为98%；家庭农场主的来源按占比依次来自留守农民、回乡农民、退伍军人、大中专毕业生、城市人，其中出现的"城市人"下乡务农是新动向，值得关注；家庭农场业主的文化程度占比高低依次为小学、初中、高中、大专，其中小学、初中、高中占比均为30%左右，而大专以上占比不到10%，说明农场主的文化程度有待提高。

对于家庭农场的经营规模，来自山区的被调查对象一般都选择了10—50亩，而来自丘陵区、高原区与平原区的被调查对象大多选择了50—100亩。对于家庭农场经营的难点，被调查对象（按占比高低）的回答依次是资金筹措难、人才不足、政策不配套、土地流转难。对于影响家庭农场发展效果（好或不好）的因素，被调查对象主要列举了业主的经营管理水平、人才问题、国家政策和地方领导的重视程度。

对于家庭农场的发展意义，问卷选择的答案按占比高低依次是解决农民就业问题、带动村民致富和减少"撂荒"土地。对于为何有人反对"家庭农场发展"的理由，44%的被调查对象认为是反对者不了解国家

"发展新型农业经营主体"的政策，46%的被调查对象认为是"担心农民利益受损"，另有10%的被调查对象担心"土地的国家所有制受到损害"。对于影响家庭农场经营效果的因素，85%以上的被调查对象选择了业主的经营管理水平、国家的政策扶持、地方领导的重视与否。90%的被调查对象认为家庭农场的适度规模经营与家庭联产承包责任制可以实现兼容。对于农村土地经营权的流转难点，89%的问卷选择了"农民不支持"与"土地流转期限不好掌握"。对于政府是否应该加强对家庭农场经营范围的管控，90%的问卷认为"应该管理，个别业主发展要服从地方产业发展大局"。

80%的问卷对象反对宅基地入市交易，认为宅基地是"农民的安身之处"，说明农户家庭对自身利益的保护相当重视。

67%的被调查对象回答对"职业农民"提法有所了解，说明我们对职业农民的宣传教育还有提升空间。对于谁最有资格成为"职业农民"，参与调查的对象选择最多的是"回乡大学生"和"退伍军人"，选择"企业家"和"村民"的不到20%。这充分说明来自农村的在校大学生已经了解"职业农民"必须具有较高的科学技术与管理水平。

二 制约西部地区家庭农场发展的主要因素

根据查阅相关资料，并结合课题组的调研情况，我们认为，制约西部地区家庭农场发展的主要有以下四大因素。

1. 土地流转难

中央鼓励按照依法、自愿、有偿原则，将农村土地的经营权转移给家庭农场、农民合作社、专业大户等新型农业经营主体，发展多种形式的适度规模经营。但由于转移程序无法可依，加上部分农民对相关政策的认识出现偏差等原因，农户对土地流转普遍持观望态度，目前的土地流转可说困难重重。

2. 资金筹措难

在发展家庭农场的过程中，设施建设、土地平整与改良、种养业品种的选育等方面将需要大量资金。由于大多数金融机构将融资的对象基本锁定在第二、第三产业比较集中的城市，对于农业和农村则不愿涉足。

而农场主自身的资金实力又极为有限，难以满足兴办家庭农场所需。因此，农业方面尽管有较大的资金需求，但融资渠道单一（仅有农村信用合作社），农业资金投入保障难。"融资难、融资贵"成为家庭农场发展的一大制约因素。

3. 人才聚集难

家庭农场的生产与经营，离不开懂技术、善于经营与管理、具有创新开拓精神的各类人才。由于比较利益的驱使，农村大多数青壮年劳动力选择外出务工，留在土地上的从业者大多为老、弱、病患者。大中专毕业生、退伍军人等至少在目前形势下到农村兴业发展的愿望并不强烈，农业科研院所的专门人才也大多不愿深耕农业与农村。这使得发展现代农业所需的新知识、新技术难以推广，农业技术人才、经营与管理人才出现青黄不接现象。

4. 产业与产品创新难

诚然，西部地区的高校、科研院所数量比较多，科研的人才队伍与技术实力相对比较强大。但是，由于西部地区地广人稀，单位国土面积的人口密度相对东部沿海地区要低，再加上留守的大多为年老体弱的农业从业者，他们精力有限，文化程度大多不高，接受新生事物较为缓慢，因此，要在西部地区农村进行农业产品与技术创新是相当困难的。不仅如此，广大西部地区还是我国少数民族的主要聚居区，由于历史及文化习俗等原因，要植入现代文明元素本来就非常不容易，要取得他们对所谓的农业创新的理解与支持就更难。

第四节 西部地区家庭农场的考核指标体系

一 国内相关学者的文献介绍

从国内已有文献看，与家庭农场考核指标体系的构建有关的主要有三种：一是国营农场的农业机械化技术经济评价指标体系；二是家庭农场的信用评级考核指标体系；三是家庭农场的综合考核指标体系。

(一) 国营农场的农业机械化技术经济评价指标体系[①]

1981年，当时农垦部生产局的学者董明亮将农业机械化技术经济考核指标体系分为四类指标：农业机械配备指标，农业机械运用指标，农业机械化程度指标，农业机械化经济效果指标。其中，农业机械配备指标包括农业机械投入量指标、农业设备投资量（含辅助性投资在内）指标和农机构成指标；农业机械运用指标包括农机技术完好率、拖拉机每马力的年工作量、农机作业质量合格率、农机适时作业率、每亩耕地机械作业量、每标准亩主燃油耗用量、每自然亩耕地主燃油耗用量、每标准亩机械作业成本、农机作业安全率、农机事故损失率；农业机械化程度指标主要指单项作业机械化程度指标；农业机械化经济效果指标主要包括农作物每亩产量、每个农业工人负担耕地面积、每个农业工人生产粮豆、农用总动力每马力生产粮豆、商品率、产品单位成本、每百元农机投资利润额、投资回收期。我们认为，农业机械化技术经济指标能够反映国营农场的技术设备水平和生产效率水平，但是指标设计相对单一，不能反映国营农场的全部面貌。比如农业耗水耗电水平就不能考察到。

(二) 家庭农场的信用评级考核指标体系[②]

学者方焕、孟枫平将家庭农场的信用评级指标体系分为三级指标31个子项指标。其中，一级指标为家庭农场信用值；二级指标包括劳动者素质、农场竞争力、农场规模、偿债或盈利能力、经营能力、行业前景或创新能力；三级指标包括信用水平、能力、经历，产品类型、营销能力、销售渠道、配送方式，投资收益、土地生产率、产量和产品率、劳动生产率、土壤肥力，资产负债率、流动比率、总资产报酬率、销售利润率、应收账款周转率、存货周转率、总资产周转率、营业收入平均增长率、总资产平均增长率，行业周期、企业战略、考核方法、比较方法等。以层次分析法确定该评级指标体系各项指标的权重，并按照评级100

[①] 董明亮：《关于建立国营农场农业机械化技术经济考核指标体系的意见》，《现代化农业》1981年第4期。

[②] 方焕、孟枫平：《家庭农场信用评级指标体系及评级方法研究》，《沈阳农业大学学报》（哲学社会科学版）2015年第4期。

分满分，根据各项指标的权重计算出每项指标的得分，然后根据总得分评出家庭农场的四个等级 3A、2A、A、B。此种指标设计偏重从财务管理角度考察家庭农场的经济实力、信用水平，方法太专业化，且过于超前我国目前的家庭农场发展的实际情况，因为我国目前的绝大多数家庭农场发展处于初级阶段，管理（尤其财务管理）水平远远没有达到规范化的水平。

（三）家庭农场的综合考核指标体系[①]

李星星、曾福生将家庭农场的综合考核指标体系设计为三个层次：第一层次为经营绩效和发展潜力指标；第二层次包括经营绩效下辖的经济绩效、社会绩效、生态绩效指标，以及发展潜力下辖的人力资本、物质资本、社会资本，共计 6 项指标；第三层次选取了 21 个子项指标，这21 项指标具体是：反映经济绩效的劳动生产率、土地产出率、成本费用利润率和高于当地农民年均纯收入比例指标；反映社会绩效的社会贡献率、顾客满意度（分值）、区域示范效应（分值）；反映生态绩效的化肥、农药、农膜使用强度指标，农业有机废物利用率指标，周边居民满意度（分值）指标；反映人力资本状况的农场主年龄（分值）、农场主文化程度（分值）、家庭劳动力人数、参加农业技能培训或考察次数；反映物质资本状况的土地面积、年均投资额、注册资金指标；以及反映家庭农场社会资本状况的政府支持力度（分值）、资金借贷难度（分值）、土地流转难度（分值）和农业社会化服务程度（分值）指标。并采用专家咨询法和层次分析法确定所有指标的权重，计算得出家庭农场的综合评价得分。我们认为，这种指标设计全面、专业，对于考察公司化运作模式的家庭农场肯定适用，但就目前的我国家庭农场现状而言，还是太过超前。

（四）小结

综上所述，不同时期的学者从不同的角度对从事农业生产经营的国营或家庭农场提出了自己的考核、评价办法。国营农场的农业机械化技术经济评价指标体系是在当时（20 世纪 80 年代初）计划经济条件下针对

[①] 李星星、曾福生：《家庭农场综合评价指标体系设计——以湖南为例》，《湖南科技大学学报》（哲学社会科学版）2015 年第 6 期。

国有农场的机械化程度的衡量指标，同时也反映了当时人们对农业现代化问题理解的局限性：农业现代化即农业机械化。家庭农场的信用评级考核指标体系和家庭农场的综合考核指标体系均为新近（2015年）提出的考核家庭农场发展水平的指标体系，反映了当今市场经济对家庭农场的发展要求。三种评价指标体系各有特色、各有侧重，既有定性分析，也有定量分析，但也各有其局限性。其中，国营农场的农业机械化技术经济评价指标单纯从农业机械的角度考察农场情况显然是片面的，因为今天的农业不仅有机械化，还有信息化、智能化、自动化、生态绿色化发展的趋势；后面两种考核办法更侧重于经济指标的考核，相对于第一种考核办法更为专业，指标体系更为全面、完善。但是考虑到我国当下的家庭农场的业主主要是农户家庭成员，不主张大规模引入工商资本下乡经营家庭农场的实际情况，我们认为上述三种考核指标更适用于对公司化运作的经济实体的考核，若用于家庭农场的考核，就显得比较烦琐，因为目前的家庭农场的财务管理制度并不健全、管理并不规范。因此，对家庭农场的指标考核有必要进行简化设计。

二　西部地区家庭农场发展的评价指标体系

（一）考核指标选取的原则

1. 体现高质量发展要求原则

"高质量发展"是2017年在党的十九大上习近平总书记代表党中央首次提出的。"高质量发展"的科学内涵可以用"更高质量、更有效率、更加公平、更可持续"来进行概括。更高质量地发展，就是要推动经济由"有没有"向"好不好"、由"大不大"向"强不强"发展；更有效率地发展，就是要追求以更少的要素投入获得更好的产出效益；更加公平地发展，就是要使我国城乡居民平等获得发展机会、公平地参与市场竞争、全面共享伟大祖国发展的丰硕成果；更可持续地发展，就是要求经济发展既同生态环境承载能力相适应，又要具有源源不竭的动力。高质量发展是能够更好地满足人民群众日益增长的对美好生活的需求的发展，是能够有效体现新发展理念的发展，同时也是创新成为第一动力、协调成为内生特点、绿色成为普遍形态、开放成为必由之路、共享成为根本目的的发展。家庭农场的农业产业发展一定要遵循"高质量发展"的要求，对其考核的指标设计也要体现这一思想。

2. 体现实事求是原则

实事求是，一切从实际出发，是我们认识问题、分析问题和解决问题时应该遵循的最根本的指导原则和思想基础。我国社会主义市场经济条件下的家庭农场不同于西方资本主义条件下的家庭农场，具有不同的发展基础。比如，西方国家家庭农场赖以发展的农村土地是私有土地，而我国家庭农场赖以发展的农村土地属于国家所有，为公有土地；再比如，西方国家的家庭农场要缴纳所得税，而我国的家庭农场目前是不存在缴纳任何税收这一问题的。因此，我们要本着实事求是的原则。

3. 坚持简单实用原则

如前所述，从2013年"中央一号文件"大力支持包括家庭农场在内的新型农业经营主体发展之后，我国的家庭农场发展历史仅仅几年时间，相较于西方发达资本主义国家的家庭农场而言，其发展水平或管理的规范程度，都显得较为稚嫩。因此，在设计对我国家庭农场的考核指标时，就要坚持简单实用原则：一是尽量少用无量纲化的指标；二是尽量使用简单实用的、最能反映我国家庭农场发展实际情况的指标。

4. 坚持"拿来主义"原则

我国目前的家庭农场考核指标一定要坚持兼收并蓄，只要有用、有利就可以拿来采用的"拿来主义"原则。多年以来，一些国内学者在构建小康社会建设、生态文明建设、高质量发展、现代化经济体系等的指标体系方面进行了有效探索，并取得了积极成果。这些成果可以在构建对家庭农场建设的指标体系时进行借鉴。

（二）评价指标体系的构建

基于我国西部地区家庭农场发展的实际情况，我们认为，评价家庭农场的指标主要应该包括如下几类。

1. 总量指标

总量指标可以反映一个特定家庭农场的经济实力和主要的发展成就。主要包括农场经营土地规模、主要农产品产量及增幅、主要农产品亩均产量、农产品销售总收入、农产品销售毛利及毛利率、农场主要经营收入及增幅、农业经营收入占家庭纯收入的比重、农场人均收入占当地农户家庭人均纯收入的比重、农场从业人员人数、农场全员劳动生产率。

2. 经营结构指标

经营结构指标能够反映一个特定家庭农场的经营结构调整成效及水平。主要包括农业种植业、畜牧业、渔业、林业、农业服务业各自的增加值及各自在家庭经营总收入中的占比；农业新兴产业①增加值及其在家庭总经营收入中的占比。

3. 绿色发展指标

绿色发展指标能够反映一个特定家庭农场践行绿色、低碳发展理念的实际情况。主要包括经相关部门认证的绿色（有机）农产品占农产品总量的比率；主要农产品标准化生产水平；主要农产品单位产值耗水、耗电、耗气降低率；农业废弃物综合利用率；单位耕地面积化肥（折纯）与农药使用量。

4. 发展后劲指标

发展后劲指标能够反映一个特定家庭农场的发展是否能够持续、稳定。主要包括业主及成员获得职业农民认证的数量；业主及成员的文化水平程度；农业固定资产投资增幅、农机具投资增幅；农业专利利用数量；农业新产品产值率；主要农产品的市场受欢迎程度（问卷打分）；农场的信用程度（问卷打分）。

---

① 按照我国统计局的统计口径，现今我国传统意义上的农业产业主要包括：农业（或种植业）、林业、畜牧业、渔业、农林牧渔专业及辅助性活动；农业新兴产业主要包括设施农业、生物育种、现代农业服务业。

第四章

家庭联产承包责任制与家庭农场发展

第一节 我国家庭联产承包责任制及其制度困境

一 实行家庭联产承包责任制的必要性

1. 我国农村的生产力水平不适宜大规模集体劳动

我国农业生产力呈现多层次发展格局,有农业机械化程度较高水平的,也有机械化程度低、完全依靠手工完成农业生产的。就整体而言,依靠"手工+畜力"搞饭吃,这是我国现阶段农业生产力的真实状况。由于生产力水平上的多层次,若"简单化一"地坚持大规模的集体劳动,肯定不利于农业效率与效益的提高。在这样的情况下,以农户家庭的小规模承包经营取代大规模的集体劳动就成为必然的选择。

2. "一大二公"的人民公社制度不利于我国农业农村经济的高质量发展

对于人民公社制度,我们要一分为二地看。一方面,要肯定其正面作用。比如它是我国建设社会主义的一次有益的尝试;它作为一种制度保障,为维持我国农业和农村经济几十年的稳定发展立下了汗马功劳;作为一种制度保障,为我国工业和城市的发展奠定了坚实的基础,等等。另一方面,我们也不得不看到,农村人民公社制度有着其自身无法克服的缺陷,主要表现在:一是人民公社制度超越了我国社会经济发展水平。按照马克思、恩格斯关于生产关系一定要适应社会生产力的发展要求的规律,生产关系一定要和相应的生产力相适应,否则就不利于社会生产力的发展。我们不是说人民公社制度本身不好,而是说以"一大二公"为主要特征的农村人民公社制度超前于当时我国的社会经济发展水平。这显然不利于我国农业生产力的解放与发展,不利于发展农业和农村经济。二是人民公社制度不利于提高农业和农村经济的效率和效益。作为计划经济的产物,人民公社制度下实行带有"大锅饭"性质的分配制度,不利于发挥农民生产经营的积极性、主动性和创造性,导致农业效益、效率低下。生产要素(尤其是劳动力)不能自由流动,不利于生产资源的优化配置,不利于农民收入水平的提高、生活质量的改善。

实践表明,"一大二公"的人民公社制度不利于解放和发展我国农村生产力,不利于我国农业农村经济的高质量发展;以家庭联产承包责任制取代原有的人民公社制度势在必行。

3. 我国经济体制改革的现实需要农业农村作为"探路人"

党的十一届三中全会以后,我国的经济体制改革没有"一刀切"式的大规模推开,而是采取先试验后推广的稳步改革方式。中央将改革的突破口选在了农业和农村,可能主要考虑农业和农村的改革相对于工业与城市要单纯、容易一些。农村经济体制改革的主要内容就是实行家庭联产承包责任制,以家庭联产承包责任制取代以"一大二公"为主要特征的人民公社制度。后来的实践表明,中央将经济体制改革的突破口选为农业、农村的决策是正确的:农业、农村较好扮演了改革"探路人"角色;农村家庭联产承包责任制取得了成功,并为我国城市经济体制改革的顺利开展积累了宝贵的经验。

二 家庭联产承包责任制的兴起与推广

1. 家庭联产承包责任制的兴起

俗话讲,穷则思变。1978年11月24日,安徽省凤阳县凤梨公社小岗村的18位农民秘密签下了一份不足100字的"包干保证书"。这可以说是中国农村最早的"大包干"。这一包干可不得了。据计量,1979年,小岗村的粮食总产量达到66吨,相当于全队1966—1970年五年的粮食产量总和。小岗村的这一做法,后来受到了中央的肯定,并号召在全国进行推广。

2. 家庭联产承包责任制的推广

1978年12月召开的党的十一届三中全会吹响了我国农村经济体制改革的号角，农村逐步实行统分结合的家庭联产承包责任制。到1980年，全国农村普遍实行了这一农村经营制度。1982年1月1日，中共中央批转《全国农村工作会议纪要》，明确指出包产到户、包干到户都是社会主义集体经济的责任制度。从此以后，中央不断丰富和完善家庭联产承包责任制的内容，鼓励农村居民开展多种经营，使得农村居民逐步解决温饱问题，并创造了以占世界7%的土地养活占世界22%的人口的奇迹，有力地向世人回答了"谁来养活中国"①的问题。图4—1为1978—2015年我国农村粮食产量变化图。

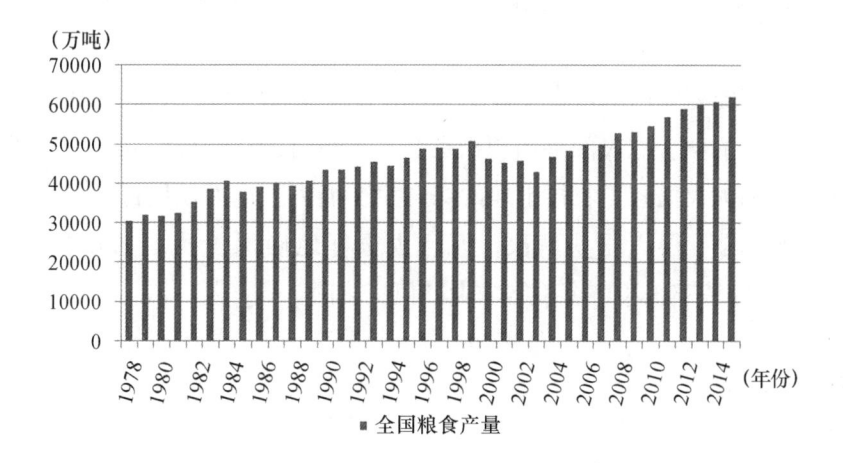

图4—1 1978—2015年我国农村粮食产量变化图

资料来源：根据1978—2015年国家统计局《国民经济和社会发展统计公报》整理绘制。

从图4—1可以看出，由于家庭联产承包责任制的推行，我国粮食产量维持了持续增长的基本势头：从1978年的30475万吨，到1988年的

---

① 1994年，美国学者莱斯特·布朗在《世界观察》杂志上发表了《谁来养活中国？》的文章，作者在文章中认为，随着中国人口的增加和消费结构的变化，以及中国城市化和工业化的推进，中国在2030年的粮食供应将比1994年减少20%，中国将面临巨大的粮食缺口，到时中国不能养活自己，世界也养活不了中国。由此，向中国也向世界提出了"谁来养活中国"的问题。

39401万吨、1998年的49000万吨、2008年的52871万吨，再到2015年的62144万吨。相较于1978年的产量，我国粮食生产量在三十多年的时间内翻了一番多。期间，由于自然灾害，个别年份（比如2000—2007年）的粮食产量略有回落，但总体维持了增长势头。这一农业成就，在全世界都是少有的。

三 家庭联产承包责任制发展中的制度约束

由于家庭联产承包责任制的实行，我国农业和农村经济获得了快速发展，提高了农业效率和农民收入水平，解决了我国人民群众的"温饱"问题，改变了我国农村贫穷落后的面貌。

1. 家庭联产承包责任制对我国农业和农村经济的积极作用

（1）提高了农业效率，确保了我国粮食安全

由于家庭联产承包责任制的实行，改变了原来农村人民公社"吃大锅饭"的做法，农民的种田积极性、主动性与创造性被较好地调动了起来，从而大大提高了农村土地的综合生产能力。这不仅使得农民家庭的"温饱问题"得以很快解决，而且也很好地确保了我国的粮食安全。图4—2为1978—2015年我国农业产值变化图。

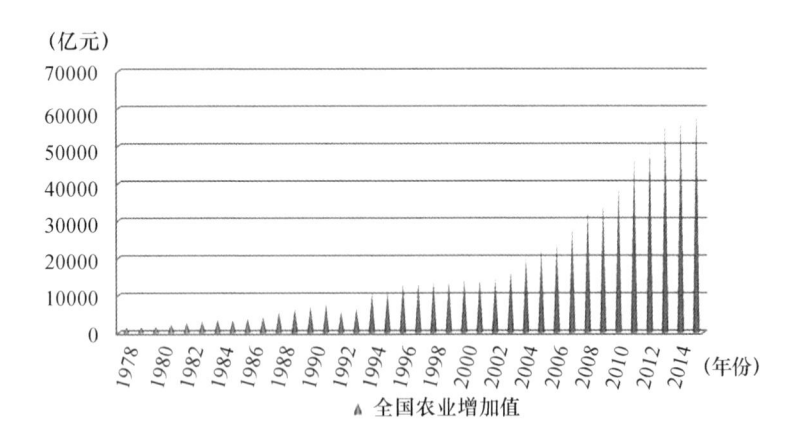

图4—2 1978—2015年我国农业产值变化图

资料来源：根据1978—2015年国家统计局《国民经济和社会发展统计公报》整理绘制。1978—1997年的数据为农业总产值，1998—2015年的数据为第一产业增加值。

从图4—2可以看出，我国的农业总产值（或农业增加值）基本维持了快速发展势头：1978年仅为1459亿元，1988年为5618亿元，1998年为14299亿元，2008年为34000亿元，2015年达到60863亿元。虽然个别年份因为自然灾害原因，农业发展略有起伏，但总的趋势是持续向上的。实行家庭联产承包责任制38年后的农业产值，2015年相较于1978年翻了接近三番。

（2）解放了我国农村劳动力，丰富了农民增收的渠道

由于实行家庭联产承包责任，一大批农村剩余劳动力从土地上被解放了出来，积极参与沿海地区城市经济建设、投入乡镇企业的发展洪流中。这一方面，丰富了农村居民的增收渠道。目前的农户家庭除了原有的农业经营收入以外，还有了工资性收入、财产性收入、转移性收入等增收途径。另一方面，大批农民工的加入，解决了城镇地区企业用工不足的问题，促进了城市劳动力市场的正常竞争，有利于加快城市经济的发展。图4—3为1979—2015年我国农村居民纯收入变化图。

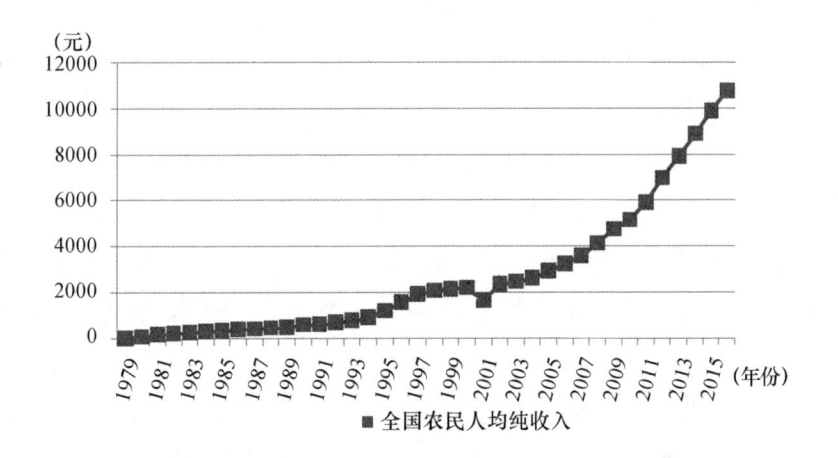

图4—3 1979—2015年我国农村居民纯收入变化图

资料来源：根据1978—2015年国家统计局《国民经济和社会发展统计公报》整理绘制。

从图4—3可以看出，由于家庭联产承包责任制解放了农村生产力，农村居民的纯收入经历了跨越式的发展历程。1979年，当时的我国农民人均纯收入仅为83元；10年后的1989年，农民人均纯收入为602

元；1999年为2210元；2009年为5153元；2015年达到10772元。也就是说，改革开放以来，到2015年，我国农民人均纯收入相较于1979年增长了128倍；家庭联产承包责任制推行三十多年，农民人均纯收入翻了七番。农民的生活质量随着人均纯收入的不断增长得以快速提高。

（3）家庭联产承包责任制的成功实施，为我国城市经济改革积累了可贵经验

我国农村经济体制改革的成功经验对我国城市经济体制改革具有有益的借鉴价值。我国改革开放的总设计师邓小平同志曾经说过："农村改革的成功为我们增强了信心。我们把农村改革的经验运用到城市，进行以城市为重点的全面经济体制改革。"①"农村改革的内容总的来说就是搞责任制，抛弃吃大锅饭的办法，调动农民的积极性。"②"工业有工业的特点，农业有农业的特点，具体经验不能搬用，但基本原则是搞责任制，这点是肯定的。"③ 后来的国有企业的承包制的实践正是来源于农村家庭联产承包责任制的成功经验。

2. 家庭联产承包责任制所面临的制度困境

在客观分析家庭联产承包责任制积极作用的同时，我们也必须正视其在可持续发展农业和农村经济方面所面临的自身不足。

（1）家庭联产承包责任制难以提高规模效益

在家庭联产承包责任制下，农村集体所有的土地按人头平均分配给农户家庭成员进行耕种，也就是所谓的"均田承包"制。由于我国人多地少，人地矛盾相当突出，人均耕地仅0.1公顷，只相当于世界平均水平的42%。再加上近些年的"房地产热""开发区热"等各种各样的"圈地运动"，使得实际耕地面积大为减少。目前，我国农户户均占有耕地面积仅为0.37公顷。太多的农村人口挤在太少的土地上搞饭吃，土地经营规模上不去，农户不管怎么样投入、花费时间和精力，都很难取得规模效益。

---

① 《邓小平文选（第三卷）》，人民出版社1993年版，第238—239页。
② 《邓小平文选（第三卷）》，人民出版社1993年版，第117页。
③ 《邓小平文选（第三卷）》，人民出版社1993年版，第29页。

(2) 家庭联产承包责任制难以解决土地"撂荒"现象

由于实行家庭联产承包责任制，再加上政府实行了取消农业税等惠农政策，农民于是有了更多的择业自由。在比较利益原则下，一些农民家庭宁愿土地荒芜，也不愿耕种土地，原因在于，种地的成本太高、收益太低。有人曾经算了这样一笔账：① 假如一位农民选择种地，那么其每亩土地的投入 500 元左右，国家的补贴大致 120 元左右。在粮食收成以后，除去成本，每亩收入为 600 元左右，他投入的时间为 30 天。而同样的 30 天，他如果进城打工，其收入最少也不会低于 2000 元。种地一个月获得 620 元收益，而打工一个月能够获得 2000 元收益。显然，农民不愿种地、将土地"撂荒"的选择是正确的。

(3) 家庭联产承包责任制难以解决产权虚设问题②

关于农地产权问题，我国《土地管理法》（2019 年版）第二章第十一条有这样的规定："农民集体所有的土地依法属于村农民集体所有的，由村集体经济组织或者村民委员会经营、管理；已经分别属于村内两个以上农村集体经济组织的农民集体所有的，由村内各该农村集体经济组织或者村民小组经营管理；已经属于乡（镇）农民集体所有的，由乡（镇）农村集体经济组织经营、管理。"已经分别属于村内两个以上农民集体经济组织的农民集体所有的，由村内各该农业集体经济组织的农民集体所有。很显然，按照《土地管理法》，我国土地为国家代表集体所有，农民个人对土地没有所有权。

从理论上讲，我国农村土地产权是清晰的，但实际形同虚设。农民对土地只有使用权、经营权，但无土地所有权。这一虚设、残缺的土地产权制度抑制了农民投资土地的积极性、主动性。按照西方的产权理论，产权界定不清，也会提高农业经济交易成本。

(4) 家庭联产承包责任制下创新的驱动力不足

在"均田承包"的背景下，实事求是地讲，农民解决本身的温饱问

---

① 刘文秀：《清华经济课》，清华大学出版社 2015 年版，第 140 页。
② 王悦、陈占江：《论家庭联产承包责任制的制度缺陷》，《现代农业科技》2005 年第 11 期。

题基本不存在困难，更何况绝大多数农民还有数量不菲的工资性收入、转移性收入，甚至财产性收入，农业产业对于相当多农民来说早已不是其增收主渠道。因此，农民在农业生产经营上的创新驱动力严重不足。另外，农民即使想创新，也要考虑投入产出效益，因为土地经营规模太小，创新很有可能入不敷出。除此以外，农民家庭承受创新失败风险的能力也很有限，也是农民不愿涉足农业创新的另一主要原因。

第二节　家庭农场的发展是农地经营制度的又一次创新

1949年以后，我国农村的土地经营经历短暂的农户个人经营，在1956年快速转入合作运动，农村土地由"三级所有、队为基础"的人民公社统一经营。如果说，1978年开始的农村家庭联产承包责任制是土地经营制度的第一次创新的话，2013年开始兴起的家庭农场等新型农业经营主体经营则是我国土地经营制度的第二次创新。

一　家庭农场适度规模经营是家庭联产承包责任制的一种新的实现形式

1. 家庭农场的经营主体仍然是农民家庭

兴办家庭农场会不会剥夺农民的集体土地承包经营权，是包括广大农民兄弟在内的社会各界所关心的话题。中央明文规定，家庭农场的经营主体仍然是农户。至少在目前，我们看不出中央有大规模引进工商资本进入农业产业的规划，也不会导致所谓中国版的"圈地运动"。至于土地经营权的流转，将遵循依法、自愿、有偿、有序原则，绝不会生硬地、搞"一刀切"似的将农户从土地上赶走，农户的利益会受到切实保护。

2. 家庭农场适度规模经营是升级版的家庭联产承包责任制

由普通小农户对集体土地进行承包经营，到由家庭农场等新型农业经营主体承包经营集体土地，并没有改变土地国有的性质，也仍然坚持的是土地承包责任制。所不同的是，土地经营规模变得更大，决定土地经营规模的主要因素不再是人头，而是根据农民家庭的实际生产经营能力。同时，土地的经营者不再是传统意义上的身份农民，而是有文化、懂技术、擅长经营、有开拓创新精神的职业农民。除此以外，家庭农场发展的是现代农业，其经营范围、产业业态也要比实行家庭联产承包责任制阶段丰富得多，经济效益与环境生态效益也会得到更好的兼顾。因此，从这些意义上，我们可以说，家庭农场的适度规模经营是家庭联产承包责任制的升级版。

3. 适度规模承包是对农民家庭均田承包的补充与完善

承包制是我国公有制的重要实现形式之一。坚持承包制，也是未来我国农业与农村经济发展的主流方向。以前的农户（按人口）均田承包经营，在品种改良、种养殖技术创新、劳动及资本要素投入、营销手段创新等方面均存在不经济现象，使得绝大多数农户只能求稳慎变，不敢以农业作为自身增收的主渠道，根本原因在于土地规模太小。而在坚持土地公有、承包经营制度长期不变的情况下，家庭农场的适度规模经营有利于克服家庭联产承包责任制条件下的投入不经济现象，实际是对农户均田承包经营的补充与完善。

4. 家庭农场的发展需要因地制宜

如前所述，在未来的中国农村，家庭农场不可能"一统天下"。我们强调家庭农场是新时代家庭联产承包责任制的一种新的实现形式，但不是唯一形式。同时，有了家庭农场，也不意味着"三农"领域的所有问题都能够解决。因此，我们认为，在发展家庭农场问题上，各个地区，尤其是我国西部地区一定要做到因地制宜、探索前行、可进可退。要加大立法、司法力度，通过法律服务与法律保障，切实保护家庭农场与周边小农户的利益。

二 家庭农场的发展有利于缓解家庭联产承包责任制的制度困境

1. 家庭农场的发展能够产生农业规模效益

人多地少，人地矛盾突出，是我国农业的典型特点。据有关资料记载，我国人均拥有耕地面积1.39亩，只有世界平均水平的37%。东部地区的北京、天津、上海、浙江、福建、广东六省市的人均耕地面积低于联合国粮农组织所规定的0.8亩警戒线。农业要有规模效益的前提条件就是土地经营规模要足够大,但我国改革开放后实行四十多年的家庭联产承包责任制,由于按农户人头分配承包责任地,农户的生产经营很难获得规模效益。而发展家庭农场、开展土地的适度规模经营将有利于优化劳动、土地、资本等要素的配置与使用,能够促进农业规模效益、促进农业从业者更好地实现持续增收。

2. 家庭农场有助于解决"谁来种地"的问题

多年来,农村土地"撂荒",农户宁愿外出打工,也不愿意种地,这成为农业和农村经济获得可持续发展的一大不可跨越的障碍。未来家庭农场的经营者、管理者本身就是职业农民,以农业产业的生产经营作为其终身职业和获取收入的主要渠道,甚至可能是唯一渠道。因此,与家庭联产承包责任制阶段的兼业农户不一样,职业农民放弃农地经营而从事非农产业的可能性要小得多。因此,在家庭农场背景下,至少在承包合同期内,"谁来种地"难题将能够得到大大地缓解,甚至获得彻底解决。

3. 家庭农场实行"三权分置"有利于解决农地产权虚置问题

如前所述,家庭联产承包责任制阶段,农地的产权虚置是其制度缺陷之一。由于家庭农场等新型农业经营主体的诞生,农地实现了"三权分置",即农地的所有权、承包权、经营权分别属于集体、农户、家庭农场,三者各司其职、各负其责,能够较好地解决农户小规模均田承包条件下的农地产权虚置问题,能够大大降低农业与农村经济活动中的交易成本,提高农业经济活动的效率和效益。

4. 家庭农场发展有利于激发农业创新动力

家庭农场所从事的农业属于现代农业,专业化、市场化、产业化程度明显要高于传统农业,面临的市场竞争程度也要比传统农业激烈得多。为了在市场竞争中处于有利地位,每一户家庭农场都会千方百计加强管理、引进新型技术与设备、采用更为先进的营销理念与手段,以降低成本、提高效益。这就涉及农业的管理创新、技术创新、产品(产业)创新、市场创新,而创新的原动力,就是家庭农场要取得市场竞争优势、获取最大化的农业利润和农业产出。

第三节　家庭联产承包责任制与家庭农场的"适度规模经营"具兼容性

自中央2013年提出"发展家庭农场"以来，绝大多数干部和群众积极行动，认真落实中央的决策部署。但也有部分人不理解：家庭农场是否要否定家庭联产承包责任制？家庭农场与家庭联产承包责任制是否会有冲突？家庭农场的发展是否意味着我国农村经济体制改革的退步？等等。针对这些问题，我们认为，在社会主义市场经济条件下，家庭农场的"适度规模经营"能够与原有的家庭联产承包责任制实现有效兼容，二者能够共生发展。

一　实现目标的一致性

尽管家庭联产承包与家庭农场存在着土地经营规模上的不同，但是，不管是家庭联产承包责任制，还是家庭农场所代表的适度规模承包经营，其目的都是为了繁荣农业和农村经济、提高农业效益和效率、增加农户的收入、改善农村居民的生产生活环境，解决"三农"问题，并最终发展现代农业、实现农业农村现代化，缩小城乡发展差距，引导农村居民与城市居民一道，共同实现全面小康、实现对美好生活的追求。在目标上二者保持了高度一致性。从这个意义上讲，家庭联产承包责任制与家庭农场的"适度规模经营"是殊途同归，并无矛盾。

二　土地公有条件下的高度互补性

不管是家庭联产承包责任制下的农户"均田承包经营"，还是家庭农场的"适度规模经营"，都有一个共同的前提，那就是土地公有制。离开土地公有制谈论家庭农场是没有意义的。我国将长期坚持和实施家庭联产承包责任制，这是中央的既定方针。发展适度规模经营的家庭农场并不是对家庭联产承包责任制的否定，而是对家庭联产承包责任制的有效补充，原因有三：第一，发展家庭农场的前提仍然是要坚持家庭联产承包责任制；第二，家庭农场经营的主体仍然是农民家庭，以农民家庭成员作为主要劳动力；第三，在今后相当长的阶段，家庭农场是从事现代农业发展的重要经营主体，但不是唯一主体，农民家庭的"均田承包经营"与"适度规模经营"将长期共存发展。因此，家庭联产承包与家庭农场的"适度规模经营"是维持土地公有条件下的一种共生关系、互补关系。

三　都是农村集体经济的实现形式

1949年，新中国成立以后，我国土地收归国有，由国家代表全体劳动群众享有土地的所有权，但经营权属于全国的联合劳动者群众。在1949—1956年，我国土地经营权曾经属于普通农户，这个时候的家庭经营是我国农村经济的主要实现形式。

1956年以后，我国完成了社会主义改造，建设了社会主义制度，原分配给农户的土地纷纷加入了合作社。自此到1979年农村实行家庭联产承包责任制以前，我国农村普遍实行了"三级所有、队为基础"的人民公社制度，这一时期，人民公社经营就成为我国农村集体经济的主要实现形式。

1979年以后，我国农村普遍推行了家庭联产承包责任制。这个时候的农地实行"两权分离"，即所有权归国家、承包经营权（使用权）归农户。于是，在这一时期，农户的"均田承包"成为我国集体经济主要的实现形式。

2013年，中央提出要坚持依法、自愿、有偿原则，引导和鼓励农村承包地的经营权向家庭农场、专业大户、农民合作社等新型农业经营主体有序转移。这时的农地将实行"三权分置"，即土地的所有权归国家、承包经营权归农户、土地的使用权归家庭农场等新型农业经营主体。考虑到我国为农业大国、农业人口众多、土地资源有限等现实情况，家庭农场等新型农业经营主体的"适度规模经营"不可能在短期内完全取代农户的"均田承包经营"。所以说，在今后相当长的时期，农户家庭的"均田承包经营"与家庭农场等新型农业经营主体的"适度规模经营"都将同时成为我国农村集体经济的重要实现形式。

从上述对我国农村集体经济实现形式的演变历史的梳理,我们不难发现,家庭联产承包责任制与家庭农场的适度规模经营并不存在根本性质的矛盾,二者都是我国农村集体经济的有效实现形式。

第五章

现代农业与西部地区家庭农场发展

发展现代农业不见得非得家庭农场不可，但家庭农场的未来发展方向一定是现代农业，而不是传统农业。作为新型农业经营主体的重要一员，家庭农场是现代农业发展的重要载体，是我国西部地区实现农业农村现代化的重要依靠力量。

第一节 西部地区现代农业概况

一 现代农业的定义及特点

（一）传统农业及其特点

按照美国著名的经济学家舒尔茨的解释，传统农业是指"完全以农民世代使用的各种生产要素为基础的农业"[1]。其特征是"两个不变"，即生产技术水平长期保持不变，持有和获得收入来源的偏好与动机长期基本不变。国内有学者则把传统农业的主要特征概括为生产单位以分散的农户或小规模的家庭农场为主，自给自足性较强；劳动密集型农业发展模式为主；城乡分割、工农分割的"二元经济"特征明显。

传统农业是由粗放经营转向精耕细作、由完全放牧转向放牧与圈舍饲养相结合，利用自然和改造自然的能力较原始农业阶段大大提高的农业。一般认为，传统农业的典型特点就是精耕细作。但是，传统农业的

---

[1] 转引自王大明《我国西部地区现代农业发展研究》，电子科技大学出版社2012年版，第32页。

部门结构较为单一，生产规模较小，生产经营手段较为落后（主要以人工＋畜力为主），抵御自然灾害的能力较弱，农业生态的功效较低，产品商品化程度较低，尚未形成专业化的区域分工。

我国作为具有悠久文明的农业大国，传统农业的历史较为久远。早在春秋、战国时期，就已经形成一套较为成熟的、以精耕细作为主要特点的传统农业技术。传统农业作为原始农业之后的重要的农业发展阶段，为人类的世代繁衍和人类社会的文明进步做出了重要贡献。

（二）现代农业及其特点

1. 现代农业的内涵

2007年下发的《中共中央、国务院关于积极发展现代农业、扎实推进社会主义新农村建设的若干意见》提出："要用现代物质条件装备农业，用现代科学技术改造农业，用现代产业体系提升农业，用现代经营形式推进农业，用现代发展理念引领农业，用培养新型农民发展农业，提高农业水利化、机械化和信息化水平，提高土地产出率、资源利用率和农业劳动生产率，提高农业素质、效益和竞争力。"根据上述内容，我们认为，现代农业是一个内涵丰富的、历史的、动态的经济学范畴，是农业发展史上的一个重要阶段。它以科学发展理念为指导，以食品安全、农民增收与农业的可持续发展为目标，以现代科技与设备来武装，以现代产业组织制度和管理手段来经营，以新型职业农民为主要的生产经营主体，是生产力发展水平高、综合效益更好、市场竞争力更强、管理更科学和抵御自然灾害能力更优的农业。大力发展现代农业、逐步实现农业现代化，是我国各族人民的共同愿望，也是我国实现城乡一体化发展的重要抓手。

2. 现代农业的特点[①]

（1）生产手段科学化

与传统农业的人工＋畜力作为生产的主要手段不同，现代农业生产经营将会采用更为先进的科学技术手段、设施与设备。因此，现代科学

---

① 王大明：《我国西部地区现代农业发展研究》，电子科技大学出版社2012年版，第33—36页。

技术知识与手段将逐步摒透到现代农业的育种、培苗、播种、养殖、储运等各个环节,最新科研成果向农业的转化更为迅速,农业的机械化、电气化、生物化和化学化将是农业生产的发展主流。农业由劳动密集型产业演变为技术密集型产业是必然趋势。

(2) 经营形式产业化

传统农业以农户为基本生产单位,生产规模小、组织化程度低、经营效益差、产品单一,与社会化分工的要求相差甚远。现代农业则是面向国内外市场的高度商品化的农业,市场机制对农业的生产经营起着决定性的引导作用,产业分工、区域布局更加精细。为提高农业与农产品的市场竞争力,必然促使农户以某种形式由分散走向联合。在此过程中,发展规模大、经济实力雄厚、关联带动效应强劲的农业龙头企业与大型专业化公司将发挥主导作用。种养加与产供销一体化、科工贸一条龙的农业产业化经营将极大提高农业的生产经营效率与经济效益。

(3) 运行机制市场化

如上所述,相对于传统农业而言,现代农业是商品化、产业化、市场化程度极高的农业。进入现代农业阶段,家庭农场等新型农业经营主体会根据市场需求情况,对选择什么项目、生产什么产品、生产多少产品等进行自主决策,政府政策只是起到引领、导向而不是主导作用。与此相联系,统一开放、竞争有序的国内城乡市场体系逐步形成与完善,农产品市场、生产资料市场、农业信息与技术市场将在农业发展过程中起着决定性的配置资源的作用。

(4) 生态环境人性化

农业生态文明建设的关键在于发展现代农业。进入现代农业阶段,农业经营业主将逐步摒弃传统农业阶段重发展、轻环保的错误做法,经济、社会与环境的协调统一将成为农业与农村发展的重要目标,资源节约、实现零排放将成为农业发展的原则。农业基础设施将更趋完善,农业防灾抗灾能力将大大加强,农村的生产生活设施将得到极大改善。"生态农业""有机农业""绿色农业"将得到积极发展。人们对于生态环境的态度更友好、更人性化。

（5）资源效率高效化

进入现代农业阶段，农业发展将从传统农业阶段的粗放型、外延型发展方式向集约型、内涵型发展方式转变，由一味追求速度与数量目标的农业模式向追求质量与效益目标的农业模式转变。农业经济的高质量发展理念将深入人心，循环经济的"3R"原则①将得到彻底贯彻，农业资源将实现集约使用，农业的资源效率将不断趋向高效化，农业效益和农民收入将不断提高。

（6）从业人员知识化

在传统农业阶段，农业发展基本是处于"靠天吃饭"、靠世代相传的直觉经验搞种养殖业。而进入现代农业阶段，农业对作为经营主体的农民的要求更高。要有效建设现代农业，必须培育一支有文化、懂技术、善经营、敢于创新的新型职业农民队伍。因此，大力加强对农业的人力资本投资，加强对农民的专业技术培训，以现代科学技术知识武装其头脑，全面提高农村劳动者的整体素质，将成为现代农业建设的常态内容。

（7）服务体系社会化

与传统农业主要依靠政府提供农业服务不同，进入现代农业阶段以后，随着农村市场体系的建立和完善，农业将逐步变得专业化、社会化、集约化，一个经济成分多元、服务渠道多样、组织形式各异、社会广泛参与、涵盖农业生产过程始终的农业服务体系将最终形成。

（8）产业结构合理化

进入现代农业阶段，农业结构将由原来的种植业占优势逐步过渡为养殖业与农业服务业占优势；农业逐步由劳动密集型产业转变为技术密集型产业；农业贸易将由主要出售低附加价值、低科技含量的初级产品转向主要出售附加价值高、科技含量高的精深加工农产品。农业效益会更好，农民增收效果会更明显。

（9）产品生产标准化

农业生产标准化实际要解决的问题在于食品安全。在传统农业阶段，

---

① 聂华林、王成勇将循环经济的评价原则归纳为"4R"，即减量化、再使用、再循环、重组化（参见聂华林、王成勇《区域经济学通论》，中国社会科学出版社2006年版，第242页）。

由于生产技术水平低下，生产经营方式较为粗放，因此，生产流程、产品质量等管理基本处于无标准可循状态。进入现代农业阶段，标准化是农业发展的重要内容。农业生产规程、农作物的栽培技术、农业养殖模式、农业产品形态与质量等，都有一整套严格的标准。同时，农业标准化生产也是提高我国农业的市场竞争能力、实现农产品贸易与国际市场接轨的必然要求。

（10）农业管理现代化

与传统农业阶段的靠经验进行管理、靠直觉进行决策不同，进入现代农业发展阶段以后，将运用最新的科学技术手段对农业进行经营管理。计算机、信息网络、卫星遥感技术等现代科技手段将运用于农业的监控、管理和病虫害防治，从而大大减轻农业经营风险。成本—收益核算将贯彻农业发展的始终，电子商务、网络拍卖等将广泛运用于农业，农户与涉农企业的生产经营决策将更加科学。

（11）产业功能多样化

众所周知，传统农业的经济社会功能仅仅限于提供人们生存所需的食品，以及工业生产所需的农产品原料。而进入现代农业发展阶段，农业的经济社会功能将更加多样化，除了食品供给、工业原料供应功能以外，还具有观光休闲、生态调节、文化传承、增收就业、出口创汇等多种功能。

二 西部地区现代农业可能的表现方式

基于西部地区的农业资源禀赋、自然地理条件、社会经济结构、制度与文化环境、生产经营方式等，现代农业的发展方向应为"三型"农业，即资源节约型、环境友好型和生态保育型农业。具体来说，包括如下几个方面：

1. 生态农业

"生态农业"一词最早由美国土壤学家威廉姆·奥伯特于1971年提出。所谓生态农业，是指在生态上可以实现自我循环、维持，依靠低投入且经济上具有强大生命力，有利于农业的长远发展，在环境、伦理、美学等方面都可以为人们所接受的小型农业。有国内学者将生态农业归纳为食物链型、时空结构型和系统调节控制型三种模式。①

第一，食物链型。该模式是按照农业生态系统的能量流动和物质循环规律而设计的良性循环的生态农业类型。在这个良性循环的系统中，上一个生产环节的产出是下一个生产环节的投入，环环紧扣，系统中的生产废弃物多次循环利用，从而能够在实现经济效益的同时，实现对农村环境的有效治理。比如，秸秆—猪（猪粪）—蛆—鸡—作物、作物—牲畜—沼气—作物、作物—食用菌等都是不错的食物链型生态农业。

第二，时空结构型。该模式是一种根据生物种群的生物学、生态学特征和生物之间的互利共生关系原理组建的农业生态系统。目前大家讨论比较多的山区"立体农业"就是比较典型的时空结构型农业。

第三，系统调节控制型。该模式为生态经济学指导下的一种农业模式。在这种发展模式下，环境与生物是一种共生关系。因此，生态农业必须种养结合，来调节和控制生态系统，以实现农业的绿色、低碳发展。

2. 循环农业

发展循环农业的根本目的在于提高农业资源的使用效率，以实现农业节能减排与增产增收，促进现代农业和农村的可持续发展。通俗地讲，循环农业就是运用物质循环再生原理和物质多层次利用技术，实现较少废弃物的生产和提高资源利用效率的农业生产方式。国内有学者依据农业产业发展目标的不同，将循环农业模式划分为生态农业改进型、农产品质量提升型、废弃物资源利用型、生态环境改善型四种类型。②

（1）生态农业改进型

该类型的循环农业以生态农业为基础，其基本雏形为北方的"四位一体"生态农业模式与南方的"猪—沼—果（或菜或药材）"生态农业模式。它从资源节约与高效利用、提高经济效益的角度，改进生产组织形式和资源利用方式，通过种植业、养殖业、林业、渔业、农产品加工业及消费服务等联动发展，建立良性循环的农业生态系统，以实现农业

---

① 张伟东、王雪峰：《几种典型生态农业模式的优点及实现途径》，《中国生态农业学报》2007年第6期。

② 周颖、尹昌斌、邱建军：《我国循环农业发展模式分类研究》，《中国生态农业学报》2008年第6期。

的高产、优质、高效、持续发展。

(2) 农产品质量提升型

这种类型的循环农业的主要内容有二：一是发展绿色农业，在保护动植物自然生境的同时，向城乡居民提供健康、安全的食品，向畜牧业提供优质饲料；二是发展特色农业，将地区资源优势变为经济优势，力争形成天然食品开发产业集群。

(3) 废弃物资源利用型

这种模式以农作物秸秆资源化利用和畜禽粪便能源化利用为重点，通过作为动物饲料、食用菌基质料、单细胞蛋白基质料、生活能源或工业原料等转化途径，延伸农业生态产业链，建立种、养、加相结合的各产业协同发展的网络体系。这种模式常见的农业生态产业链有：水稻—稻草—蘑菇—菌糠（肥料）—水稻、秸秆—食用菌—饲料—养殖—沼气池（沼液、沼渣）—食用菌（蔬菜、水果）等。

(4) 生态环境改善型

这种农业模式注重农业生态环境的改善和农田生物多样性的保护，以保证农业的可持续发展。这种模式根据农业生态环境较为脆弱的特点，重视优化农业生态系统内部结构和产业结构，并运用工程、生物、农业技术等措施，进行综合开发，力求建成高效的农—林—牧—渔复合生态系统，实现物质与能量的良性循环。这种模式中最具代表性的是安徽省当涂县的水产养殖循环农业模式。该模式的特点就是充分利用水域广阔的优势条件，以河蟹养殖为产业重点，将蟹、虾、鱼等水生动物与沉水植物（如伊乐藻、苦草等）构建成水生生态系统，引入螺蛳作为生态系统的二级消费者和分解者，使得整个系统的物质得以循环利用。

除此以外，目前国家大力提倡、支持的"林下经济模式"也是较为可行的循环农业方式。具体有七种模式，包括林禽模式（林下养鸡、鸭、鹅等）、林畜模式（林下养殖猪、牛、羊等）、林菜模式（林下种植菠菜、辣椒、甘蓝、洋葱、大蒜等蔬菜）、林药模式（林下种植金银花、白芍、板蓝根等中药材）、林菌模式（林下种植食用菌）、林油模式（林下种植大豆、花生等油料作物）、林草模式（林下种植饲料用草）。

3. 观光农业

观光农业实际是农业与旅游业相互渗透、相互交叉、实现融合发展的产物。发展观光农业，既可以丰富人们的高品质生活内涵，也可以促进农业绿色、高质量发展，促进传统农业向现代农业转型，从而最终实现农民增收的目标。有国内学者将观光农业划分为都市郊区型、景区边缘型、农业产业基地型和特色民俗型四种类型。[1]

（1）都市郊区型

这类观光农业项目主要位于大中城市的郊区，其客源主要来自大中城市的居民和境外游客。这类地区的农业基础设施较好、城镇化水平较高，初步具有农产品的生产、休闲观光、生态保护等功能。比如位于成都锦江区三圣乡红砂、幸福、万福、驸马、江家堰、大安桥六个行政村建设的"五朵金花"景区就是这一类型。

（2）景区边缘型

这一类型的观光农业能够充分利用位于著名景区周边的地理区位优势，开展一些兼具观赏性和体验性的农业观光、农业体验项目，以吸引来景区游玩的境内外游客在此逗留。这类地区的观光农业主要作为著名景区的补充而存在。

（3）农业产业基地型

这一类型所处乡村地区农业产业发展较为成熟，建有农业产业基地，能够充分发挥特色农业产业优势，吸引城镇居民前去观光旅游。比如成都市龙泉驿区利用其独特的水蜜桃等水果产业发展休闲观光项目就属于这一类型。

（4）特色民俗型

这一类型主要以具有特色民俗文化的乡村（比如少数民族地区村寨）为依托，利用特色建筑和淳朴的民风民俗开发休闲农业旅游项目，吸引游客前去观光。比如，贵州凯里的"千户苗寨"就属于此种类型。

---

[1] 张广海、包乌兰托亚：《我国休闲农业产业化及其模式研究》，《经济问题探索》2012年第10期。

4. 设施农业

设施农业就是在农业生产过程中，以现代科学技术和设备的应用代替自然因素并占据主导地位，为农业提供优化的、相对可控的环境条件，从而实现集约、高效、可持续发展的一种现代化生产方式。它是解决农业的发展、资源与环境三大基本问题的重要途径，因此受到高度重视。比如，四川省自贡市地处川南的深丘地区，雨热同季，但人地矛盾突出，在条件许可的情况下，适当发展设施农业，不仅能够促进农业的规模化经营、增加农民收入，而且对于节约土地等农业资源，保证城乡居民的"菜篮子"供应具有重要的现实意义。

5. 精品农业

精品农业强调以最新现代科学技术提升传统农业，生产出高质量、高科技含量、高附加价值的农业精品，并通过市场化运作获取高效益。精品农业主要包括四个方面的特征：一是产品的高品质、高科技含量、高附加价值与浓郁的地方特色；二是竞争力强、价格向好、利润较高的产品运营效果；三是生产、储运、销售的集约化；四是环保、节约、可持续的产业特征。

精品农业是建立在传统精耕细作技术基础上的绿色、生态产业，是能够向消费者持续提供无公害、无污染食品的健康产业。比如四川省自贡市农业资源丰富、农耕文化深厚、农业特色鲜明，具有发展精品农业的优势。发展精品农业的过程，既是打造高素质的农业从业队伍的过程，同时也是逐步实现农业由粗放型增长模式向集约型增长模式转变的过程。

第二节 基于农业结构分析的西部地区现代农业现状

这一部分，我们将从农村居民收入结构、农业产值与劳动力结构、农村居民消费支出结构三个不同的维度对西部地区的现代农业发展现状进行分析。

一 农村居民收入结构分析

表 5—1 为 2014—2015 年我国西部地区与全国农民人均纯收入结构比较表。从表 5—1 可以看出，2014—2015 年，我国西部地区各省市和自治区的农民人均纯收入均低于全国平均水平的 10488.9 元和 11421.7 元，这说明西部地区的农业与农村经济的挖潜不够，农民增收、农业增效工作任重而道远。

表 5—1　2014—2015 年西部地区与全国农民人均纯收入结构比较

省、市、自治区	年份	人均纯收入（元）	工资性收入（%）	家庭经营收入（%）	财产性收入（%）	转移性收入（%）
陕西	2014	7932.2	40.55	34.68	1.51	23.25
	2015	8689.0	40.83	33.48	1.75	23.93
四川	2014	9347.7	33.77	41.49	1.98	22.77
	2015	14561.0	23.78	54.98	1.67	19.57
重庆	2014	9489.8	33.68	35.85	2.66	27.81
	2015	10505.0	34.10	35.90	2.60	27.30
贵州	2014	6671.2	37.80	39.62	1.06	21.52
	2015	10417.0	27.81	55.01	1.03	16.17
云南	2014	7456.1	26.50	56.90	1.81	14.80
	2015	8242.0	—	—	—	—
广西	2014	8683.2	26.90	46.62	0.87	25.62
	2015	9466.6	26.92	46.05	1.23	25.80
西藏	2014	7359.2	21.35	59.13	1.76	17.62
	2015	10052.0	18.63	66.74	14.62	
青海	2014	7282.7	28.03	41.49	3.95	26.53
	2015	7933.0	28.20	38.60	4.10	29.20

续表

省、市、自治区	年份	人均纯收入（元）	工资性收入（%）	家庭经营收入（%）	财产性收入（%）	转移性收入（%）
甘肃	2014	6276.6	27.97	44.00	1.79	26.24
	2015	6936.0	28.47	43.61	1.85	26.07
宁夏	2014	8410.0	40.32	43.34	1.77	14.57
	2015	9119.0	60.00	18.80	3.70	17.50
新疆	2014	8723.8	21.18	59.37	2.62	16.82
	2015	9425.0	22.61	57.26	2.22	20.52
内蒙古	2014	9976.3	20.76	58.86	3.90	16.48
	2015	10776.0	20.88	57.40	3.94	17.78
全国	2014	10488.9	39.59	40.40	2.12	17.90
	2015	11421.7	40.28	39.43	2.20	18.09

资料来源：根据《中国统计年鉴2015》《中国统计年鉴2016》计算得出。由于四舍五入的关系，四种收入的百分比相加可能与100不相等。

再从各省市和自治区农民收入结构上分析，农民纯收入的逐年提高，主要依靠的是工资性收入（务工收入）和家庭经营收入，而且工资性收入增长较为稳定，家庭经营收入在总收入中的比重从长期趋势上看有可能进一步提高，这符合我国西部地区作为全国劳务输出大区和农业发展主要地区的实际情况。同时，我们也发现，西部地区农民家庭的财产性收入成为农民家庭收入的来源之一，但在农民总收入中所占比例仍然很低，最高省份也没有超过4%，说明西部地区的土地经营权流转等工作刚刚启动；转移性收入获得稳定增长，绝大多数省份超过了全国平均水平的比例，说明政府对西部地区农业与农村的投入力度在不断加强。

二 农业产值和劳动力结构分析

表5—2为2010年与2015年西部地区第一产业产值结构及劳动力结构表。

表 5—2　　西部地区第一产业产值结构及劳动力结构　　（单位：%）

省、市、自治区	第一产业占GDP的比重（A） 2010年	第一产业占GDP的比重（A） 2015年	第一产业劳动力占总劳动力的比重（B） 2010年	第一产业劳动力占总劳动力的比重（B） 2015年	结构偏差值（B-A） 2010年	结构偏差值（B-A） 2015年
陕西	9.80	8.87	41.26	38.10	31.46	29.23
四川	14.40	12.20	43.70	38.60	29.30	27.10
重庆	8.60	7.30	40.30	30.80	31.70	23.50
贵州	13.60	15.60	68.30	59.67	54.70	44.07
云南	15.34	15.10	60.40	53.60	45.06	38.50
广西	17.50	15.30	54.12	50.60	36.62	35.30
西藏	13.50	9.40	53.60	41.20	40.10	31.80
青海	10.00	8.60	41.40	51.90	31.40	43.30
甘肃	14.54	13.18	61.61	58.02	47.07	44.84
宁夏	9.80	7.90	39.40	45.30	29.60	37.40
新疆	19.80	16.70	48.97	44.08	29.17	28.80
内蒙古	9.40	9.07	48.20	39.10	38.80	30.03
全国	10.10	8.90	36.70	28.30	26.60	20.30

资料来源：根据全国及西部地区各省市区 2011/2016《统计年鉴》计算得出；由于数据可获得性的关系，"2015 年栏"的甘肃、宁夏为 2014 年数据，但这不影响对产值结构与劳动力结构的分析结果。

按照我们熟知的配第—克拉克原理，随着经济社会的不断进步，第一产业的国民收入和劳动力的相对比重会逐渐下降，第二、第三产业的国民收入和劳动力相对比重会逐渐上升。通过对表 5—2 的分析，我们发现，与"十一五"期末的 2010 年相比，总体上，在"十二五"期末的 2015 年，我国西部地区不管是第一产业对地方 GDP 的贡献率，还是农业从业人员在总劳动力人数中的比例，都大体呈现下降趋势（尽管在青海、宁夏的农村劳动力有"返乡"迹象，劳动力结构有波动出现）。这一趋势与配第—克拉克原理是基本吻合的。同时，从全国角度看，我国西部地区的多数省市和自治区的第一产业在地区 GDP 中的比重，以及第一产业从业人员占总劳动力的比重都要明显高于全国的平均水平，这说明我国西部地区整体的城镇化、工业化步伐明显要慢于全国平均水平，农村剩余劳动力转移仍然有潜力可挖。

再通过结构偏差①测算法,我们注意到:(1)西部地区绝大多数省市和自治区与全国一样,结构偏差值在2010—2015年呈现下降趋势(仅宁夏除外),表明在三次产业结构中,农业结构的变动是趋于协调的,这符合配第—克拉克定理。(2)不管是2010年还是2015年,西部地区农业结构偏差值仍然高于全国平均水平,有的高出50%强,这说明我国西部地区的农业生产与经营效率有待提高,农村剩余劳动力在实现有效转移方面仍然有潜力可挖,农村土地适度规模经营发展势在必行。

三 农村居民消费支出结构分析

表5—3为反映农村居民生活质量的西部地区农村居民家庭恩格尔系数情况表。

表5—3　　　　西部地区农村居民家庭恩格尔系数情况　　　　(单位:%)

省、市、自治区	2011年	2012年	2013年	2014年	2015年
陕西	30.00	29.70	27.31	29.12	27.83
四川	46.24	46.85	40.03	39.75	39.12
重庆	29.97	27.90	38.10	40.50	40.00
贵州	28.78	27.33	30.15	22.85	21.82
云南	47.10	45.60	—	—	—
广西	43.80	42.80	36.70	36.90	35.35
西藏	—	—	—	52.57	52.18
青海	37.83	34.81	—	31.90	29.90
甘肃	42.24	39.76	37.09	37.56	32.86
宁夏	37.30	35.35	34.40	—	—
新疆	36.14	36.05	33.86	34.49	34.07
内蒙古	37.50	37.30	35.60	30.50	29.40
全国	40.40	39.30	37.70	33.57	33.05

资料来源:全国及各省、市、自治区相关年份《统计年鉴》计算得出(或根据当年《国民经济和社会发展统计公报》整理得出)。由于统计口径的原因,2011—2013年农村居民家庭恩格尔系数为食品支出占家庭消费总支出的比重,2014—2015年恩格尔系数为食品与烟酒支出占家庭消费总支出的比重。

---

① "结构偏差"本是建筑学上的一个术语。它原指建筑构件外观尺寸上的误差。有学者将此概念引入经济学,用以分析经济结构的协调度。

改善农村居民的生活质量是发展农业和农村经济的重要目标，而农村居民消费水平是农村居民生活水准的一个重要尺度。恩格尔系数是国际通行的衡量居民富裕程度的指标。恩格尔系数越低，说明居民家庭富裕程度越高。从上表可以看出，我国西部地区农村居民家庭的恩格尔系数逐年下降，说明农村居民的生活质量出现了不断向好的势头，农村居民家庭变得更为富裕，这值得肯定。

另根据世界粮农组织的标准，恩格尔系数60%以上为贫困，50%—60%为温饱，40%—50%为小康，30%—40%为富裕。从表5—3所示的2011—2015年西部地区农村居民家庭恩格尔系数的情况看，除了西藏以外，我国西部地区的农村居民到2011年已经迈过温饱阶段、步入小康，有的还进入了富裕家庭行列。但是，到2015年末，我国西部地区近半数省份的农村居民的恩格尔系数仍高于全国平均水平。这说明，我国西部地区农业与农村经济发展不平衡；西部地区在实现农牧民增收、生活改善方面虽取得了较大成绩，但仍有较大努力的空间；西部地区发展现代农业、实现农业现代化的步伐必须加快。

第三节　依托家庭农场发展西部地区现代农业

家庭农场与现代农业具有共生关系。西部地区要发展的家庭农场是以现代农业为支撑的家庭农场，而西部地区要发展现代农业必然绕不开农村土地的适度规模经营，因而也离不开家庭农场这一重要载体。

一　家庭农场是西部地区发展现代农业的有效载体

在现代汉语词典中对"载体"一词的解释是指能传递能量或运载其他物质的物体。在历史上，我国传统农业的载体几经变迁，1949年10月后到1955年，载体为个体农户家庭；1955—1978年，传统农业的载体为"三级所有、队为基础"的农村人民公社；1978—2013年，实行了家庭联产承包责任制，传统农业的载体为承包经营农户。那么，在农户经营甚至人民公社制度下，是否可以发展现代农业；或者说，现代农业的载体是否可以为农户与人民公社，理论上，我们认为是可行的。但是，我们认为，多年的实践证明，人民公社与"均田承包经营"的农户，不可能成为西部地区乃至于全国现代农业的有效载体。原因在于，人民公社制度对农业生产经营管得过多、过死，难以提高农业的效率与效益，难以调动农业从业人员的积极性、主动性和创造性，难以提高农户的家庭收入水平；尽管家庭联产承包责任制在实现农业增产、农民增收、解放农村剩余劳动力等方面取得过令人瞩目的成就，但是，家庭联产承包经营实行的是按农户人口的"均田承包经营"，每户家庭的经营土地规模极为有限，即便人口再多的家庭，经营的土地也很难超过 10 亩（在南方很难超过 5 亩），很难产生规模效益、规模效应。因此，家庭农场成为现代农业的有效载体，是大势所趋、历史的必然。

二 现代农业发展要求适度规模经营

根据规模经济理论，在大规模生产条件下，由于可以进行分工合作，因而可以极大降低成本、提高生产经营效率和效益。很显然，农户均田承包的小规模生产经营产生不了规模效应，满足不了现代农业的发展要求。

如前所述，现代农业是以现代科技装备的经济效益好、科技含量高、产业链条完备的农业。要发展现代农业，必然要发展农业机械装备，而太小的土地规模，这些设备是无法施展的。发展现代农业需要投入大量的资金、技术、劳动等要素，而在太小的土地规模条件下，由于土地报酬递减规律的作用，农业效率和效益很难提高。因此，从内在要求上，发展现代农业就必须要求土地的适度规模经营。

三 家庭农场的发展需要现代农业作为产业支撑

就好像高楼大厦需要地基支撑一样，家庭农场发展也需要产业支撑。作为家庭农场，必须有人（职业农民）、有土地、有产业与产品，否则就是一具空壳，与有的地方出现的空置率较高的工业园区没有什么两样。但作为家庭农场产业支撑的，不可能是传统农业，因为传统农业的低效益、低效率难以吸引职业农民参与其中。如前所述，目前的农户收入主要包括四部分，即家庭经营收入（主要来自农业）、工资性收入（来自务工所得)、财产性收入（主要基于农户动产和不动产所获得收入）和转移性收入（主要来自政府的财政转移性支付）。由于农业是未来家庭农场主要的收入来源，因此，家庭农场所从事的农业生产经营，其收入水平应该不低于原有的、上述四种收入的总和，否则家庭农场的建立没有任何意义，而这种农业必然是现代农业，而非传统农业。综上所述，现代农业是家庭农场的产业方向，家庭农场需要现代农业作为产业支撑。

第六章

新型职业农民与西部地区家庭农场发展

新型职业农民的培育，是实现家庭农场科学发展、现代农业可持续发展的必要条件。实践表明，传统农民由于其文化素质、创新意识、开拓精神等方面的"短板"，使其无法继续完成农业现代化的历史使命。新型职业农民取代传统农民成为农业和农村的"主人"是必然的趋势。

第一节 新型职业农民培育的重大意义

一 新型职业农民培育是保持我国农业充足劳动力的必然选择

劳动力要素是农业生产经营的第一位要素。在实行家庭联产承包责任制的今天，农村居民具有从事或不从事农业生产经营的自由：农民可以留在土地上种地，也可以举家进城，让原有土地"撂荒"。但从国家层面，土地"撂荒"意味着土地利用的低效率甚至无效率，不利于国家确保粮食安全的整体战略的推进。

目前，我国"农民"实际是身份的象征，与我国户籍制度的城乡二元结构是相适应的。之所以人们不愿意成为终身的"农民"，除了种地的比较收益低下以外，恐怕就是因为"农民"这一身份了。一定意义上讲，"农民"得不到重视，甚至长期受到城里人的歧视，肯定不会有人自愿去当农民。

培育新型职业农民，推行职业农民制度，就是要保证现代农业发展过程中的劳动力需求。让农民或者农业从业者成为受人尊敬的群体，并最终解决"谁来种地"问题。

二 新型职业农民培育是发展现代农业的内在要求

自从我国实行家庭联产承包责任制以后，我国农村广泛存在兼业农户。也就是说，今天的农村人，尤其是农村的青壮年劳动者，并不是一心一意在家专门从事农业，而是将农业当作兼业，其主要职业是从事收入水平更高的非农产业，于是，土地"撂荒"就成为自然而然的事情。"无人种地"，发展现代农业就根本无从谈起。

如前所述，现代农业必须要由有文化、懂经营、善管理、敢于开拓创新的职业农民来经营。从国外发展现代农业的实践经验看，对农业从业者的高素质要求是必然的趋势。但目前我国农村主要存在的是非职业的传统农民，传统农民并未将农业当成其终身职业，也不是其增收的唯一来源。在这样的情况下，农业劳动力的供给极度不稳定，很难依靠这些非职业农民发展现代农业、实现农业现代化。

三 新型职业农民培育是实现农业创新发展的必要条件

在我国，农业与自然环境具有天然的共生关系，"靠天吃饭"被看成千古不变的教条。受此影响，传统上，农业从业者的谨小慎微、守旧保守、因小失大、不敢开拓冒险等成为"小农"意识的固有标签。但是，我们今天要发展现代农业、实现农业现代化、确保我国的粮食安全和农业的增产增效，仍然沿用原有的条条框框肯定是达不到目的的。农业和农村经济的可持续发展必须走创新发展的道路，要实行观念创新、技术创新、产品创新、市场创新、管理创新、制度创新。而要做到这一切，必须有高素质的农业从业者——职业农民的参与。因此，职业农民的培育也是实现农业创新发展的必要条件。

第二节 新型职业农民与家庭农场的相互依存关系

随着2013年"中央一号文件"鼓励发展家庭农场等新型农业经营主体，新型职业农民对传统农民的取代也被提上议事日程。家庭农场与职业农民是一对具有共生关系的概念，职业农民的产生是家庭农场发展的需要，家庭农场是新型职业农民生产经营活动的有效平台。

一　家庭农场是新型职业农民展示才干的场所

新型职业农民是我国未来现代农业的实践者、继承者、传播者，其成长、成才除了必要的职业培训、政策支持以外，良好的创业创新环境的建立是不可忽视的条件。国家大力支持、培育、发展的家庭农场，是职业农民施展其生产经营才干的场所。通过土地适度规模经营的家庭农场这一"职场"磨炼，新型职业农民能够最终成为中国未来农业的从业者、继承者、农业文化的传播者。

二　职业农民的产生是发展家庭农场的内在需要

如前所述，经营家庭农场的从业人员肯定不能够仍然是传统农民，传统农民经营的家庭农场无异于"新瓶装老酒"，对于农业与农村经济的可持续发展是没有太大意义的。家庭农场要获得科学发展，必须有一批有文化、懂技术、擅长经营、勇于开拓创新的职业农民。因此，职业农民的产生是发展家庭农场的需要，也是农业与农村经济获得持久发展的需要。

三　家庭农场与职业农民在农业现代化进程中共存发展

农业现代化包括农业与农村物质条件的现代化，也同时包括农业从业人员的现代化。也就是说，要实现农业现代化，除了生产经营手段的现代化以外，人的现代化同样不可缺少。如果说家庭农场的建立算是物质条件现代化的重要内容的话，那么，身份农民（传统农民）向职业农民的转变则是人的现代化的极好诠释。从这个意义上讲，家庭农场与职业农民是共存于、共生于农业现代化进程的。

第三节　国内外职业农民培育经验与借鉴

一　国外经验

在西方，农业从业人员是职业农民而非身份农民。相应地，在职业农民培育方面，西方发达国家积累了较为丰富的经验。研究这些经验，对于我国西部地区，乃至于全国的职业农民培育工作，都有着重要的现实意义。

（一）以日本和韩国为代表的"东亚经验"[①]

1. 日本

20世纪六七十年代，日本农业面临的突出问题是农业从业者高龄化、农业劳动者后继乏人。因此，如何确保"有人种地"，是日本政府要重点解决的问题之一。为此，日本把发展农业教育、培育职业农民作为振兴农业和农村经济的重要举措。日本农林水产省下辖有专门机构，直接负责规划和指导全国农民的培训工作。日本发展农业教育的目标就是要培养愿意扎根农村、自愿终身从事农业产业、能够主动适应现代农业与国际农产品市场竞争需求的高素质农业从业者队伍。日本政府专门对农业学校进行财政补助，支持其对农民进行专门培训，并常年招收农业、园艺、畜牧等专业的学生。

2. 韩国

与日本相类似，韩国在20世纪六七十年代同样也面临农村劳动力后继乏人的问题。为此，在1980—1990年的十年，韩国政府先后颁布了《农渔民后继者育成基金法》《农渔民发展特别措施法》；2004年又专门提出了培养能够引领农业未来的青年人计划。政府采取有效措施，千方百计培养专业化的创业型农民；实行在优秀农户家农业实习的制度；建立创业农民接班人制度；加强职业农民培训机构建设；加强农业技术与管理咨询等。这一系列举措的出台、实施，大大缓解了韩国农业人才缺乏的状况。

（二）以英国、德国和法国为代表的"西欧经验"[②]

1. 拥有严格的职业农民准入制度

一是注重职业教育立法。比如英国1982年的《农业培训局法》，

[①] 杨慧芬：《培育新型职业农民：日韩经验及对我国的思考》，《高等农业教育》2012年第4期。

[②] 许竹青、刘冬梅：《发达国家怎样培养职业农民》，《农村经营管理》2013年第10期。

1995年的五个与农业职业教育有关的白皮书和政策法规；德国1964年颁布的《职业训练法》，1973年颁布的《就业与训练法》。通过立法，对职业教育机构的设置、管理、质量控制等进行规范。

二是职业农民的职业准入门槛。严格实行职业农民持证上岗制度。在英国，农民职业资格证书分为农业职业培训证书和技术教育证书两类；法国农民职业资格证书有四种；德国成为职业农民的程序更为严格，不仅要经过三年理论培训，而且要求具有五年实践劳动经历，并且要经过国家的统一资格考试。

2. 具备完善的职业农民教育制度

西方国家的职业农民教育培训工作，起步较早，最早可以追溯到1601年的英国。经过数百年的实践，英国、德国、法国等国家逐步形成了包括初、中、高三个等级的职业农民培养体系。

其中，初级职业农民教育培训的涉及范围最广，主要是通过阶段性的课程培训、技术指导等，提高现有农民的知识与技术水平，提升其农业生产经营管理水平；中等职业农民培训主要解决"农业后继者问题"，其目标是向没有接受过农业教育的新农民传授农业生产经营所需的基础知识，并根据每一个体的专业特点，将其培养成为具有独立从事农业生产经营能力或具备某项农业技术专长的职业农民；高级职业农民教育培训是培养创新型、专业型职业农民的重要手段，采用理论学习与实践教育相结合的方式进行。

3. 积极支持职业农民创业的优惠政策

一是向参加职业农民培训的学员提供补助。这些学员参加培训一般不缴或缴纳很低的学费，且在学习期间，享有由政府财政提供的学习补助。比如，英国每人每周发放25英镑补贴；德国与法国也都有由政府财政提供的专项拨款，用于补贴学员学习期间的开支。

二是对新创业职业农民实行安置。比如，在法国，凡属于18—39岁的新创业农民，可以享有至少三项政策优惠：对于到农村安家落户者，根据地区的不同，提供数量不等的安置费（平原地区最高限额1.73万欧元、落后地区最高限额2.24万欧元、山区最高限额为3.59万欧元）；向农业创业者提供最高限额为11万欧元的优惠贷款，其贷款利率由高到低依次为平原地区、落后地区、山区；创业者在最初的五年内享有社会分摊金减免与税收减免。

(三) 以美国为代表的"北美经验"①

众所周知，美国农业的特点就是人少地多，农场规模大，农业机械化程度高，因此，美国农业又被称为"石油农业"。美国培育职业农民的目的，一方面是要扩大青年人的就业面，提高其就业率；另一方面，是要将一部分青年人留在农场里面，以持续确保美国农业在世界的优势地位。

1. 加强教育与培训，提高职业农民的从业技能

为提高新型职业农民的生产技能、现代经营管理与市场风险控制的能力，按照2008年的《美国农业法案》的规定，2009—2012年，政府每年将7500万美元的法定基金划拨给各类大学、农业推广中心、社会组织和其他各种公益性协会，用于对新型职业农民的培训。根据2012年的《新农业法草案》，2013—2017年，政府每年划拨5000万美元法定基金用于职业农民培训。同时，政府也以补助金的方式鼓励农场主给予新毕业大学生以农业学徒和实习的机会，以提高大学生的农业从业技能。

2. 实施特殊专项，支持职业农民发展

(1) 实施特色农作物种植计划。让没有土地、资金优势、处于职业初创阶段的新型农民选择从事蔬菜、水果等特色作物生产。2004年的美国《特色作物竞争法案》、2008年的《农业法案》、2012年的《新农业法草案》等都对支持特色农作物发展、资助作物的病虫害防治、食品安全、科技投入等方面做出了明确规定。

(2) 推广食物本地化运动。根据2008年美国农业法案的界定，"本地化食物"是指产地和市场之间距离不超过400英里（约643.7公里），或者运输距离仅限于产地所在州辖区内的食物。由于美国农业生产的专业化、区域化，产地和市场距离有扩大趋势，推广食物本地化的目的在于增加新型职业农民进入农业发展的机会。

---

① 李国祥、杨正周：《美国培养新型职业农民的政策及启示》，《农业经济问题》2013年第5期。

（3）鼓励发展有机农业。由于有机农业生产中完全或基本不用人工合成的肥料、农药、生长调节剂和畜禽饲料添加剂等，能够解除人们对"食品安全"的担忧。因此，有机农产品广受消费者喜爱。在美国，有机农业的土地规模要求不高，但回报很高，因而成为年轻人在农业领域实现创业的首选。美国政府对有机农业的扶持政策始于1990年。之后的2008年的《农业法案》、2012年的《新农业法草案》又都再次确认了对有机农业的援助政策。

3. 改善乡村基础设施条件，提高对职业农民的吸引力

与中国一样，美国的城乡基础设施建设差距也是比较明显的。比如2007年，美国农村的互联网覆盖率仅为57%，而城市覆盖率早已达到100%。为改善农村的生产生活条件与环境，美国政府自2002年以后总共投资1700亿美元用于乡村住房、道路、饮水等基础设施建设；2012年以后采取贷款或政府直接资助的方式，加大农村电气化、高速宽带网等方面的建设。其主要目的就是要让职业农民心甘情愿留在农村兴业、发展。

4. 调整农业补贴政策，惠及职业农民

农业补贴政策的施行，是美国确保其农业在世界的优势地位的又一重要举措。但长期以来，美国农业补贴最大的受益者是成熟的家庭农场，而对新型职业农民略显不利。为扶持新型职业农民，美国在农业补贴制度设计上进行了调整，通过废止或调整直接补贴、反周期补贴、平均农业收益项目等措施，一定程度弥补职业农民损失，拓宽农业补贴政策对新型职业农民的覆盖面。

5. 增加专项贷款，满足职业农民融资需求

美国的农业专项信贷包括农场所有权、农业生产经营的直接贷款和担保贷款。只要实际生产经营农业不低于三年且满足担保条件的农民，即可获得市场服务局发放的最高限额30万美元的直接贷款，以及由市场服务局担保、商业银行等信贷机构提供的最高限额为121.4万美元的担保贷款。这对于新型职业农民无异于"雪中送炭"。

二 国内经验

1. 浙江嘉兴模式[①]

早在2009年,浙江省嘉兴市实施了主要针对本土本乡的农民大学生培养工程。积极采取"政府主导,行政化推动;骨干先行,本土化培育;量身定做,专业化教学;创业创新,精英化引领"的做法,培育、培养了一批适应现代农业发展要求的新型职业农民。

2. 湖南模式[②]

湖南省充分发挥农广校、农业职校的培训资源优势,通过体制机制改革,依托大户建立实训基地,培育农业专业合作组织负责人等措施,加大新型职业农民培训力度,取得了良好效果,被称为"湖南模式"。

3. 陕西西安模式[③]

陕西西安的职业农民培训特色在于"校社协作、教培互补、学训结合"。其具体做法包括:(1)校社协作。西安市农广校与农民专业合作社、区县农广校签订职业农民培训合同,明确各自职责与分工。结合职业农民培育工作,开展初中级农民技术职称的资料评审与高级农民技术职称的推荐工作。(2)教培互补。主要通过三种途径开展职业农民培训:一是专业技术提升培训;二是专业技术普及培训;三是学历教育提升培训。(3)学训结合。通过集中授课、异地参观、巡回指导、远程教育、实践操作、技能大赛等形式,加强职业农民培训、培育。

三 小结

综观国内外培育职业农民的一些做法,我们认为,国外对职业农民的教育培训起步早、经验丰富;而国内(包括东、中、西部地区)的职

[①] 潘思旋:《新型职业农民"四化"培养的嘉兴模式引发全国关注》,《中国农业信息》2013年第6期。

[②] 郑海燕、喻宗希、罗锴:《新型职业农民培训的"湖南模式"》,《农家顾问》2013年第7期。

[③] 金云丽、周张章、种丁、张建婷:《"西安模式"培育新型职业农民》,《农民科技培训》2013年第11期。

业农民培训培育由于起步晚，则要显得稚嫩得多。尽管国外家庭农场是在土地私有的基础上发展起来的，但其成功的经验值得我国借鉴。这包括：建立职业农民准入制度；重视职业教育立法；完善职业农民教育培训制度；以优惠的政策支持职业农民创业、成长；加强乡村基础设施建设，提高对新型农民的吸引力；等等。

第四节　西部地区新型职业农民培育的对策建议

借鉴国内外职业农民培养、培育的经验，并根据我国西部地区的实际情况，我们认为，西部地区在职业农民培育方面可从如下四方面入手。

一　建立职业农民准入与退休制度

为确保未来的现代农业的高质量、高品质发展，除了政府积极的扶持政策以外，职业农民队伍的持续稳定发展，也是必要的。

1. 加快职业农民教育立法

如前所述，在西方职业农民培育中，重视职业农民教育立法是一条宝贵的经验。立法的目的在于确保职业教育有法可依、有章可循。要通过颁布《职业农民教育法》，对职业农民教育机构的设立、培训课程的设置、质量控制与资格证书的颁发等进行规范化的管理。

2. 建立职业农民准入制度

在我国，随着户籍制度改革的深入，"身份农民"即将完成向"职业农民"的转变。未来的家庭农场发展，职业农民持证上岗是必然的趋势。那么，什么样的人能够成为职业农民，职业农民如何分等定级，是必然要面临的课题。我们认为，从我国西部地区的实际情况出发，职业农民的条件应该包括如下内容：（1）在农村有长期居住场所，且愿意终身从事农业产业；（2）具有高中以上文化程度，并经过了职业农民所具备的基本知识与技能考试，且合格；（3）有条件获得适度规模土地的承包经营权；（4）愿意以农业产业作为其收入的主要来源。

3. 建立职业农民实习生制度

对于取得职业农民资格证书的农民，要规定一个1—2年的实习期，让其到优秀的家庭农场中进行实习。在此期间，实习的职业农民可以近距离地向优秀的资深职业农民学习农业生产经营的业务流程。实习期满，必须经考核合格才能取得职业农民的上岗证书，之后才有资格获得集体流转的承包地，进行适度规模经营。

4. 建立职业农民退休制度

在我国，传统农民（或者身份农民）实际上是没有建立真正意义上的"退休制度"的。但既然是职业农民，就应该建立严格的退休制度。按照养老金的缴纳情况，与城镇企业职工一样享受养老金。至于其所承包经营的土地，可以继承，也可以拿出来重新进入流转程序。

二　建立完善的职业农民培育体系

现代农业与传统农业最大的不同，可能就是技术含量上的不同了。传统农业技术含量低，因此，即使是文盲、半文盲的农业从业者，不需要过多的培训与教育，就可适应其要求。而现代农业的技术要求更高，因此，其从业者必须是有文化、懂技术、擅长经营、勇于开拓创新的新型职业农民。要确保现代农业发展中具有源源不断的职业农民供应，就必须建立完善的职业农民培训体系。

1. 初级职业农民培训

初级职业农民培训应该向参训学员进行农业文化、农业传统、农业基本技能与知识的培训，使得学员具备完成一般农业生产经营任务的最基本能力，并为其成长为中高级职业农民打下坚实的知识与技能基础。初级职业农民培训一般应该由区、县农业广播电视学校独立完成。

2. 中级职业农民培训

中级职业农民培训应该在"专"字上面做文章。要根据初级职业农民的个体特点，并基于自愿原则，向学员传授专门的种养殖技术、产品营销技能、农业企业管理实务等，力图让参训学员成为农业产业中某一领域的专、精、尖人才。中级职业农民培训应该由区、县农业广播电视学校与农业专业高校共同完成。

3. 高级职业农民培训

高级职业农民培训应注重学历教育，在培养创新能力上下功夫。高级职业农民培训一般应由专业的农业高校来完成。这一级别的职业农民应该取得大学专科以上的学历。

三 加大支持职业农民创新创业力度

2016年，国务院办公厅下发的《关于支持返乡下乡人员创业创新、促进农村一二三产业融合发展的意见》对从下乡创业准入到财政、金融支持，用水用地政策，甚至保险、社保、技术支持、入驻创业园区等诸多方面都进行了明确规定。我们认为，职业农民在农业产业发展过程中的"创新、创业"实际是响应中央关于"大众创新、万众创业"号召的真实体现，理应受到政府相关政策的支持与扶持。对于新型职业农民，政府可以出台如下几方面的优惠政策措施。

1. 优惠的土地政策

对于取得职业资格证书、刚刚走上农业创业道路的新兴职业农民，应该在土地流转费用上给予特殊的优惠政策，比如说可以折半价支付土地流转费用（另一半可由财政补贴），以减轻新创业职业农民的成本负担。

2. 优惠的融资政策

农业融资难、融资贵是不争的事实。对于新创业的职业农民，政府职能部门要开辟针对职业农民的"绿色通道"，让他们在3—5年之内能够以优惠的利率（比如五折的市场利率）快速获得发展资金。

3. 优惠的启动金政策

从国外经验看，给予新创业的职业农民一定数额的创业启动金，是通行的做法。西部地区可以根据职业农民所处地区的不同，比如平原区、丘陵区、连片特殊困难地区、民族地区等，设定启动金的最高限额。建议以无息贷款的形式提供启动金，最高金额可以定为10万元人民币。启动金的归还期限可以设定为5—10年。

4. 信息与法律服务政策

由于我国目前的信息基础设施不完善、法律制度不健全，因此，职业农民成长过程中尤其渴望获得有关方面的信息服务和法律援助（每户家庭农场请一名法律顾问几乎是不可能的）。政府相关职能部门应定期召开农产品展销会、农业技术交易会等,让职业农民可以获得有关产业、产品、技术等方面的信息。同时,政府还应不定期组织法律专家展开集中培训、巡回服务等,解决职业农民生产生活中的法律问题,以解除职业农民的后顾之忧。

四 改善职业农民生产生活环境

大中专毕业生、退伍军人不愿意回乡务农,所谓的"农二代"不愿意种地,除了农业比较收益低下以外,可能最大的障碍就是农村的生产生活条件较城市要差了。因此,结合目前实施的乡村振兴战略,完善农村基础设施建设,不断改善农村的生产生活环境,以吸引更多的人才愿意终身务农是必要的。

1. 完善农村基础设施

客观地说,经过改革开放四十多年以来的不懈努力,我国农村在交通、通信、能源、水利等基础设施建设方面所取得的成绩是有目共睹的。但农村基础设施建设还有不完善的地方。比如说,交通方面的"村村通"工程,公路只是通向了每一个村公所,村民小组之间、村民与村民之间的"互通"仍然存在"死角"。再比如说,农村的水利设施、互联网设施等,仍然有待完善。因此,农村基础设施建设的力度只能加强、不能削弱。

2. 加快城乡公共服务一体化建设

目前的教育、医疗、就业等公共服务,优势资源大多集中在城市,导致农村公共服务水平大大落后于城市,这也是农村人不愿意回到农村、城市人不愿意居住到农村的重要原因。要积极采取措施,实现城乡公共服务的均等化,努力打造有利于职业农民扎根农业农村的生产生活环境。

3. 促进城乡劳动力的自由流动

目前,我国户籍制度改革正在进行中,实行城乡一体的户籍管理制度是大势所趋。但我们目前的户籍制度有利于农村人进入城市,但不利于城市人进入乡村,也就是说,我们目前的劳动力流动是单向的,而不是双向的,这对农村的繁荣、现代农业的发展是极为不利的。既然农村人不愿意种地,那为何不能鼓励有志于农业的城市人去农村从事现代农业的发展呢?要发展现代农业和家庭农场,就应该建立有利于城乡劳动力双向流动的长效机制和户籍管理制度。①

---

① 王大明:《建立城乡劳动力双向流动的长效机制是发展现代农业的必然选择——以四川为例》,《经济问题探索》2013年第5期。

第七章

土地经营权流转与西部地区家庭农场发展

第一节 土地经营权流转概述

如前所述,"土地流转"是土地经营权流转的简称。与西方资本主义私有制国家不同,在我国,由于土地的所有权归国家所有,因而土地的所有权是不能出售、租赁的。能够在农户之间进行流转的只能是土地的使用权或经营权。党的十七届三中全会以后,中央提出允许农户以多种形式流转土地承包权,被称为"第三次土地革命"。

一 土地经营权流转问题的提出

改革开放以后,由于我国农村普遍推行了家庭联产承包责任制,农业和农村经济发展成效显著:农业连年丰收,基本解决了农民"温饱"问题,农民"奔小康"不再是梦想而是成为现实;农业劳动力获得了极大解放,农村剩余劳动力进城打工成为常态,农户收入渠道更加多元。但是,由于一些地方出现农村劳动力过度转移,农地出现"撂荒"现象,若处理不好,将会严重影响我国的粮食安全与农业经济的科学发展。在这样的背景下,我们党领导全国人民不断地进行完善农村家庭联产承包责任制的种种尝试——土地经营权的流转成为重要的选项。

"土地流转"这一提法最早出现在正式文件中是1997年。当年中共中央办公厅、国务院办公厅下发的《关于进一步稳定和完善农村土地承包关系的通知》指出："在第一轮土地承包即将到期之前，中央就明确宣布，土地承包期再延长30年不变，营造林地和'四荒地'治理等开发性生产的承包期可以更长，并对土地使用权的流转制度作出了具体规定。"同时提出"少数经济发达地区，农民自愿将部分'责任田'的使用权有偿转让或交给集体实行适度规模经营，这属于土地使用权正常流转的范围，应当允许。但必须明确农户对集体土地的承包权利不变，使用权的流转要建立在农民自愿、有偿的基础之上，不得搞强迫命令和平调"。从文件的条文可以看出，中央在当时对"土地流转"问题是比较慎重的。

2002年8月29日，九届全国人大常委会第二十九次会议通过的《中华人民共和国农村土地承包法》中专门提到了"土地承包经营权的流转"，并对"土地流转"的原则、方式做出了明确规定。

2004年，国务院颁布的《关于深化改革严格土地管理的决定》中指出："在符合规划的前提下，村庄、集镇、建制镇中的农民集体所有建设用地使用权可以依法流转。"

2006年，山东省滕州市西岗镇在全国率先建立土地流转交易市场，开始试运行"土地经营权流转"，并取得成功。

2008年，党的十七届三中全会通过的《中共中央关于推进农村改革发展若干重大问题的决定》提出："按照依法自愿有偿原则，允许农民以转包、出租、互换、转让、股份合作等形式流转土地承包经营权，发展多种形式的适度规模经营。"

2014年11月20日，中共中央办公厅、国务院办公厅印发《关于引导农村土地经营权有序流转发展农业适度规模经营的意见》，专门对土地经营权的流转进行规范。该意见要求大力发展土地流转和适度规模经营，五年内完成承包经营权确权。

从上面的描述可以看出，我国的"土地承包经营权的流转"是自上而下的政策规范与自下而上的实践反馈两相结合的产物，是我们党领导全国人民不断进行农业制度创新的产物。

二 土地经营权流转的原则与可能方式

(一) 土地经营权流转的原则

根据中共中央办公厅、国务院办公厅下发的《关于引导农村土地经营权有序流转发展农业适度规模经营的意见》①精神,我们可以将土地经营权流转应该遵循的四条基本原则归纳如下。

一是坚持"三权分置"的原则。正如上述文件所指出的那样,农村土地经营权的流转必须"坚持农村土地集体所有权,稳定农户承包权,放活土地经营权,以家庭承包经营为基础,推进家庭经营、集体经营、合作经营、企业经营等多种经营方式共同发展"。

二是坚持改革与创新的原则。土地经营权的流转一定要"坚持以改革为动力,充分发挥农民首创精神,鼓励创新,支持基层先行先试,靠改革破解发展难题"。

三是坚持公平与公正原则。在农村土地经营权流转中,要"坚持依法、自愿、有偿,以农民为主体,政府扶持引导,市场配置资源,土地经营权流转不得违背承包农户意愿、不得损害农民权益、不得改变土地用途、不得破坏农业综合生产能力和农业生态环境"。

四是坚持最佳规模原则。农村土地流转要"坚持经营规模适度,既要注重提升土地经营规模,又要防止土地过度集中,兼顾效率与公平,不断提高劳动生产率、土地产出率和资源利用率,确保农地农用,重点支持发展粮食规模化生产"。

(二) 土地经营权流转可能的方式

1. 托管

拥有土地承包经营权的农户将属于自己的承包地委托给其他有意愿的农户或新型农业经营主体代为经营管理,双方签订协议,委托方向受托方交纳一定委托费用。土地托管期间,原土地承包合同的权利义务可以由委托方负责履行,也可根据协议由受托方履行。

---

① 《关于引导农村土地经营权有序流转发展农业适度规模经营的意见》,2014年11月20日,中国中央政府网(http://www.gov.cn/xinwen/2014-11/20/content_2781544.htm)。

2. 租赁

租赁是指农户在一定时期内，以收取租金的方式，将自己的部分或全部责任地出租给其他土地经营者进行农业生产经营活动。租赁期间，土地的收益权归经营者所有。

3. 股份合作

股份合作是指土地承包者将自己处于承包期内的土地量化为股份，以股份投入的方式，与他人共同合作进行农业的生产经营活动，参与分红，同时也承担风险与责任。

4. 转包

转包是指农户之间或农户与新型农业经营主体之间的土地承包经营权的租赁行为。转包人对土地的承包经营权不变，受转包人享有对土地承包经营权的使用权，并向转包人支付一定数额的转包费。

5. 转让

转让是指土地承包人经发包方的许可后，将自己未到期的土地承包经营权转移给他人的行为，并且与发包方变更原土地承包合同。

6. 互换

互换是指在自愿的基础上，基于方便耕种等目的，在一定时期内，同一集体经营组织内的土地承包法人之间互相交换其各自的承包责任地。根据相关规定，从集体组织内部其他人处换来的土地承包经营权，不得与其他集体组织的农户互换土地承包经营权。

7. 反租倒包

反租倒包是指为了促进土地的适度规模经营，由农村集体组织出面，以一定租金补偿形式将农户承包的土地反租过来，集中连片，再把它承包给农户、农民合作组织等经营主体。

以上七种方式，除了"反租倒包"由农民集体组织直接出面操作以外，其他方式都是农户或农民组织之间的自愿行为，因此，除"反租倒包"以外，作为发包方的农民集体组织应该拥有对其他六种土地流转方式的知情权，要严防对农村集体利益的不法侵害行为。

三 土地经营权流转中的政府作用

进入社会主义市场经济的今天,我国农村土地经营权的流转主要应该采取市场的办法,但政府也不能放任不管,因为市场存在"失灵现象",再加上毕竟土地的所有权是属于国家的、土地流转中还涉及农民利益保护问题等。我们认为,在土地流转过程中,政府的作用应该体现在如下几个方面。

1. 宣传与引导

一是宣传。对于为何要适度规模经营、为何要进行土地流转、如何进行土地流转、土地流转中如何确保对农民家庭的利益保护等,广大农民群众是存在疑虑的。群众不理解,就难免在实际的土地流转过程中产生抵触情绪,若处理不好,甚至还有可能产生"群体性事件",从而影响农业与农村的稳定与发展。因此,作为政府来讲,一定要利用手中的宣传工具、采取各种可能的手段,向农民群众宣传《中华人民共和国农村土地承包法》,中共中央办公厅、国务院办公厅《关于引导农村土地经营权有序流转发展农业适度规模经营的意见》等政策与法律,培养农民群众的守法意识、大局意识、责任意识。

二是引导。要积极进行舆论引导,努力在群众中塑造一种有利于发展适度规模经营以实现农业现代化、实现农业增产增效与农民持续增收的舆论氛围;要积极进行具可操作性的政策引导,让农户家庭自愿参与土地经营权的流转,主动配合农村土地的适度规模经营工作。

2. 规范与监督

土地经营权的流转是对我国农地"三权分置"制度的社会实践活动,是我国农村土地经营制度深化改革的重要步骤,涉及国家、农村集体组织与农户等多方的利益,因此,流转过程中必须要加强规范与监督。在这里,政府要规范与监督的内容包括土地流转的程序是否合规、农户对土地流转是否自愿、土地流转的价格是否公平、各方利益是否保证平衡等。政府一定要尽到监督与规范的职责,通过相关制度与法律的制定、完善,保护合法、制止非法,确保土地流转过程心平气和、和谐顺畅。

3. 管理与服务

农户之间进行土地经营权的流转交易必须用市场的办法来完成，交易价格必须体现双方的意愿，尽量做到公平合理，但同时政府的管理与服务也是必不可少的。加强政府的管理与服务，是顺利进行土地流转工作的必要保证。政府做好管理与服务工作的目的，在于确保土地经营权的流转的有条不紊、方便快捷、成本最省、有根有据。政府的工作包括信息服务、基础设施服务、地籍管理、合同备案管理等。

4. 组织与协调

加强组织与协调是地方各级政府确保农村土地经营权依法、自愿、有偿、有序流转的重要工作之一。要精心组织土地流转过程中所必需的人、财、物，要充分协调土地流转过程中出现的新问题、新矛盾，从而使土地适度规模经营顺利实施并达到预期效果。

第二节 土地经营权流转的重要意义

一 土地经营权流转的必要性

农村土地经营权的流转是进一步完善我国农村家庭联产承包责任制的重要战略举措，是发展现代农业以确保粮食安全、促进农业增效与农民持续增收、适应城乡一体化发展要求的必然选择。

1. 克服"无人种地"难题，确保农产品的有效供应的需要

我国土地资源总量庞大，但人均拥有量十分有限。近些年，由于非农占地面积不断增加，使得农用耕地的保护压力空前增大。要解决近14亿人口的吃饭问题，必须使得有限的土地（尤其耕地）资源充分发挥作用。然而，由于比较利益原则的驱使，我国相当部分地区的农村劳动力选择了进城务工而不愿种地，致使相当大部分的土地出现"撂荒"，严重影响了我国一些地区农产品的有效供应，对整个国家的粮食安全也造成了极其负面的影响。要发展现代农业、促进农业增效增收，对于土地"撂荒"现象肯定不能听之任之、顺其蔓延下去。解决的途径就是实施土地经营权的流转，让愿意种地的人有地可种，不愿种地的农户出让其农地的使用权与经营权。

2. 鼓励农户适度规模经营，确保农业持续增收增效需要

按照经济学上的"土地边际报酬递减规律"，在极小规模的土地上不断加大劳动与资本要素的投入，其边际报酬是趋于下降的。由于我国改革开放以后推行的家庭联产承包责任制实行的是农户按人口"均田承包经营"，土地经营规模根本上不去，农业增效增收早已出现瓶颈。恐怕正是因为这个原因，相当多的农村人放弃了留在家里继续种地的选项，选择了进城务工。中央正是注意到我国家庭联产承包责任制设计上的不足，做出了鼓励土地经营权向新型农业经营主体转移、发展适度规模经营的战略举措。土地的适度规模经营既有利于现代农业的增效与增收，又充分尊重了一部分农户选择进城务工的决策自由，可谓一举两得。

3. 顺应新型城镇化趋势，确保城乡一体化发展的需要

要建设高水平的全面小康社会，有效缩小城乡收入与发展水平上的差距，最终消除我国的城乡二元社会"魔咒"，推进新型城镇化，并将农业现代化与新型城镇化紧密地结合起来，是我国经济社会发展现实的需要。加快新型城镇化步伐，必然要求将农村剩余劳动力从土地上解放出来，进入城市新兴的第二、第三产业中去就业；推进现代农业发展，必然要求农村土地的适度规模经营，以利于农业效率与效益的持续提高，这两项内容都迫切需要目前的小规模"均田承包经营"土地适度集中，扩大新型农业经营主体的土地经营规模。因此，不管是城镇化也好，城乡一体化发展也好，土地经营权的有序流转都是不能忽略的重要环节。

二　土地经营权流转的可行性

1. 农户家庭能够做到决策自主

通过四十多年的家庭联产承包责任制的有效实施，我国农村居民已经发展成为自主生产经营、自我积累、自我发展、自负盈亏的较为成熟的农地经营主体，他们会根据比较利益原则，自主地决定自己是否流转其责任地的经营权、是否进城务工以获取非农收益。农户做出是否耕种土地的决定是根据市场原则，而非行政命令。农户做出的有关土地经营的决策大体能够反映其家庭成员的真实意志。

2. 失地农民的权益有望得到妥善保护

这主要包括三个层面内容：第一，尽管一部分农民的责任地的经营权暂时流转出去了，但他们手中仍然握有其责任地的使用权。只要他们愿意，在履行完土地经营权的流转契约所规定的义务以后，这部分农民仍然可以按相关规定与程序拿回属于自己的责任地的经营权。第二，土地经营权的流转必然是依法、自愿和有偿的，地方政府没有权利强制农民出让其责任地的经营权。第三，失地农民可以进入非农产业就业获取报酬，也可就地在新型农业经营主体（比如家庭农场、专业大户等）的经济实体中选择合适的职业，再加上不断完善的、城乡一体的社会保障制度，这些家庭的生计问题肯定是有保障的。

3. 土地经营权流转的市场环境更为宽松

目前，我国已经基本建成了社会主义市场经济体制，竞争有序的土地流转市场环境大体已经具备。政府制定了一系列指导、规范农村土地经营权流转的法律与制度，使得土地流转有章可循。在土地流转市场上，出让方与受让方作为平等的市场经济主体参与流转活动，流转价格由参与双方按照市场规律自主决定，政府仅仅作为监督者、见证者参与其中，不直接干预土地流转活动。

4. 政府具有强而有力的宏观调控实力

土地经营权的流转变动的是经营权、使用权，而不会涉及土地的所有制。因此，我们完全没有必要担心农村土地经营权的流转会改变我国土地的公有性质。更何况，我国是共产党领导下的社会主义国家，中央政府具有强而有效的宏观调控实力与能力，一旦发现土地经营权流转中的失序现象，政府肯定会坚决出手"纠偏"，这是确信无疑的。在这一点上，我们坚持自己的社会主义制度自信。

第三节 土地经营权流转过程中的农民权益保护

土地经营权的流转是新中国成立后，尤其是改革开放以后，我国农村土地经营制度的又一次重大改革。这项工作牵涉面广、涉及各方利益分配机制的重新安排，若处理不周全，很有可能对农村的稳定局面造成负面影响，因而广受关注。在土地流转过程中，一定要兼顾到各方利益，除了要依法维护土地的所有者权益以外，农户的切身利益保护也不容忽视。

一　农村土地确权登记是农民利益保护的基础

农村确权登记是指对农村集体土地的所有权与使用权等土地权利进行确权登记，并颁证予以确认，以作为土地经营权流转中寻求权益保护的凭证与基础。我们认为，确权登记至少有四方面的意义。

1. 土地确权登记是进行土地经营权流转补偿的必要凭证

土地流转必然会涉及对出让土地经营权的农户家庭进行经济补偿。但经济补偿一定做到有据可查。这个"据"从何而来，这就必须对农村的集体土地进行确权登记。土地确权登记就是要明确农村集体土地的权属关系，通过颁证的方式将农户用于居住、种植、建设等用途的集体土地权属关系以文字形式固定下来，以提供作为可能的土地经营权的流转过程中的经济补偿时的参考依据。

2. 土地确权登记是建设社会主义和谐社会的现实需要

实施家庭联产承包责任制以来，农村土地分配给了一家一户进行耕种，但地籍、地界归属并不完全清楚，加上建档备案不完善等导致土地纠纷频繁发生，这既影响邻里关系，也不利于基层政权稳定，更不利于社会主义和谐社会建设。通过对责任地、林地、宅基地等集体土地（但使用权归农户）进行确权颁证，能够有效减少邻里纠纷、促进农村居民间的和谐关系。

3. 土地确权登记是提高国土管理与利用水平的必然要求

近年来，由于土地"撂荒"、非农用途过度占地等原因，导致我们的有效耕地面积保护压力巨大，国土利用效率堪忧。农村土地确权登记颁证的内容，比如土地的位置、界址、数量、质量、权属和用途（地类）等，恰恰正是国土资源管理中地籍管理的内容。对农地进行确权登记实际也是对农村土地开发使用情况的一次有关农地情况的摸底调查，这对于有效守住全国18亿亩耕地红线，以及提高土地资源的管理与利用水平具有重要的现实意义。

4. 土地确权登记是顺应城乡一体化发展的必然选择

新型城镇化与农业现代化的同步推进，必然是有利于统筹城乡发展、实现城乡一体化发展目标的重要步骤。城乡一体化发展，必然有一部分人要进城进入非农产业就业。要让进城农民的责任地得到妥善处理，建立家庭联产承包责任制的退出机制是必然的要求。而家庭联产承包制退出机制建立的重要基础就是农地权属关系的确实无误，这就需要对农地进行确权登记。加快农村集体土地的确权办证，依法依规保护农户的土地物权，逐步在农村形成产权清晰、权责明确、利益保障、流转顺畅、分配合理的农村土地产权制度，有助于推动城乡一体化的土地交易市场的最终形成。

二 土地经营权流转依法依规是关键

发展现代农业、鼓励土地的适度规模经营，必然绕不过土地经营权流转这道"坎"。中央鼓励按照依法、自愿、有偿的原则，将农村土地的经营权向家庭农场等新型农业经营主体流转，并专门制订了土地流转的实施意见。在土地经营权的流转中，坚持依法、有序、合规自然是保护农户切身利益的前置条件。土地流转必须公平、公开、公正，土地经营权流转所涉及的各方都应该有知情权、参与权，都有权依法保护自身的合法权益不受侵犯，严禁"暗箱操作"。因此，土地经营权的流转过程只要是依法依规，农民的利益、集体的利益就能够得到有效保障。

三 农民自身素质的提高最为重要

在土地经营权流转的过程中，农民合法权益的保护、维护，一要依靠政府部门公正执法，二要依靠农民自我保护意识的增强。政府作为秩序的维护者，其对农民权益的保护，对农民来讲，属于被动保护；农民对自己权益的自我保护，则属于主动保护。农民的自我保护绝不是简单地在自身周围筑起一道与外界隔离的"篱笆"，而是说，农民要利用好自身已经提高的法律素养、政策素养、科技与文化素养，主动参与现代农业发展与土地经营权流转的过程始终，并勇敢地拿起政策与法律武器，维护与保护自己的合法权益不受侵害。

四 确保农户土地使用权收益是必要的

课题组在调研中发现，一些地方的部分农户抱怨，当地政府在土地流转中有过分偏袒家庭农场等新型农业经营主体而忽视小农户利益的现象。这一现象应该得到重视，若处理不好，肯定不利于家庭农场的长远发展。众所周知，农户承包的小块零碎承包地是农民最低的生活保障，是其最后的生活来源，是寄托农耕文明的精神家园，也是农村社会稳定的"定海神针"。在各项社会保障制度没有完善以前，通过各项政策、相关法律既保护好普通农户的土地使用权收益（尤其要及时足额兑现农户的土地流转补偿金），又保护好家庭农场主的土地经营权收益，将有利于家庭农场与普通农户的和谐共处，有利于农业农村的长期繁荣、可持续发展。

第四节 土地经营权流转与西部地区家庭农场发展

西部地区要借助家庭农场发展现代农业，必须解决土地"从何而来"的问题。土地经营权的流转是兴办家庭农场的基础，是解决家庭农场等新型农业经营主体适度规模经营的土地来源问题的有效途径。

一 我国西部地区土地经营权流转的重要性

如前所述，有的学者对于在西部地区鼓励农村土地的适度规模经营、发展家庭农场等新型农业经营主体持谨慎立场，其理由在于西部地区的城镇化水平不如东部发达地区高。我们认为，由于西部地区有我国的关中平原、成都平原两大"粮仓"，再加上西部地区的大多数省份为我国农村剩余劳动力的输出省份，农村土地"撂荒"现象严重等因素，在西部地区发展适度规模经营对农业与农村经济的可持续发展是有利的，因而实施农村土地经营权的流转在西部地区具有必要性。

1. 提高农村土地利用效率的现实需要

由于一部分农户在比较利益原则下选择了进城进入非农产业就业，如果对农村土地"撂荒"现象听之任之的话，就是对我国农业与农村经济发展的不负责任。我国人多地少，人均拥有的土地资源原本就不丰富，若再加上部分土地因闲置而不能发挥效率和作用，必然造成土地资源的极大浪费。因此，既然有部分农户暂时不需要利用其土地的承包经营权，那么，按照依法、自愿、有偿的原则，把这部分闲置的土地经营权实施流转以利于集中使用，就显得很有必要。

2. 实现农民持续增收的现实需要

相对于东部地区，西部地区的农户收入水平要低得多。如前所述，目前农民收入渠道已经多元，其收入来源包括务工收入、财产收入、转移收入与农业经营收入等。于是，提高西部地区农户收入持续增长的渠道也变得多种多样。通过土地经营权的流转、借助家庭农场这一形式发展农村土地的适度规模经营，有利于提高农业与农村经济的规模效益，最终实现农户持续增收目标。

3. 确保我国粮食安全的现实需要

利用好现有土地资源，除了农户增收、农业资源增效目标以外，还有一个更为重要的目标，就是要实现农业增产，力保我国粮食安全的良好势头不发生逆转。要利用我国极为有限的土地资源，确保城乡居民的食品稳定供应，以及土地资源的综合生产能力不下降。

二 家庭农场在西部地区现代农业发展中必将扮演重要角色

众所周知，西部地区的现代农业发展实际面临着来自土地、人才、资本等方面的制约因素。在土地要素方面，主要是非农占地较多而导致耕地保护压力巨大；土地"撂荒"现象导致农地使用效率低下；农户承包地规模小且分布较为零散导致农业难以产生规模效益。在人才方面，由于青壮年劳动力大多出外务工，在家务农的大多为文化素质不太高的老、弱、病、残劳动力，导致农业与农村缺乏"人气"、缺乏持续发展的活力。在资本方面，主要是农业发展资金筹措较难，金融机构向农业发放贷款的意愿不高；工商资本投入农业产业的动力明显不足等。而通过培育家庭农场等新型农业经营主体的办法，再加上政府的政策引导与市场机制的有效驱动，西部地区发展家庭农场所面临的人、财、物方面的瓶颈问题完全可以得到妥善解决。因此，我们可以大胆推断，家庭农场必然会与其他新型农业经营主体一道，共同在西部地区现代农业的发展中扮演不可或缺的角色、发挥独特的引领作用。

三 土地流转与西部地区家庭农场发展存在共生关系

如前所述，家庭农场是鼓励土地适度规模经营的产物。在西部地区发展家庭农场，重要的前提条件就是要解决土地"从何而来"的问题，这就必须进行土地经营权的流转，将当下零散的小块土地的经营权出让给家庭农场去进行生产经营。从这个意义上讲，西部地区家庭农场发展必须要以土地经营权的流转作为基础。另外，在家庭联产承包责任制的小规模"均田承包经营"基础上，通过土地经营权的流转，发展适度规模承包经营必须要有家庭农场等新型农业经营主体来承担。因此，土地经营权的流转与西部地区的家庭农场实际是一种共生关系：二者相互影响、相互依存。

四 土地流转与家庭农场同为西部地区现代农业发展的重要条件

西部地区要实现传统农业的现代化、确保农业和农村经济的科学发展必然离不开三个基本要件：农村农地的适度规模经营、家庭农场等新型农业经营主体的加快培育、农业从业者素质的加快提升。

1. 农村土地的适度规模经营

农村土地的适度规模经营，无非是将零散的土地、闲置"撂荒"的土地集中起来，通过适度规模生产经营获取规模经营效益，从而实现农业发展成本最小化、效率和效益最大化。如何将农村土地"化零为整"，这就必须通过市场的办法，按照依法、自愿、有偿的原则将农地的经营权出让出去。

2. 家庭农场等新型农业经营主体的加快培育

自从推行家庭联产承包责任制以后，大量的农村劳动力进城寻找在非农产业就业的机会，农村劳动力由于转移过度而出现短缺，致使一些地方的农村土地出现"撂荒"现象。在这样的情况下，农村劳动力出现青黄不接，农业和农村经济的可持续发展、高质量发展前景堪忧。要发展现代农业，稳定农业和农村经济的发展势头，就有必要加大对家庭农场等新型农业经营主体的培育力度,从而以新的农业经营主体替代已经老化的农业经营主体。

3. 农业从业者素质的加快提升

现代农业对农业从业人员提出了更高要求:有文化、懂技术、善经营、有终身服务农业的精神。这和家庭农场发展要求一大批新型职业农民是一致的。也就是说,现代农业与家庭农场的发展都要求农业从业人员具有更高的科学文化素质。

综上所述,西部地区现代农业的发展,一要进行土地流转,发展农村土地的适度规模经营;二要加快培育家庭农场等新型农业经营主体,以新型农业经营主体替换业已老化的旧的农业经营主体。

第八章

农业供给侧结构性改革与西部地区家庭农场发展

供给侧结构性改革是目前较为热门的词汇。我们认为,供给侧结构性改革实际是产业结构调整的另一种表达方式。农业与农村经济要获得可持续的、高质量发展,农业的供给侧结构性改革是必然的、绕不开的重要环节。

第一节 农业供给侧结构性改革概述

一 "供给侧结构性改革"的提出背景

"供给侧结构性改革"这一概念是习近平总书记于2015年11月在主持召开中央财经领导小组第十一次会议研究经济结构性改革和城市工作时率先提出这一概念的。2016年1月27日,习近平总书记又主持召开中央财经领导小组第十二次会议专题研究供给侧结构性改革方案。

我国经济在近些年先后进入了"三期叠加"(发展速度换挡期、结构调整阵痛期和前期政策刺激的消化期)及经济新常态。为了跨过"中等收入陷阱",实现经济的可持续发展,我国经济发展的方式和驱动动力都必须切实转换。在这样的情况下,以习近平同志为核心的党中央提出了供给侧结构性改革的概念。这一概念丰富和发展了马克思主义经济学,是中国共产党人对中国特色社会主义理论的继续发展。

二 供给侧结构性改革的科学内涵

所谓供给侧结构性改革,是指"用改革的办法推进产业结构(乃至于经济结构)的调整,减少商品与服务的低端供给与无效供给,增强供给结构对需求变化的灵活性和适应性,提高全要素生产率,使供给结构更加适应需求结构变化"[①]。供给侧结构性改革的主要内容包括"三去、一降、一补",即去产能、去杠杆、去库存、降成本、补短板。供给侧结构性改革不是不要"市场经济",也不是要搞所谓的"紧缩经济",而是要用市场的办法(当然,也缺不了政府的宏观政策引导),解决产品与服务供需当中的矛盾,以利于供给能够更好地满足广大人民群众日益增长的对美好生活的需求,让全体中国人更好地共享我国改革开放四十多年来所取得的丰硕成果。

三 农业供给侧结构性改革的定义及特点

农业供给侧结构性改革是指采取加大农村与农业改革力度的办法,通过一系列影响要素配置的市场及政策措施,对农业供给侧结构进行调整,增加主要农产品的有效供给,减少或消除低端或无效供给,以实现农业持续增效、农民持续增收、农业生态持续改善,确保粮食安全与食品健康,更好地满足城乡居民的日常生活需要。

与需求侧的管理相比较,农业供给侧结构性改革至少具有三个方面的特点:

一是着眼于充分发挥家庭农场等新型农业经营主体的积极作用。作为供给管理的重要内容,农业供给侧结构性改革的着眼点在于作为农业从业者的新型农业经营主体,这与凯恩斯主义的需求管理将着眼点放在消费者身上有所不同。在社会主义市场经济条件下,农业结构调整不能够由政府包办代替,而是要充分发挥新型农业经营主体的主动性、积极性和创造性,让他们主动按照市场的要求去产能、去库存、去杠杆、降

[①] 龚雯、许志峰、王珂:《七问供给侧结构性改革(权威访谈)——权威人士谈当前经济怎么看怎么干》,《人民日报》2016年1月4日第2版。

成本、补短板。因此，为了稳步推进农业供给侧结构性改革，新型农业经营主体的培育与扶持显得尤其重要和迫切。

二是强调农业和农村经济的高质量发展。如前所述，农业供给侧结构性改革强调要增加有效供给，去除低端供给和无效供给。去除低端供给，就是要狠抓农产品的精深加工、延长产业链、提高农产品的附加价值；去除无效供给，就是要把有限的农业资源有效用于市场最需要的地方。总之，去除低端供给和无效供给的目的就是要提高农业和农村经济发展的效率和效益，增强现代农业发展的后劲，促进农民持续获得增收。

三是更加重视农业经营制度的变革与完善。经营制度的不断变革与完善攸关农业与农村经济的发展。要推动农业和农村经济的持久、永续发展，就必须解放和发展农业生产力，就必须对农业经营制度进行适度变革和完善。如果说改革开放以后推行家庭联产承包责任制所进行的农业经营制度变革，是为了解决农业发展的数量和速度问题（因为那时候优先解决的是"温饱问题"）的话，新时期所进行的供给侧结构性改革所要解决的，则是农业发展的质量和效益问题。在供给侧结构性改革的各项任务中，包括"三去、一降、一补"，无一不是为了提高农业和农村经济发展的效益和效率、提高农产品的市场竞争力。从发展的角度看，很显然，农业和农村经济发展的质量、效益、效率、竞争力提升更为重要。

第二节 农业供给侧结构性改革的对策措施

一 进行农业供给侧结构性改革的重要性

要实现农业现代化和农业与农村经济的科学发展、高质量发展，农业的效率与效益必须搞上去。而进行农业供给侧结构性改革的目标也是要提高农业的效率与效益。因此，推行农业供给侧结构性改革具有重要的现实意义。

1. 农业供给侧结构性改革是实现农业现代化的必经关口

发展现代农业、实现农业现代化要经历一个由数量到质量的演变过程。新中国成立以后直至1979年改革开放以前，我国为了加快实现工业化的进程，在经济发展上采取了优先发展工业（尤其是重工业）的战略。在当时的背景下，农业、农村、农民的利益一定程度上被忽视。也就是说，一定程度上讲，我们是以牺牲农业与农民利益的办法来发展我们的工业。改革开放以后，在农村普遍推行家庭联产承包责任制，我们实际是在工业获得大发展以后，回过头来再补上农业和农村经济发展"这一课"。这一时期，我们的优先课题是解决温饱、实现基本小康。基于此，我们把粮食的产量、农业和农村经济的发展速度是放在第一位的。

然而，今天的中国农业和农村已经解决了温饱问题、基本建成了小康，并正在努力建设全面小康社会。在这样的情况下，如果不加快农业供给侧结构性改革，继续在低水平上进行农产品的低端供给甚至无效供给，对于发展现代农业、实现农业现代化、实现农业与农民的持续增效与增收，显然是不合时宜的。因此，要实现农业现代化，农业供给侧结构性改革是不可忽视的重要环节和阶段。

2. 农业供给侧结构性改革是农业转变经济发展方式的大势所趋

转变经济发展方式是实现可持续发展、科学发展的必然选择。调结构、转方式、换动力是转变经济发展方式的重要内容。而农业供给侧结构性改革正是"调结构"的题中之义。

首先，从哲学角度讲，农业的供给结构必然要改革与调整。这是因为，事物是发展变化的。随着时间的推移，我国人民群众的消费结构、消费方式在不断变化，对农产品的质量要求在不断提高，农产品市场环境已经改变。生产围绕市场转，市场变了，农业供给结构必然要发生改变。

其次，从经济学角度，农业要实现增收增效，其产业结构、产品结构必须进行改革与调整。经过家庭联产承包责任制发展的四十多年，我国影响农业供给的大环境正在逐步发生改变：农业经营主体正由一般的小农户家庭向以家庭农场等为代表的新型农业经营主体过渡，农业从业人员的素质进一步提高；在农业资本投入方面，由普通农户的小规模资本为主逐步向农户资本、工商资本共存发展方向转变，资本投入的趋利性更强；在农地经营制度方面，正由普通农户的小规模均田承包向新型农业经营主体的适度规模经营转变，经营者在产品选择、产业选择上的灵活度更大；在土地资源供给方面，土地用途更加多元，除了满足农业生产需求以外，还要满足大量的非农用途，农用耕地的保护难度进一步加大。综合来看，影响农业供给的劳动、资本、土地、制度等因素正在发生改变，现代农业发展的要素成本在进一步增加，这决定了农业供给侧结构必须做出适应性调整与改革，否则，农业的增效、农民的持续增收只会变成一句空话。

3. 农业供给侧结构性改革是增进城乡人民福祉的需要

农业生产与城乡人民的食品保障密切相关。农业不仅要保障国家的粮食安全，而且要保证城乡人民的食品安全。改革开放以后，城乡居民的食品结构经历了一个不断变化的过程：在改革开放之初为吃饱；后来又发展到吃好、吃营养；到今天，已经解决温饱的人民要追求吃得健康、吃得环保。人们的消费结构变了，农业供给侧结构必须随之而改变。农业供给侧结构性改革就是要让农产品的供给更好地满足城乡人民的消费需求，让人们吃好、吃得环保与健康、吃得放心。一定意义上，解决了城乡人民的吃饭问题，就是增进了人民福祉，因此，农业供给侧结构性改革是增进人民福祉的必然选择。

二 决定农业供给侧结构性改革成败的关键因素

如前所述，我国的农业供给侧结构性改革是一项涉及诸多方面的系统工程，不可能一蹴而就，需要动员多方面力量共同来完成。具体来讲，农业供给侧结构性改革要取得成功，至少需要五个方面的重要条件或者重要前提。

1. 确保农产品的有效供应

我们发展农业与农村经济固然要追求效率与效益，但首要的目标还是要解决城乡居民的吃饭问题——粮食必须确保有效、足够地供应。不管农业供给侧结构性改革的理论多么完善、目标设计多么完美、实现路径设计多么美妙，若不能够确保农产品的有效供应、不能够装满城乡百姓的"粮袋子"与"菜篮子"，最终都不可能取得成功。因为老百姓不可能空着肚子跟着去搞所谓的改革与建设。因此，农业供给侧结构性改革取得成功的首要条件就是粮食安全必须有保障，即粮食生产不能出现减产。

2. 农民增收势头不能逆转

改革开放以来，由于我国农村普遍实行家庭联产承包责任制，农村居民的生产生活条件得到较大改善，农民收入水平出现了逐年不断提高的势头。农业供给侧结构性改革的目的在于转变农业经济的发展方式，努力实现农民收入水平持续提高的目标。农业供给侧结构的改善与农民收入水平的提高理应不会出现矛盾。但如果因为农业供给侧结构性改革而出现农民增收势头发生逆转，那么，这样的农业供给侧结构性改革肯定就是失败的改革。

3. 农村稳定局面不能出现问题

农业是国民经济的基础。农业持续稳定地发展，则国民经济和社会发展的基础就牢固。目前，我国城乡居民的比例大致是"五五波"，也就是说，我国总人口中，城乡居民各占一半的比例。如果农业供给侧结构性改革取得成功，能够提高农民兄弟的收入水平、改善农村居民的生活环境、解决农村人口的生计问题，那么可以说，我国经济社会的长治久安问题就等于成功解决了50%。因此，影响农业供给侧结构性改革能否取得成功的第三个因素就是农村稳定局面不能出现问题。

4. 处理好政府与市场的关系

一定意义上，政府（主要通过计划）与市场都是配置社会资源的手段，搞市场经济要处理好二者的关系，进行农业供给侧结构性改革同样需要处理好政府与市场二者的关系。进行农业供给侧结构性改革主要应该采取市场的办法，让农户、业主与涉农龙头企业自主决策、自主经营，自己决定如何进行产业、产品的选择。当然，主要依靠市场，绝不是就完全排斥政府的宏观调控作用。政府通过财政、货币、产业、就业促进等方面的政策措施，能够对农业供给侧结构性改革起到保障的作用。应该说，对于搞好这次农业供给侧结构性改革，我国是有制度上的优势的（因为有一个保证宏观调控强而有力的中央政府）。在西方经济发展史上，20世纪80年代，美英两国先后进行的供应学派政策实验没有取得成功的教训之一就是完全排斥政府的宏观调控作用，也就是没有处理好政府与市场的关系。因此，我们认为，农业供给侧结构性改革取得成功的前提之一就是要处理好政府与市场的关系。

5. 加强社会主义民主与法制建设

加强社会主义民主与法制建设是我国进行政治体制改革所追求的目标。农业供给侧结构性改革要在管理有序的环境中进行，这就必须要加强社会主义民主与法制建设。一个高度民主和健全法制的社会在农村至少有这样几个表现：基于市场判断的新型农业经营主体的土地经营决策权不会受到地方权力的不合理干预；农村基层政权的廉洁、高效能够得到有效体现；农业生产与经营的市场环境不断得到净化，权力"寻租"、垄断经营等市场不当行为会得到有效控制；乡村综合治理成效显著，农村安居乐业的大好局面能够得到持续维护；等等。而这些正是完成农业供给侧结构性改革所必要的制度条件。

三 实施农业供给侧结构性改革的主要对策

1. 去除库存

滞留库存的农产品由于不能为农户增加收益，反而会增加成本，因而被看成无效供给。国家将农业去库存的重点放在去掉玉米库存，正所谓"农业供给侧结构性改革：玉米去库存打头阵"。玉米库存积压严重源于2007年开始的玉米临时收储政策。2007年，为了鼓励主产区玉米种植，确保国家粮食安全，国家决定在东三省与西部地区的内蒙古自治区按照"托底价"实行玉米临时收储政策。这一措施保护了主产区粮农的利益、调动了农户的生产积极性、确保了农产品的有效供应。但是，自2011年以后，包括玉米在内的国际农产品价格大幅"跳水"，而国内玉米收储价格却逐年提升，导致国内玉米收购价格高于国际玉米进口价格，这使得国内玉米库存不断堆积，玉米出现严重供给过剩。在这样的情况下，继续维持玉米临时收储政策显然会造成国家的财政损失，不利于农业和农村经济的长远发展。因此，国家发展与改革委员会决定自2017年开始，在东三省和西部地区的内蒙古将玉米临时收储政策调整为市场化收购加补贴的新机制。这可看成农业"去库存"的正式开始——以玉米去库存为突破口。

2. 补足短板

经济学上著名的"木桶理论"认为，木桶中最短的木板决定了木桶的最大容量。同样的道理,农业和农村经济中的"短板",也会决定第一产业对我国经济社会发展的最大贡献量。要提高农业和农村经济在经济社会发展中的分量,"补短板"是必然的选项。我们认为,农业补短板主要体现在四方面:一是补生态绿色食品;二是补农业社会化服务;三是补农业生态建设;四是补农田水利设施建设。

(1)生态绿色食品

由于家庭联产承包责任制的实施,我国农民的生活质量、收入水平都得到了极大提高。解决了"温饱"问题并逐渐富起来的人民比以前任何时候都更加关注食品安全和身体健康。然而,现实生活中的食品安全问题却令人忧心忡忡:"毒奶粉"[①]"地沟油""潲水油"、依靠激素催肥的家禽、人工催熟的水果等,不一而足;农业生态环境由于工业与城市污染不断恶化,农产品的生产环境质量越来越差。城乡人民对目前的食品供应不满意,其原因不在于数量,而是对食品的质量、安全缺乏足够的信心。因此,在努力发展农业与农村经济的同时,要采取有效措施补足我国农业生态质量、生态绿色食品供应这两方面的"短板",让农业从业者工作舒心、让城乡居民吃得放心。

(2)农业社会化服务

农业社会化服务属于农业第三产业的范畴,是现代农业发展不可缺少的重要环节,同时也是发展家庭农场的重要条件。农业服务缺失是我国农业和农村经济加快发展的一个重要制约因素。由于家庭联产承包责任制的普遍实行,在比较利益原则的驱使下,农村劳动力大多选择了进城务工以获取工资性收入,从而导致农业技术人才的大量流失,农业生产资料、农业技术指导、产品销售等服务性工作基本处于低层次发展状态。农业供给侧结构性改革既然是遵照市场的法则、改革的办法调整与

---

① 2008年中国奶制品污染事件(又称2008年中国奶粉污染事故、2008年中国毒奶制品事故、2008年中国毒奶粉事故)是一起食品安全事故。事故起因是很多食用了三鹿集团生产的奶粉的婴儿被发现患有肾结石,随后在其奶粉原料中发现有工业原料三聚氰胺。该事件引起了国内外的高度关注和对乳制品安全的担忧。当然,在各相关单位的共同努力下,此事件得到了妥善处置。2011年,中国中央电视台《每周质量报告》调查发现,仍有七成民众对国产奶粉质量不太放心。

优化农业产业与产品结构，就不能够忽略农业社会化服务体系建设。

(3) 农业生态建设

改革开放以后，我国农村普遍推行了家庭联产承包责任制，其目的自然是要优先解决农村居民的温饱问题，而将农业生态维护与保养放在了次要地位。多年来的实践表明，农村面源污染（包括水质污染、土质污染等）固然与快速推进的工业化与城市化有关联，但与农业自身发展忽视生态环境改善也有相当大关系。在实际的农业生产中，我们的一些陈规陋习不利于农村生态环境质量的改善，比如秸秆燃烧、种养业废弃物随意堆放、过量施肥、不当用药等导致我们的农业生态环境进一步恶化，食品生产安全受到不同程度威胁。因此，加强农业生态建设的宣传教育、加大农业生态建设的投入，对于发展农业适度规模经营，以及成功进行农业供给侧结构性改革具有重要的现实意义。

(4) 农田水利设施建设

我国农村实行家庭联产承包责任制以后，出现农村剩余劳动力大量进城务工现象，使得部分农村土地"撂荒"的同时，原有的农田水利设施也年久失修。我们认为，农村农田水利设施缺失主要有三方面原因：一是地方政府重视不够。由于一些地方的农业在地方 GDP 中的地位趋于弱化，政府对农业、农田水利设施建设没有倾注足够的精力、注意力。二是地方财力不够。一些地方的经济实力有限，导致农田水利设施建设资金投入不足。三是劳动力不足。一些地方农村劳动力流失过度，留守的老弱病残者无法满足进行农田水利设施建设的需求，导致农田水利设施建设迟迟无法进行。因此，在农业供给侧结构性改革过程中，一定要下大力气，投入足够的人力、物力和财力，争取在尽可能短的时间内补齐农田水利设施建设这一"短板"。

3. 提高效益

我们认为，这里的"增效益"是"降成本"的另一种表达方式。农业供给侧结构性改革的重要内容之一就是要通过优化调整农业供给侧结构以达到降低成本、增加效益的目的。农业效益低下、产品价值低端、产业链条较短、农民持续增收困难，这一直是困扰我国农业和农村经济的"老大难"问题。其主要原因在于农业科技投入不够、产品研发受限、农业人才青黄不接等。基于此，要逐步加大对农业和农村的资本、科技、人才投入，加强农业产品与产业创新，大力发展农业二、三产业，不断开发农业新领域、拓展农业新功能，延长农业产业链，以提高农业生产经营效益，不断增加农业从业者的收入水平，缩小城乡居民的收入分配差距。

4. 培育主体

培育主体，就是要通过经济的、行政的、产业的、立法的措施，大力培育新型农业经营主体，让专业大户、家庭农场、农民合作社、农业龙头企业等成为发展现代农业、推进农业现代化的中坚力量。培育主体，是农业供给侧结构性改革的重要内容，更是农业实现现代化的必由之路。

改革开放以来，随着家庭联产承包责任制的实行，大大解放和发展了农业生产力，一大批青壮年劳动力加入到进城务工的行列。进城务工为农民家庭增加了收入，为提高农民的生活质量与水平打下了坚实的基础。但是，"农民进城"也给农村与农业带来了负面效应，那就是农村出现相当面积的耕地"撂荒"现象。对于这部分土地，地方政府也陷入"两难"：动员农户必须种起来，但农户反映收益太低，不及打工能挣钱；放弃"撂荒地"，但又担心耕地浪费，毕竟我国的人均耕地极为有限。有鉴于此，为了解决"无人种地"的问题，积极鼓励家庭农场等新型农业经营主体的发展是有效可行的路径。

5. 增加新动能

"动能"是一个物理学概念，是指物体由于做机械运动而具有的能量。在物理学上，物体的动能一般是这样定义的：使某一物体由静止状态变成运动状态所做的功；其大小是运动物体的质量和速度平方乘积的1/2。农业和农村经济要获得持续发展，就要求创新求变化，在变化发展中不断获得农业新动能。

一要变土地经营制度。家庭联产承包责任制的普遍推广是对原有的人民公社土地经营制度的变革，使得我国农业完成了新中国成立以来的首次腾飞。如前所述，家庭联产承包责任制也有着其自身无法克服的制度设计缺陷，比如土地规模过小、分布零散，难以提高土地的规模经营效益等。因此，在农村土地经营制度上我们要继续求变：鼓励农村土地经营权的流转，依托家庭农场等新型农业经营主体发展土地的适度规模经营。

二要变价格形成机制。改革开放以后，总体上，我国已经改变了原有的国家对粮油产品的统购包销制度，粮油价格改由市场机制形成与决定。2007年在东三省与内蒙古等玉米主产区实行的以"托底价"收购玉米的临时收储政策的出发点是好的：保护粮农的利益并确保国家的粮食安全。从玉米临时收储政策的实施效果看，保护了农民利益，但是同时也加重了国家的财政负担。由于目前的国际主要农产品价格出现下滑，玉米临时收储政策确实到了退出的时候了。要让市场重新对价格形成起决定作用，让农业生产经营更好地服务市场、服务消费者。

三要促使产业与产品的创新变化。如前所述，长期以来，由于农产品的精深加工不足，我国的农产品价值比较低端，产业链比较短，导致我们的农业效率与效益上不去、农业的持续增收功能挖掘不够。如何走出这一"困境"？唯有"创新"一条途径。一方面，要不断加大科技与人才投入，在增加生态、绿色农产品供给方面下功夫，在发展农业第二、第三产业方面做文章，不断延长农业产业链。另一方面，要不断拓宽农业新领域、新功能，除了农业的食品供给功能以外，农业的文化传承、休闲观光、健康服务等方面的功能，目前明显开发不足。要积极动员力量，力争在短期内出现一批有关农业新领域、新功能的新兴业态，为实现农业现代化、农业供给侧结构性改革的成功实施贡献力量。

第三节　西部地区家庭农场与农业供给侧结构性改革的关系

西部地区发展家庭农场与实施农业供给侧结构性改革有一个共同的目标，那就是发展现代农业，实现农业增产增效、农民持续增收。我们认为，家庭农场是西部地区农业供给侧结构性改革的有力抓手，家庭农场的发展必须服从农业供给侧结构性改革的大局；农业供给侧结构性改革的成功实施有利于优化家庭农场的发展环境；家庭农场的适度规模经营与农业供给侧结构性改革都是西部地区实现农业现代化的重要内容。

一 家庭农场是西部地区农业供给侧结构性改革的重要抓手

犹如运动员攀岩一样，农业供给侧结构性改革要想取得成功，选准着力点或者找准着力的"抓手"是重要的一个环节。我们认为，家庭农场是西部地区实施农业供给侧结构性改革可以依靠的力量或抓手。

1. 家庭农场是农业"补短板"的重要力量

我们是在社会主义市场经济条件下发展家庭农场、推动农村土地的适度规模经营的。作为新型农业经营主体重要成员的家庭农场，所发展的农业是现代农业，而不再是传统农业，必然注意兼顾到经济利益与环境生态效益，兼顾到城乡居民在生活质量不断提高背景下对生态、绿色农产品的消费需求，从而增加绿色、生态农产品的供应。在这里，我们倒不是要说经营家庭农场的农户的政治觉悟有多高或者大局意识有多强，但"生产围绕市场转"的道理，经营家庭农场的农户还是懂的：要赚钱或获取高收益，农产品供给必须满足市场需求。从这个意义上讲，家庭农场必然是农业"补短板"的重要力量。

2. 家庭农场的农业生产经营必然以降成本、增效益作为目标

如前所述，降成本是农业供给侧结构性改革的重要内容，也是家庭农场进行生产经营活动的追求目标。降成本的目的在于提高农业经营效益、增加农业从业者的劳动报酬。农业降成本的关键在于提高农业投入要素的使用效率。家庭农场通过发展土地的适度规模经营，追求农业的规模经济效益，必然在降低成本、提高农业资源的循环利用等方面做出努力。因此，不难看出，在降成本这一点上面，家庭农场与农业供给侧结构性改革的目标是一致的。

3. 家庭农场发展有利于农业去库存目标的实现

未来的家庭农场必然是由有文化、懂技术、善经营、敢于创新探索的新型职业农民进行生产经营的。家庭农场作为专门从事农业生产与经营的经济实体，其经营决策必然按照市场经济规律要求和国家产业政策指引办事，生产消费市场所需要的产品，去除低端供给或无效供给，以提高农业效率、效益和农村居民的收入。造成大量库存积压的农产品，要么是低质量产品，要么是产能严重过剩产品，肯定不被市场看好、不

被消费者认可。这样的库存积压产品,即便是能够销出去,也肯定是价格不占优势,生产者利益会严重受损。作为"理性经济人"的经营家庭农场的农户,在产品选择上,肯定会偏好于去填补"短板"农产品(比如绿色生态的优质农产品),而规避那些市场原本就已经饱和的低端的、同质化率比较高的、附加价值较低的农产品。从这个意义上讲,家庭农场在产业、产品上的理性选择,肯定是有利于农业供给侧结构性改革的"去库存"目标的实现的。

二 农业供给侧结构性改革将助力西部地区家庭农场加快发展

农业供给侧结构性改革是要在农业领域提高有效供给、减少甚至消除低端供给或无效供给,从而实现农业生产经营效率、效益的持续提升。这有利于优化农业与农村经济的发展环境,对于家庭农场等新型农业经营主体的健康、持续、快速发展是有益的。

1. 农业供给侧结构性改革有利于家庭农场提高生产经营效益

农业的低端供给、无效供给过多是浪费有限农业资源的表现。多年来,我们的农业相对于工业与服务业的比较收益低下,导致当今的农民宁愿外出务工挣钱也不愿意在家种地。仔细研究,我们会发现,导致农业增产不增收的主要原因在于:农业的低端供应、无效供给所占的比例过大。农业供给侧结构性改革所要求的"去产能、去杠杆、去库存、降成本、补短板"实际就是要求调整和优化农业产业结构和产品结构,通过提高农产品的附加价值、延长农业产业链条等措施,减少农业的低端供给与无效供给,以实现农业生产经营既要增产而且又要增收的目标。

2. 农业供给侧结构性改革有利于家庭农场提高市场竞争力

家庭农场要增加产品的市场份额、提高产品的市场竞争力,一要靠质量,二要靠产品创新。提高市场份额的途径无非有:以价格优势取胜,以质量优势取胜,以售后服务取胜,以产品品牌取胜,等等。农业供给侧结构性改革的实质就是要通过对农业产业结构、产品结构的调整与优化,增加适销对路、质量优、价格高、消费者看好的农产品的供应,而压缩甚至停止那些市场滞销(库存积压多)、质量低端、价格低廉、受消费者排斥的农产品的供应,在努力满足城乡居民的消费需求的同时,提高农业经济效益、增加农业从业者的收入报酬，从而逐步提高家庭农场产品的市场占有率。从长期看，这对提高家庭农场产品的市场竞争力是有益的。

3. 农业供给侧结构性改革有利于家庭农场的健康发展

农业供给侧结构性改革并不排斥农业科技创新、走生态绿色的道路，反而是积极创造条件，通过对农业低端与无效供给的清理，为农业的产业创新、产品创新、发展生态绿色农业腾出资源空间，让家庭农场等新型农业经营主体在发展现代农业的道路上能够轻装上阵、创造确保国家粮食安全的辉煌。从这个意义上，农业供给侧结构性改革强调要将有限的农业资源利用在供应质优、价廉、消费者喜好的绿色生态农产品的"刀刃"上面，对于家庭农场的健康、持续、快速发展是有着正面意义的。

三 家庭农场与农业供给侧结构性改革均是农业现代化的重要内容

我们认为，家庭农场经营与农业供给结构"调优"（优化产品与产业结构）、"调绿"（增加生态绿色优质农产品供应）为农业现代化的题中之义，两者统一于发展现代农业、实现农业现代化的要求之中。

1. 现代农业与家庭农场的经营者是现代新型农民

我国农业历来经营效益不高，这除了农业对自然环境的依存度过高、国家政策方面人为牺牲农业与农民利益以发展工业与城市以外，很大程度上是因为农业从业人员的文化、技术与管理素质不如工业。如前所述，与传统农业不同，现代农业对农业从业人员的文化、技术素质与经营管理理念提出了更高要求，因而传统意义的农民不能适应发展现代农业、实现农业现代化的现实需要。家庭农场作为发展土地的适度规模经营的新型农业经营主体，职业农民为其生产经营所需的基本人力资源要求。传统农民发展不好现代农业，也肯定经营不好家庭农场。因此，不管是现代农业的发展，还是家庭农场的培育，生产经营者主要为现代新型农民，这是基本要求。

2. 农业供给侧结构性改革是发展现代农业的必然要求

现代农业是由现代新型农民经营的、以现代高科技武装起来的新型农业，由于其生产经营目标不仅仅局限于解决农民的温饱问题，而是要让农民能够依靠农业的生产经营实现持续增收，因而，现代农业必然是高效益、高效率的农业，是农民赖以持续增收的重要产业，是农民兄弟值得终身从事的职业。农业供给侧结构性改革，是要通过对农业产业结构与产品结构按照市场而不是计划原则进行优化调整，其根本目的是要在确保农产品的综合供应能力不下降的情况下，提高农业生产经营的效率与效益。在提高效率与效益这一共同目标上，二者保持高度的契合。从这个意义上，可以说，农业供给侧结构性改革是发展现代农业的必然要求。

3. 家庭农场与农业供给侧结构性改革都以绿色优质农产品供应为己任

随着生活水平和质量的提高，城乡居民对自己所消费的农产品更看重其生态绿色的品质，吃得健康成为老百姓的消费新取向。家庭农场的生产经营必然要按照消费者偏好生态绿色的原则来进行，在保证消费者的食品安全方面做出自己的不懈努力。同时，增加生态绿色农产品的供应也是农业供给侧结构性改革过程中"补短板"的重要内容。应该说，我们目前的农产品供应数量没有问题，质量可说也还可以，但生态绿色这方面发展不够，确保城乡居民吃得放心方面还有所欠缺。因此，我们认为，在增加绿色生态农产品供应、保障城乡百姓的食品安全问题上，家庭农场与农业供给侧结构性改革是具有共同责任的。

4. 家庭农场通过农业供给侧结构性改革提高其发展现代农业的能力

发展能力是指一个经济实体（主要指企业）扩大规模、壮大实力的潜在能力，又称为成长能力。一个经济实体能否实现健康成长取决于多种因素，包括外部经营环境、内在素质和资源条件等。如前所述，农业供给侧结构性改革的主要内容包括"三去、一降、一补"，其核心思想就是要减少低端供给与无效供给，为提高农业的有效供给能力腾出资源空间。西部地区的家庭农场若能够主动适应农业供给侧结构性改革所要求的产业与产品发展要求，比如减少低端供给与无效供给，以提高资源利用效率；加强农业的专业化、标准化生产，强化农产品食用安全、补生态绿色农产品的"短板"等，必然能够优化自身的生产经营环境、提升自我发展与积累能力，从而提高自身发展现代农业的能力，提升自己在西部地区农业现代化过程中的实力与地位。这对家庭农场自身获得长远的、可持续发展是有益的。

第九章

"互联网+"与西部地区家庭农场

第一节 "互联网+"与家庭农场的契合方式

一 互联网的定义

在了解"互联网+"概念之前,我们有必要对"互联网"这一概念做一介绍。互联网可说是现代信息技术高度发展的成果。从技术角度看,"互联网"的定义可以是这样的:互联网是指将两台或两台以上的计算机终端、客户端、服务端通过计算机信息技术手段联系起来的结果。其特点包括:第一,通过全球性的、唯一的地址,逻辑地链接在一块。第二,通过一定规则或协议,比如"传输控制协议"和"互联网协议"(TCP/IP)等进行通信。第三,无论是私人用户还是公共用户均可以享受到现代信息技术带来的最优质服务。

从上述有关"互联网"的定义中,我们至少可以明白三点内容:互联网是全球性的;互联网上的每一台电脑都有一个地址(而且唯一的地址);所有的计算机主机按照共同的规则或协议链接在一起。

二 "互联网+"的内涵

所谓"互联网+",实际上是创新2.0下的互联网发展新形态、新业态,是知识社会创新2.0推动下的互联网形态演进。通俗地讲,"互联网+"就是"互联网+各个传统行业",但这并不是简单的相加,而是利用信息通信技术以及互联网平台,让互联网与传统行业进行深度融合,创造新的发展生态。

根据上述定义，我们可以归纳出"互联网+"的如下几个特点：

一是快捷。由于互联网时代的信息传播、原材料供应、产品销售等环节，一般都可在线进行运作，相较于传统的人工方式，要来得快速。正是如此，有学者才有了快、慢产业之分的说法。

二是变革。互联网时代，变革、变化是主题之一。传统产业的升级换代，是变革；转变经济发展方式，是变革；重塑经济结构、社会结构、文化结构，还是变革。

三是多元。有人开玩笑说：在"互联网+"时代，作为企业，我们折腾了半天，都有可能不知道自己的竞争对手是谁、竞争对手在哪里。这充分说明，互联网时代的市场参与者是多元的。有不同的生产者、经营者和消费者；有传统产业，也有新兴产业；还有不同国家和地区的市场参与者。

四是对等。互联网上的信息，不管是有关个人的，或是有关企业、事业单位的；不管是有关生产者的，或者是消费者的；不管是有关生产产品与服务的，或是生产要素供应方面的，有透明公开的，也有不透明公开的。对于所有参与者都一样。

五是开放。仅仅从"互联网+"的字面意思就可看出，互联网时代不仅对生产者和消费者，而且对各个不同的产业、企业，甚至对不同的国家和地区都是开放的、透明的。在这里，互联网仅仅是为人类服务的工具而已。

三 "互联网+"与家庭农场的契合方式

1. 智能化的农业生产手段

智能农业应该是我国家庭农场加快现代农业发展的未来方向。智能化的农业生产手段，不仅可以优化农业生产管理，而且可以大大降低农业从业人员的劳动强度，提高农业生产的效率。在农业生产过程中，农场业主可以通过传感器将温度、湿度、土壤的pH值等基础数据输入互联网，实现对农业生产环境的智能监测和自动控制。对于从事适度规模经营的农场主而言，有可能实现足不出户，仅通过手机就能进行农业灌溉、温室通风等生产行为。除此以外，对农作物的生长过程进行全程监控，并建立档案，有利于实现农产品的品牌化生产经营。互联网与农业生产的深度融合，应该是未来现代农业的发展方向之一。

2. 更加快捷的农业服务

传统的农业技术与流通环节的服务往往是需要以供需见面的方式进行操作的，这既浪费时间又浪费人力，对于农业服务的供需双方来讲，都是极为不方便的。而在互联网时代，农业生产经营所需要的各种服务项目，包括农资供应、技术与金融服务、产品的销售与售后服务等均可通过网络来进行，这将大大提高农业服务的效率。由于采用了互联网技术，家庭农场的生产经营可以享受到及时、高效、优质的技术与信息服务。

3. 大数据助推更优的农业产业结构

在《中华人民共和国国民经济和社会发展第十三个五年规划纲要》中，提到"推进农业现代化"问题时，强调要"推进农村一二三产业的融合发展"。在这过程中，互联网肯定能够起到"串联"作用。未来的现代农业模式不再仅限于农业机械化、自动化，而是也要包括通过农业生产数据的采集、大数据的挖掘管理和精细化管理的内容。我们现在强调农业也需要进行供给侧结构性改革，这充分说明农业产业结构既存在"过剩"（库存），也存在"短板"。在现实的农业生产中，农户往往按照自己的习惯、喜好而不是市场需求去做出生产决策，这很难有资源配置的高效率和高效益。而在互联网时代，未来的农业经营业主可以借助大数据对市场进行分析，使得生产供给与市场消费需求有效对接，不断地优化农业产业结构和产品结构。除此以外，通过农业大数据的挖掘与分析以进行差异化生产，还能够有利于农产品品牌建设，有效提高家庭农场所生产产品的市场份额、提高消费者对特定产品与特定家庭农场的认可度。

4. 全新的农业电商平台

家庭农场通过电子商务快速获得农业生产资料，并适时销售自己的优质农产品，应该是可以努力的方向。未来的农业电商平台，其主要功能就是拓宽农产品的销售渠道，确保农业物流的畅通无阻。目前国内知名的农村淘宝和京东帮等电商主要的功能还停留在推广工业品下乡阶段。但随着互联网与现代农业的深度融合，电商的功能不仅要向农村推广工业品，而且也会向城市推广优质、绿色、环保的农产品。

第二节 案例分析："淘宝村"对西部地区家庭农场的启示

一 "淘宝村"案例简介[①]

颜集镇隶属江苏省宿迁市的沭阳县，素有"花木之乡"的美誉，以花木的栽培而闻名全国。近些年，随着电子商务的快速发展，作为一个典型的农业镇，花木电商成为颜集镇解决"三农"问题的新抓手。2013年，全镇实现花木产业产值约10亿元，拥有经营花木的电商3200多个，提供就业岗位1.2万个（其中妇女岗位5000多个），成为全国首批命名的"淘宝村"。该镇的电商发展经历了自发形成（2005—2009年）、快速扩张（2009—2012年）和转型升级（2012年之后）三个阶段。经过20多年的发展，颜集镇所辖的14个行政村中，现共有5万余亩耕地，几乎全部种植花木，另外还在外地租用了3万亩耕地进行花木种植。全镇现有12000户居民，家家种花，户户播绿，其中种花大户8000余家，花卉品种达2000余种，建成100亩以上的花木精品园50个，成为全国最大的花木基地镇。

但在快速发展的同时，颜集镇也开始面临市场秩序混乱、品牌化程度低下、配套服务不足、高端人才缺乏等问题，严重影响该镇花木产业的高质量发展。

二 "淘宝村"案例的启示

1. 政府政策引领是高质量发展的关键

尽管前几年学术界有关于"产业政策到底有没有用"的争论，[②] 但我

[①] 王金杰：《淘宝村案例——颜集镇：指尖上的花木之乡》，2014年10月，三农致富经网（http://www.zhifujing.org/html/201410/25205_3.html）。

[②] 著名的经济学家林毅夫、张维迎、黄益平分别于2016年8月发表文章或演讲，就"产业政策到底有没有用"发表自己的观点。林毅夫认为"经济发展有产业政策才会成功"；张维迎认为"产业政策注定失败"；黄益平认为"有效的产业政策"可以取得成功。

们认为,好的产业政策能够对地方经济的快速提升起到引领作用。比如颜集镇的苗木生产经营就是一例。其实,沭阳县、颜集镇两级政府在引导农户以苗木等经济作物取代原来的粮食作物时,开始并不顺利,得不到农户的理解和拥护。但当地政府并没有就此放弃,而是采取一些激励措施让当地一些"胆儿大"的农户先行先试,以起到示范作用,然后,让尝到甜头的先行农户现身说法,进而其他农户纷纷仿效。最后才有了颜集镇"花木之乡"的美誉。

同时,我们也看到,颜集镇花木产业取得快速发展的同时,也出现了市场秩序混乱、品牌化程度低下、配套服务不足等问题,这同样也需要地方政府以符合市场经济规律的相关政策去加以规范和引导,才能最终得以解决。

2. 开拓创新型人才的培养是高质量发展的保证

人才尤其是开拓创新型人才是各项事业兴旺的根本保证。比如"花农胡义春"正是这样一位开拓创新型人才。他感受到传统的花木交易方式不仅规模小、节奏慢,而且要受地域的限制,于是他率先在颜集镇尝试开设花木网点,将互联网技术与花木产业的产销紧密结合起来,取得了较好效果。后来镇上的花农纷纷仿效他的做法,从而使得网点越开越多,花木产业获得了快速扩张,花木产业越做越大,花农的收入水平得到了快速提高。而颜集镇的花木产业要获得高质量发展,肯定需要众多"胡义春"式的开拓创新型人才发挥作用。

3. 基础设施建设的完善是高质量发展的基础

老百姓讲,要致富先修路,说的就是基础设施的重要性。颜集镇的花木产业之所以能够获得快速发展,是与其完善的交通、网络设施分不开的。在花木产业的快速发展之初,当地政府就提出了"村村通黑色路、户户接宽带网"的口号,并随即开始实际行动。正是这些举措,使得颜集镇的花木产业、花木网络电商获得了快速发展。

4. 有效的产业组织是农业产业发展取得成功的重要举措

所谓产业组织是指产业内各企业间的市场关系和组织形态。它主要包括两层含义:一是产业内企业间的市场关系,也就是垄断与竞争关系;二是产业内企业间相互(缘于技术)关联的组织形态,如企业集团、企业系列等。在社会主义市场经济条件下，企业之间是一种既合作又竞争的关系。譬如颜集镇的花农之间就是这样一种竞争合作关系。但当地有关部门通过有效的产业组织措施，引导当地花农分工合作：有人专门从事花木生产，有人专门负责送货上门，有人专门负责网上销售与信息收集，等等。正是这些措施换得了颜集镇花木产业的"滚雪球式"发展。

第三节 "互联网+西部地区家庭农场"的发展建议

西部地区发展家庭农场，要敢于对东部沿海经济发达地区的家庭农场"弯道超车"，利用新兴互联网技术，充分发挥"后发优势"，努力缩小与东部地区在农业和农村经济发展上的水平差距。

一 大力推进农业管理信息化

西部有条件地区要充分利用最新的信息技术加强农作物的田间管理。要利用现代信息技术对当地的土壤性状、主要农作物的生长特点、当地的气候特征等进行系统研究，合理施肥、精准用药，力求最大限度挖掘土壤的生产能力，做到以尽可能小的农业投入取得最好的农业收入。

二 注重互联网技术的平台建设

在互联网时代，信息平台建设是利用互联网技术促进经济社会发展的重要一环。家庭农场发展过程中，也需要良好的信息服务平台建设。当然，建设信息平台，远不是买几台电脑、装几户宽带那么简单。归纳起来，家庭农场主要涉及"互联网+大数据中心"平台、"互联网+农业科技资源统筹中心"平台、"互联网+农业双创孵化中心"平台等的建设。

其中，"互联网+大数据中心"平台是指以农业相关产业（单位）、经营业主（企业）管理信息系统中的业务数据为来源，通过对所收集到的数据进行整合、整理，抽取其中相关数据并进行分析、挖掘，向相关的家庭农场、公众及管理机构提供信息服务。

"互联网+农业科技资源统筹中心"平台是指立足我国西部地区农业及家庭农场等农业新型经营主体的创新需求,通过将区域内各省、市、区的各类农业科技资源进行有效整合,与东、中部与东北地区,乃至于国家的农业科技资源进行对接,促进各类农业科技资源的汇集、共享与开发利用,形成集多种服务功能为一身的专业型、创新型服务载体,以促进西部地区现代农业与家庭农场走开放、共享、创新发展之路。

"互联网+农业双创孵化中心"平台是依托互联网技术的农业经营实体(企业)孵化器公共信息服务平台。它以虚拟孵化为核心、以网站服务为手段、以设立创新创业引导基金为支撑、以配套相关优惠政策为保障,吸引各方参与,可以全方位为本区域农业企业(业主)提供信息咨询、农业企业诊断等服务。

三 家庭农场之间开展分工合作

很显然,在互联网技术高度发达的情况下,家庭农场面临的市场竞争与挑战是全方位、多维度的。任何一个家庭农场要想依靠单打独斗获得快速发展是不可能的。合作是大趋势,家庭农场必须也要走分工合作、共谋发展的道路。这是因为,每一个家庭农场土地经营规模有限,可动用的劳动力、技术和资本资源有限,涉足的产业与产品有限,因而其市场影响力有限。家庭农场之间可以合作共建聚合平台,实现农业经营项目的对接;构建产业联盟,合作开发农产品市场,提升家庭农场整体的产业水平;共建创新创业联盟,力图激发出"叠加效应"[①]。总之,家庭农场之间,只有走合作共赢的道路,才能在市场竞争中走得更好、更远、更稳。

四 不断完善农副产品质量安全追溯体系

质量是农业经营主体的生命。家庭农场要实现科学发展、可持续发

---

① 当我们认为一件事对你有利,另一件事也对你有利,这时原本对你不利的第三件事,现在却由于第一、第二件事对你有利而变得有利;同理,如果第一件事对你不利,第二件事也对你不利,这时原本对你有利的第三件事却因为第一、第二件事对你的不利而变得不利了,这时我们就说,产生了"叠加效应"或者我们把它称为扩大效应。

展、高质量发展，重视农产品质量是重要条件。西部地区要积极争取政府政策支持与扶持，将最新的信息技术用于构建农副产品质量安全追溯公共服务平台。要逐步实现已有信息技术如二维码、无线射频识别等，在生产、加工、销售等各环节的推广应用，不断扩大质量安全追溯体系在农业产业中的覆盖面，从而让城乡老百姓放心消费、安全消费。

第十章

创新驱动发展战略与西部地区家庭农场发展

江泽民同志指出,创新是一个民族的灵魂,是国家兴旺发达的不竭动力。《中华人民共和国国民经济和社会发展第十三个五年规划纲要》所提出的"五大发展理念"(创新、协调、绿色、开放、共享)中,"创新发展理念是方向、是钥匙"[①],位于"五大发展理念"之首。加强以科技创新为核心的农业创新,对于西部地区家庭农场的高质量发展、农业现代化的顺利实现具有重要的现实意义。

第一节 创新及创新驱动发展战略

一 创新的基本内涵

1. 我国现代汉语中的"创新"

在现有文献中,最早提到"创新"一词的,是三国时期《魏书》中的一句话:"革弊创新者,先皇之志也。"意思是说,革除弊端、实行创新,是先皇早已有的想法。在现代汉语中,创新是指以新思维、新发明、新描述为特征的一种概念化过程。创新有三层含义:更新,创造新的东西,改变。

"创新"与"改革"稍微有些不同,但同样作为对现状的改变手段,我们往往将"改革"与"创新"合起来使用。

---

① 李泓冰:《习近平为何在上海团连续四年提创新》,2016年3月7日,人民网,http://opinion.people.com.cn/n1/2016/0307/c1003-28178906.html。

2. 西方创新概念的演变

"创新"一词源于拉丁语，其原意是更新、改变、创造新的东西。也就是说，创新是指以已有的自然资源创造新事物的手段。创新具有目的性、新颖性、变革性、价值性、超前性的特点。

"创新"概念的提出，在历史上，最早可以追溯到美籍奥地利经济学家约瑟夫·熊彼特。1912年，美国哈佛大学经济学教授熊彼特发表了其著名的著作《经济发展概论》。在这本书中，熊彼特将"创新"定义为建立一种新的生产函数，即企业家对生产要素进行新的结合。后来，随着时间的推移、科技的进步，"创新"的内涵在不断地丰富和完善。

在熊彼特之后的1943—1992年，西方学者从不同的角度不断地对"创新"概念进行补充完善，具体见表10—1。

表10—1　　　　　　　　"创新"概念演变一览表

年份	作者	定义
1943	熊彼特（Schumpeter）	创新就是将完全不同的产品引入市场，也就是开发新的产品、技术或开辟新市场
1982	克里斯·弗里曼（Chirs Freeman）	产业创新就是对技术、设计、产品、管理和商业活动的重新组合（包括对现有产品的改进）
1985	彼特·德鲁克（Peter Drucker）	创新是商人的工具，通过这种方法，商人探索到变化，并将其转换为商业机会。创新可以被视作一门能够学习和实践的学科
1990	玛牛娅乐·丹·奥斯陆（Manual de Oslo）	创新是产品（商品或服务）、流程、市场手段、商业模式等方面新的或者重要的改进，以及其在企业中的实施
1990	迈克尔·波特（Michael Porter）	组织能够通过创新行为获取竞争优势，而创新广义上是指新技术或使用新方法完成任务
1992	罗伊·罗斯韦尔（Roy Rothwell）	创新不仅是指技术进步（突破性创新）的市场化，而且也包括对现有技术的改进（渐进性创新）

资料来源：[德]亚历山大·布雷姆、[法]埃里克·维亚尔多《创新管理的演变——国际背景下的发展趋势》，孙永磊、陈劲译，清华大学出版社2016年版，第252页。

3. 创新的分类

根据不同的分类标准，创新有不同的分类。"根据创新方式的不同，可分为自主创新、合作创新与模仿创新；根据创新者的不同，可以分为政府创新、企业创新、社区创新等；根据创新内容的不同，可以分为技术创新、制度创新、文化创新、市场创新、管理创新；根据创新的层次不同，可以分为组织创新、区域创新、国家创新；根据创新过程中技术变化强度的不同，可以分为渐进性创新和根本性创新等等。"[①] 而在创新的所有的表现形式中，技术创新是核心。

二 创新驱动发展战略的含义

党的十八大报告指出："科技创新是提高社会生产力和综合国力的战略支撑，必须摆在国家发展全局的核心位置。"强调要坚持走中国式自主创新道路、实行创新驱动发展战略，并提出到 2020 年将我国建设成为创新型国家。[②] 这是中国共产党放眼全世界、立足我国社会主义建设大局、面向未来做出的重大战略举措。

从字面含义理解，创新驱动发展战略至少有两层含义：第一，经济社会发展要依靠科技创新驱动，而不是依靠劳动力、资本、土地等生产要素的大量投入来驱动；第二，创新的目的在于促进经济社会的高质量发展。

第二节 西部地区的农业创新

一 西部地区农业创新现状

(一) 农业创新已有成就

1. 推广良种卓有成效

大力推广良种，极大地增加了农产品的产量，对于确保城乡居民的

---

① 刘永谋、钟荣丙、夏学英：《自主创新与建设创新型国家导论》，红旗出版社 2006 年版，第 12 页。

② 按照国际上认可的通行标准，作为创新型国家，科技创新对经济发展的贡献率应该在 70% 以上，R&D 投入占 GDP 的比例大于 2%，技术对外依存度小于 20%。

食品供应具有重要意义。比如，农村推广"水稻之父"袁隆平的超级杂交稻最高产量已经达到1200公斤；2016年12月，袁隆平团队以海水种植水稻的实验获得成功，水稻不施肥、不打药，为红色大米。西部地区（尤其是广西北部湾地区）完全可以在条件成熟时进行推广。这些科研成果的利用，促进了农业增产增收。

2. 种养条件得以改善

通过农业创新，改善了农业发展中的种养条件，主要表现在：因地制宜地采用农业机械作业，大大降低了农业劳作的强度、提高了农业生产效率；人工合成肥料的使用，加快了作物生长的速度；各种虫害防治措施的采用，减少了作物生长期内因为病虫害而导致的损失；各种饲料添加剂的使用，加快了牲畜等的生长进程；农村交通、水利、能源、通信等基础设施的改善，使得农业生产的条件大大改观。

3. 制度创新初显成效

1979年开始，农村逐步实行了家庭联产承包责任制，放弃了原来农村人民公社"一大二公"的传统做法。通过四十多年的实践，农业产出水平得到极大提高，解决了人民的温饱问题，并继续朝着全面小康目标迈进。同时，由于家庭联产承包责任制的实施，极大地解放了农村劳动力，一大批农村剩余劳动力从土地上转移到了城市和非农产业，大大丰富了农户的增收渠道，农民的生活水平得到了根本性的改善。2013年的"中央一号文件"鼓励家庭农场等新型农业经营主体开展土地的适度规模经营，必将助力农业和农村经济的第二次腾飞。

4. 劳动力管理体制趋于灵活

在农村实行家庭联产承包责任制以后，地方政府改变了以前人民公社时期对农村劳动力管理过多、过死的旧的做法，对农村劳动力的管理趋于灵活：在确保农业生产经营稳定发展的基础上，不再限制以前长期处于"隐性失业"状态的农村劳动力从土地上转移出去、投身到非农产业中去寻找新的就业岗位。这项措施不仅解放了农村劳动力，也丰富了农户家庭增收的渠道，广受农民的真心拥护。尽管目前仅仅实现了农村劳动力向城市、向非农产业的自由流动，尚未实现城乡劳动力的双向、自由流动，但农村劳动力的管理体制的机动灵活，对于增强农业与农村经济的活力、动力、后劲是有益的。

(二) 农业创新存在的障碍

1. 体制障碍

由于我们的行政管理体制仍然带有一些计划经济的痕迹,多头管理、相互推诿等现象时有发生。比如就农业创新而言,农牧局、专利局、食品药品检验局等都有可能有权管理,这对于农业的创新发展肯定不利的。再比如,农业保险严重滞后,不利于农业创新成果的推广、应用。除此以外,我国城乡二元管理体制,也使得农业与农村长期被忽视,人才、资金、用地等要素投入不断地被削弱,农业创新发展的能力长期停滞不前。

2. 法律障碍

我国专利法规定,对动植物新品种不予专利保护,栽培规范、耕作制度等非物化技术成果不予专利保护。这些规定,对于农业种业创新实际是不利的。除非有其他特别的弥补措施,否则,从事种业创新的科研人员的积极性、主动性和创造性很难调动,我国农业创新发展战略的实施将受到负面影响。

3. 资金障碍

由于农产品的利润空间相对于工业品、相对于房地产要窄,商业银行从资金安全角度考虑,向农业提供融资的偏好可能是最低的。否则,国内的原"农村信用合作社"就不会改名"商业银行"了。尽管一些金融机构推行了针对农业和农户的小额信贷,但实际农业发展、农业创新这一块的资金缺口是相当大的,小额信贷一定意义上讲可说是杯水车薪。资金不足,至少目前是制约农业创新的一大瓶颈因素。

4. 人才障碍

农业与农村留不住人才、吸引不了人才、引进不了人才是多年的老问题了。农业与农村经济创新发展缺少人才的原因是多方面的,我们可以归纳为:待遇低下,很难吸引人才;生活条件与生活环境不如城市方便,很难留住人才;城乡二元体制下,农业从业人员长期受到忽视甚至轻视,难以引进人才;等等。除此以外,农业技术推广人才的青黄不接也严重影响着农业创新发展。

二　西部地区农业创新的重要性

1. 农业创新是农业与农村经济持续、高质量发展的不竭动力

我国宋代著名诗人朱熹曾有"问渠哪得清如许，为有源头活水来"的诗句。我们认为这句诗也可用来说明农业与农村经济要可持续、高质量发展就必须不断进行创新的道理。农业与农村经济发展过程中，实际要处理好多方面的关系，比如农业发展与农业生态环境之间的关系、农业增效与农民增收之间的关系、人口与资源环境之间的关系、农村发展与城市发展之间的关系等。要处理好、协调好这么多、这么复杂的关系，沿用老一套的农业与农村经济发展方式是肯定难以奏效的。农业与农村经济要转变发展方式，必须依靠创新。

2. 农业技术创新是农业生产条件改善的必要条件

我国传统农业难以实现增产、增效与农民增收，其重要原因之一就是没有用先进的科学技术成果及时地武装农业，农业缺少科学技术创新的强力支撑致使农业生产力发展水平大大落后于工业。按照马克思主义政治经济学的观点，社会生产力水平高低的衡量手段就是包括生产工具在内的生产手段、生产条件的先进与否。而农业技术创新是农业生产手段、生产条件获得改善的重要途径。因此，加强农业技术创新、用先进的现代科技武装现代农业，是提高农业综合生产能力、农业生产效率和效益的必要条件。

3. 发展现代农业需要农业创新

如前所述，现代农业有别于传统农业，是由现代科学技术、现代管理手段武装起来的社会化农业，其性质与属性决定了必须走创新发展的道路。现代农业的高技术含量，决定了不断进行技术创新的必要性；现代农业的多功能，决定了不断进行业态（或产业）创新的必然性；现代农业的高附加价值，决定了市场创新、营销模式创新的迫切性；现代农业的社会化、产业化、专业化运作，决定了不断进行管理创新的可操作性；现代农业发展包含绿色发展的必要内容，决定了不断进行观念创新的重要性。总之一句话，现代农业发展需要农业创新。

4. 农业创新是贯彻国家创新发展战略的必然选择

创新发展是我国"十三五"时期的"五大发展理念"之一。改革开放以来，我国西部地区农业与农村经济获得了持续快速发展，取得了举世瞩目的新成就。但是，从总体上看，我国西部地区农业发展，与全国其他地区一样，主要依靠大量投入劳动力、投入土地要素，再加上国家的政策扶持等得以实现，农业技术手段落后、种业创新不足、资源耗费较高、农业效率与效益低下等问题仍然没有得到有效解决。而要有效解决这些突出问题，就必须按照国家创新发展战略的要求，千方百计进行农业创新。

5. 创新是提高农业市场竞争力的重要举措

在经济全球化的今天，我国农业，包括我国西部地区的农业面对着日益激烈的国际市场竞争，国外具有成本优势的农产品不断冲击我国市场。一味地模仿，或者依靠引进技术与品种，将很难提高国内农产品的市场竞争力。农产品的市场竞争力，金钱买不来，国外同行也不可能白白地赠予。要提高农产品的市场竞争力，让国内农业在激烈的国际农产品市场上取得优势地位，唯一的途径就是依靠自主创新。

三 西部地区农业创新的主要内容

（一）农业创新的原则

1. 有利于持续增收、增效原则

农业创新的目的在于发展，实现农业增产、增效和农民增收。不能实现农业持续增收、增效的创新，无异于没有任何实质效果的"瞎折腾"，既浪费人力、物力，也浪费财力。

2. 绿色低碳原则

如前所述，绿色发展是我国"十三五"时期的五大发展理念之一。农业与生态环境具有共生性，生态环境的好坏，将会决定农业和农村经济的可持续发展、高质量发展。创新，尤其是技术创新，一定程度上可谓"双刃剑"。要在农业创新问题上趋利避害，就要牢牢把握绿色、低碳原则。

3. 因地制宜原则

农业创新是必要的，也是可行的。但西部地区各省、市、区的农业技术基础、人才状况、科学研究、市场发育程度等方面具有自身的特点。因此，农业创新一定要因地制宜、量力而行，不能照抄照搬，更不能搞"一刀切"。

4. 立足首创原则

首创又可称为"原创"，是指独立完成的创新，而非模仿或抄袭。西部地区农业和农村经济发展不排斥借鉴和吸收别的地方的创新成果，但自主创新或"原创"更为重要。

（二）农业创新的主要目标

1. 农业增效

农业创新就是要使得投入农业的劳动、资本、土地等要素的使用效率、配置效率达到最好、最优，农业生产经营的效益达到最好，否则，就不是成功的农业创新。

2. 农民增收

大力进行农业创新，要确保农业从业人员持续增收、比较收益上不能低于非农产业，否则就会出现农业劳动力流失、出现土地"撂荒"现象。

3. 粮食增产

开展农业创新，就是要千方百计提高农业综合生产能力，提高粮食产量，确保国家的粮食安全，确保城乡居民基本口粮的足量供应。

4. 食品安全

农产品与人民身体健康密切相关。注重食品安全，是贯彻"以人民为中心"理念的极好表现。农业无论怎么创新，一要确保农业增产增收，二要确保食品安全。两个"确保"，任何一个方面都不能忽视。

（三）农业创新的主要任务

1. 农业先进科技的运用

将最先进的科学技术设备和工具运用于农业生产与管理，从而降低农业从业人员的劳动强度，改善其生产管理条件，提高其生产、经营与管理的效率和效益。

2. 现代信息化手段的运用

将互联网、GIS、GPS、RS 等技术运用于农业的生产与管理，发展现代农业，将农业由劳动密集型产业升级为技术密集型产业。

3. 现代生物科技的运用

将现代生物科技运用于农业种业创新，改良并推广种养业新品种，提高农产品产出量；将现代生物科技运用于病虫害防治、有机肥制造，促进农业的绿色、低碳发展。

4. 打造有利于农业创新发展的制度环境

按照马克思历史唯物主义的观点，生产关系反作用于生产力，先进的生产关系有利于生产力的加快发展，落后、过时的生产关系会严重阻碍生产力的发展。制度属于生产关系范畴，制度设计的好坏对于农业与农村经济发展具有举足轻重的作用，同样对农业创新能否取得理想效果具有重要的影响。农业要创新发展，一定要在土地经营制度、政策扶持制度、人才引进制度、技术成果交易与推广制度等方面有一个全新的改变，要努力营造有利于农业创新的制度环境。

5. 塑造一个有利于农业创新发展的舆论环境

抓住国家实施"大众创业、万众创新"战略的契机，利用报章杂志、电视电影、互联网、户外广告与标语等形式和手段，大力宣传农业创新发展的重要性，积极营造有利于农业创新的舆论环境，让广大民众理解、支持、参与农业创新活动，让农业科研工作者愿意而且能够终身为创新农业发展方式做出努力。

四　西部地区农业创新应处理好的几对关系

1. 农业创新与食品安全的关系

农业发展与食品安全息息相关。现代农业的发展要让老百姓吃饱、吃好、吃营养、吃健康，就是要特别重视食品安全。通过农业创新，我们推广了一些动植物新品种，也探索出了一些发展种养殖业的新办法、新工艺，提高了粮食产量和畜禽渔的产量，但媒体曝光的一些做法，诸如所谓养鱼用化肥、给鳝鱼喂食避孕药、转基因农作物、"毒奶粉"等有损人民身体健康的做法要坚决刹住。因此，农业创新与食品安全要两手抓、两手硬。

2. 农业创新与农业生态文明的关系

众所周知，在所有三次产业中，农业对生态环境的依存度最高，因而是最为脆弱的产业。我们也知道，农业创新尤其是农业技术创新是一把"双刃剑"。一方面，它能够促进农业增产、增效和农民增收，从而增强农业加快发展、高质量发展的能力；另一方面，农业科技创新也会增强人类破坏农业生态环境的能力，比如过量施肥、不当用药等导致水源、耕地等面源污染。我们在狠抓农业创新的过程中，对于农业生态环境的维护与保养也同样不能放松。在抓好农业创新的同时，要不断加强农业生态文明建设。

3. 农业创新与农民增收的关系

让农民愿意终身务农、愿意留在土地上为农业奉献的关键措施就是千方百计让农民能够实现增收、让农民有利可图。一些原本务农的农民之所以选择背井离乡、到城市去寻找自己的就业岗位，就是根据比较利益原则，他们感觉无利可图：单纯从事农业既不能增收，也不能致富。因此，我们的农业创新工作一定要"接地气"，要想农民所想、急农民所急，要向农民、农业、农村提供其真正急需的动植物新品种、种养新工艺、管理新方法、营销新手段、市场新理念，将农业创新与农民增收很好地结合起来。

4. 农业创新与农业后备从业队伍培养的关系

自从我国农村实行家庭联产承包责任制以后，农村的大量青壮年劳动力流向城市的非农产业，来自农村的大中专毕业生和退伍军人也大多不再有回乡种地的意愿。农村仅剩的劳动力非老即小，就连村社干部也出现严重老龄化倾向。人们不禁要问：未来的中国，谁来传承我们的农耕文化？

农业创新能够改善我国农业生产经营条件，促进农业与农村经济的可持续、高质量发展。但是，我们的创新成果需要有人去实践、去推广。如果我们不能够加快培养我国农业的后备从业队伍，我们的农业创新驱动发展战略将只会是不可能实现的愿景而已。

第三节　创新与西部地区家庭农场发展

西部地区的家庭农场不同于西方资本主义农场和我国计划经济时期的国营农场，也不能够照抄照搬我国中东部地区已有的家庭农场发展的经验。西部地区的家庭农场发展必须认真贯彻国家的创新驱动发展战略，勇于创新、敢于探索，走出一条有西部地区特色的农业创新发展道路。

一　西部地区家庭农场发展中的制度创新

1. 制度的含义

按照新制度经济学的解释，制度就是"规则"的意思。制度可以分为正式制度和非正式制度。正式制度是指通过国家等组织制定出来的，规范人们行为的一系列规范、规则。正式制度对人们具有强制性的特点。比如各种各样的法律、契约等。而非正式制度是指在人们的长期交往中形成的，受社会认可的，规范人们行为的一系列规范、规则。非正式制度具有自发性、非强制性的特点。比如民族习惯、价值观念、道德准则、文化传统等。正式制度的变化较为迅速，可以在短时间内完成；而非正式制度的变化则较为缓慢。

而按照马克思主义的相关理论，制度更侧重于生产过程中经济关系与政治关系，比如说我们通常说的"资本主义制度""社会主义制度"中的"制度"即是如此。

可见，尽管马克思主义经济学、制度经济学都将"制度"一词都解释为规范人们行为的"规则"。但两者解释的角度及"制度"的具体内涵是不一样的。本书所说的"制度"主要指生产过程中形成的人与人之间的经济关系。

2. 制度创新的含义

所谓制度创新，是指在现有的生产、生活条件下，通过做出新的、有利于激励与规范相关组织或个人行为的制度安排，实现经济社会的可持续发展这一变革目标的创新。制度创新的核心内容是通过经济、政治、管理制度的变革，优化那些支配人们行为的关系与规则，从而达到激发人们工作积极性、主动性和创造性，最终推动社会的全面进步、经济的高质量发展之目的。

3. 家庭农场发展中的制度创新

(1) 土地产权制度创新

我们这里指的"土地产权制度创新",并不是说可以自由地买卖土地的所有权。与国外土地私有制不同,我国土地所有权归集体所有,不能够自由买卖。这里的土地产权制度创新,主要指农村土地承包经营权的流转。要依法、自愿、有偿、有序地进行土地经营权的流转,促进农村土地的适度规模经营。土地的流转方式可以进行创新,比如可以采取租赁、出让、托管、合作、股份合营等方式,促进农村土地向家庭农场等新型农业经营主体流转。

(2) 农业税收制度创新

2004 年,《中央关于促进农民增加收入若干政策的意见》(即 2004 年"中央一号文件")提出,要用五年时间免除农业税,加大对农业的投入,对农业实行"直补"政策,同时要逐渐扩大对农户的补贴范围。2006 年 1 月 1 日,比原计划提前三年免除了农业税。免除农业税,是中央实施"工业反哺农业、城市支持乡村"战略以及"立党为公、执政为民"理念的极好体现。十多年的实践表明,取消农业税措施在减轻农民负担、增加农民收入、缩小城乡收入差距等方面的确做出了不可磨灭的贡献。

(3) 内部管理制度创新

俗话说,没有规矩,不成方圆。实事求是地讲,在农户均田承包阶段,农户基本是不进行经济核算的,一家一户的承包地经营管理也具有随意性。但要发展家庭农场,实行企业化运作、标准化生产、产业化经营,就需要参与激烈的市场竞争,就得按照《会计法》的规定进行经济核算,就得按照管理工业企业的办法制定农产品生产、经营与管理的规章、制度、责任制。内部管理制度既要管人,又要管事;要做到家庭农场中人人有事干、事事有人管。

二 西部地区家庭农场发展中的技术创新

1. 技术创新

按照《中共中央、国务院关于加强技术创新发展高科技实现产业化的决定》①的解释,"技术创新,是指企业利用新知识、新技术和新工艺,采用新的生产方式和经营管理模式,提高产品质量,开发生产新产品,提供新的服务,占领市场并实现市场价值"。不难理解,这里的"企业"是创新主体,也是创新成果转化的直接受益者。

2. 农业技术创新

所谓农业技术创新,是指农业经营主体(包括家庭农场、农民合作社、专业大户、农业龙头企业乃至于小农户)采用最新的科学技术成果、最先进的生产方法和管理经验,提高产品质量、确保食品安全,占领农产品市场并实现农产品的市场价值。

3. 家庭农场发展中的农业技术创新

(1) 种业技术创新

我国西部地区农业种业创新是需要花大力气寻求突破的环节。以水果业为例,近些年,我国所发展的苹果、柑橘、葡萄等大宗水果近50%为引进品种,其中9成的脐橙是从美国引进的"纽荷尔",70%为从日本引进的"富士"。②这种情况是非常令人担忧的。加强种业创新就是要自主选育粮、果、菜、茶、畜禽等,将农业发展的主动权掌握在自己手中。毕竟我们这样一个人口大国、农业大国,若将农业发展、农业现代化的主动权掌握在别人手里,是相当危险的。

由于我国《专利法》规定,种养业新品种不属于专利保护的范畴,因此,要让创新者获得报酬补偿,我们可以提倡创新者在向农业从业者提供新品种的过程中享受到国家与品种直接使用者的相应份额的货币补偿。只有这样,对于种业创新者才是公平的,也才能调动创新者的积极性、主动性、创造性。

(2) 种养殖技术创新

实践表明,生产技术的进步能够改善生产条件、降低劳动强度、提高劳动效率和效益。在现代农业发展过程中,种养殖技术的创新就是要

---

① 《中共中央、国务院关于加强技术创新发展高科技实现产业化的决定》,2002年3月,科技部网(http://www.most.gov.cn/gxjscykfq/wj/200203/t20020315_9009.htm)。
② 乔金亮:《果茶产业提质增效正当时》,《经济日报》2016年12月5日第11版。

在确保食品安全、从业人员的生产条件改善、劳动强度降低、劳动效率和效益提高的情况下，增加农产品的产量。包括种植技术、养殖制度、灌溉技术、植物病虫害的治理技术、动物疫病的防治技术等，都要有相应的变革、提高。当然，我们这里强调的种养殖技术创新绝不是完全排斥传统的种养殖技术。传统种养殖技术只要是实践证明仍然可行的，我们在发展现代种养殖业中仍然可以批判地继承下来，继续发扬光大。

（3）农业管理技术创新

农业管理技术的创新，实际也是农业生产力水平提高的重要标志。西部地区的家庭农场要经营管理好现代种养殖业，就是要在条件成熟时，将全球定位系统（GPS）、地理信息系统（GIS）、卫星遥感（RS）等最新科学技术应用于农业生产管理过程中，以提高农业管理效率，降低管理成本，提高管理效益。

三　西部地区家庭农场发展中的市场创新

1. 市场的基本内涵

按照政治经济学的解释，所谓市场，主要有两层含义：一是商品交换的场所，比如各种消费品市场、证券交易市场、期货交易市场等；二是商品交换行为的总称。一般地，市场经济条件下的市场具有自发性、盲目性、滞后性的特点。

根据不同的标准，市场可以有不同的类型。比如按照商品的最终用途划分，有生产资料市场、消费资料市场、技术服务市场、金融市场；按照交易对象是否为物质实体划分，有无形市场和有形市场；按照交易交割的时限划分，可以有现货市场、期货市场；等等。

2. 市场创新及类型

所谓市场创新[①]是指市场经济主体通过引入一种市场要素并使其商品化、市场化，以拓展市场，促进自身生存与发展的研究、开发、组织、

---

① 刘永谋、钟荣丙、夏学英：《自主创新与建设创新型国家导论》，红旗出版社2006年版，第165页。

管理新市场的行为的总称。

　　一般地，市场创新主要有两种：一是渗透型市场创新；二是开发型市场创新。其中渗透型市场创新的目的在于挖掘现有市场的潜力，力求在不改变自身产品的前提下扩大市场份额，促进自身的快速发展，比如电信与移动公司不断地向用户推销各式各样的"消费套餐"就属于这一类型；开发型市场创新则是市场主体利用自己已经拥有的产品拓展新的市场，比如"家电下乡"就属于这一类型。不难发现，两种市场创新的根本目的都是提高市场经济主体所经营产品的市场份额，以利于自身占领市场、提高市场竞争力。

　　3. 西部地区家庭农场发展中的市场创新策略

　　（1）市场定位强调一个"实"字

　　市场定位是指农业经营主体根据市场竞争状况与自身的条件，为自己的产品在目标市场确定一个竞争地位。作为西部地区的家庭农场，要根据自己的资金实力、技术实力和产品经营规模等实际情况，实事求是地找准自己在目标市场中的适当位置。确定市场定位既不能盲目乐观，不顾实际情况拔高自身的市场定位目标；也不可妄自菲薄，刻意压低自己的目标市场定位。因为这两种情况都会严重影响家庭农场自身顺利地进入目标市场，以及获取相应的市场份额、取得相应的经济利益。

　　（2）选择进入市场突破口强调一个"准"字

　　俗话说：万事开头难。这里的"开头"，就是要选择利于出发的起点、容易突破的切入点。对于新加入农产品市场的家庭农场来讲，根据自身实际情况，做好产品定位，选准自己在市场中位置，稳、准、狠地寻找市场的切入点显得尤其重要。可以说，选准突破口，有一个良好的开端，对于西部地区的任何家庭农场来说，也就等于说进入目标市场就有了50%成功的机会。

　　（3）拓展市场份额要注重一个"细"字

　　有人将市场形象地比喻为富含水分的海绵，挤一挤，它会出水分；不断地挤，它会不断地出水分。无论市场竞争多么激烈，每个市场参与者总是能够在市场上寻找到属于自己的位置。作为家庭农场来讲，不管是新进入者或是成熟的市场参与者，面对激烈的市场竞争，从细微处着手,不断为自己产品开拓销路,不断地填补市场空白,对于自身的高质量发展会具有重要价值的。

四 西部地区家庭农场发展中的管理创新

1. 管理的内涵

在现代汉语词典中,"管理"一词有三层含义:一是负责某项工作使其顺利进行;二是保管、料理;三是照管并约束。在管理学中,所谓管理是指管理主体组织并利用人、财、物、信息和时空等要素,借助管理手段,实现该组织目标的过程。

2. 家庭农场的管理创新

所谓管理创新是指基于社会主义市场经济条件下家庭农场生产经营的特点、规律,并根据现代农业发展的最新态势,对原一家一户的小规模农地承包经营所采取的传统生产方法、经营与管理模式进行更新、变革。当然,管理创新不是对传统农业管理模式、方法的全盘否定,而是批判地继承。

3. 西部地区家庭农场发展中管理创新的主要路径选择

(1) 知识管理

知识是指人们对某个事物的熟悉程度,包括事实、信息、描述或通过教育与实践获得的技能等。所谓知识管理是指为实现企业显性知识和隐性知识的共享而建立的新途径。实施知识管理的目的在于希望通过集体智慧提高企业整体的应变与创新能力。知识管理主要包括:建立知识库,促进员工的知识交流,建立尊重知识的内部环境,把知识当成资本来管理,等等。就家庭农场而言,农业知识、农耕知识、农时知识、种养殖技术知识、农产品加工知识、农产品营销知识、农产品消费知识等,都是值得有效管理、代代传承的。管理知识、储存知识的目的在运用、经历了实践检验后,才可能会有知识的进一步创新。家庭农场有关农业方面的知识管理需要不断更新、代代相传。

(2) 项目管理

家庭农场的项目管理是指家庭农场的业主(也就是项目管理者),在有限的资源约束条件下,利用专业与系统的知识、科学的方法,对自己所涉足的农业项目所包含的全部工作进行有效管理。也就是说，从农业项目的投资决策到项目的验收，结束整个过程都要进行科学的计划、组织、指挥、协调、控制和评价，以实现项目投资的目标，为家庭农场、为业主的最大化收益和最节省成本做出努力。

(3) 危机管理

危机管理是指家庭农场为应付各种产品危机情景所进行的规划决策、动态调整、化解处理、员工训练等活动过程，其目的在于减少或避免危机给家庭农场乃至于消费者带来的损失。危机管理对于家庭农场来讲尤其重要，因为家庭农场所生产的产品与食品安全、人的身体健康有着极为密切的联系，大家所熟知的2008年中国的奶粉污染事件就明显需要危机管理。危机管理首先重在防范，要把任何可能的危机隐患消灭在萌芽状态；其次才是对于不可预见的危机事件的妥善处置。在现实的经济生活中，迅速反应、及时通报、第三方辅助调查被实践证明为行之有效的危机处理"三部曲"。

(4) 无形资产管理

按照经济法的解释，无形资产主要是专指专利权、商标权、包装设计等。作为家庭农场来讲，最大的无形资产可能就是自己的产品品牌了。我们一直在倡导保护具有地理标识的农产品，这里的"地理标识"实际就是无形资产。比如说，我们提到"浦江雀舌茶"，很容易联想到四川省成都市浦江县，因为只有该地才生产此类产品；再比如说，我们提到"好充实"农产品，自然而然会联想到四川省南充市西充县。若上述两种农产品的质量出了问题，其生产地的声誉肯定受影响。因此，保护好自己的产品品牌不被仿冒，就是保护家庭农场的无形资产，因为这涉及农场本身的信誉，以及农场产品在消费市场中的口碑、地位。

(5) 资本管理

资本是物质资料生产所必备的基本生产要素，也是家庭农场发展壮大的必要条件之一。所谓资本，按照政治经济学的解释，是指能够带来价值增值的价值。它包括货币资本与实物资本。管理好资本就是要确保企业资本的保值、增值。要保证资本投资渠道畅通，减少资本闲置率，力求资本发挥最大的效益。投资项目要做好可行性评估，确保资本的安全回收。西部地区的家庭农场发展尚处于初级阶段，业主的资本存量极为有限。要采取精准的管理措施，将有限的资本使用在经可行性分析具有发展前景的产品或产业项目上、使用在国家产业政策支持的项目上、使用在对地方经济社会发展具有明显助推作用的项目上，这对于家庭农场的高质量发展极为重要。

五 西部地区家庭农场发展中的业态创新

所谓业态创新，是指在业态发展过程中，以新的经营方式、新的经营技术、新的营销手段替代传统的经营方式、技术和手段，并因此衍生出不同风格、不同形式的不同商品组合去适应市场，满足不同顾客的多方面需求。换句话说，要实行业态创新，西部地区家庭农场的发展不能够拘泥于传统的种植业、养殖业、林业，而是要根据新时期国家经济社会发展的总体战略、市场需求，并结合当地的农业资源特点，拓宽现代农业的新功能、新领域，发展既能增产增收又能节约资源并对环境友好的新型农业产业。

1. 产业融合所产生的新业态

产业融合是指不同的产业或同一产业的不同行业之间相互渗透、相互交叉，融为一体，从而产生新兴产业的动态过程。比如农业种养殖业与旅游业融合，产生了乡村旅游业；农业与加工业的融合，产生了农产品加工业；医药业与农业休闲观光业相融合，可以诞生出健康产业；等等。

2. 价值链分解所产生的新业态

在通常意义上，任何产品的经营都要覆盖完整的价值链，其中直线系统包括产品的研发、设计、采购、制造（或生产）、销售、售后服务等环节，同时也包括作为支持系统的人力资源管理、财务管理、法律事务等环节。在这些复杂的价值链中，任何一个环节的独立分解，都可能产生新兴的业态。就农业而言，制造业分离出来，就可以形成农产品加工业；研发与设计独立出来，可以形成农业制种业；法律事务独立出来，就可以产生涉农法律服务业；等等。

六 西部地区家庭农场发展中的文化创新

文化是人类社会实践活动的反映。不同的民族,具有不同的文化背景、文化底蕴。我国西部地区地域辽阔,几乎集中了全国的 55 个少数民族,因而西部文化多种多样、丰富多彩。西部地区的山水造就了西部人勤劳、淳朴的民风民俗。悠久的农耕历史造就了西部地区厚重的农耕文化。在西部地区发展家庭农场中实施文化创新,就是要做到打造有利于农业创新和农业低碳、绿色发展的文化氛围。

1. 观念创新

我们认为,要实行观念创新,就是要在涉农从业者当中培养与国家经济社会发展目标相一致的观念。具体要形成如下"四观":

一是大局观。我们传统上讲的"小农意识",是小农经济条件下自然形成的一种思想观念,即为满足自己的温饱,在自己的一小块土地上自耕自作,无规章约束、无分工协作、无商品交换而长期形成的思想观念、行为习惯。其常有表现有小富即安、自由散漫等。俗话讲的"各人自扫门前雪,休管他人瓦上霜"可谓"小农意识"的明显表现。"小农意识"实质上就是没有大局观。西部地区在社会主义市场经济条件下发展家庭农场、发展现代农业,一定要放眼长远,注重大局,在产业选择、产业布局、产品生产和营销等方面要考虑国家与当地的产业政策、市场需求、消费者的诉求。将家庭农场自身的发展与国家、地方的经济社会发展的根本要求紧密结合起来。

二是生态观。俗话讲,"靠山吃山,靠水吃水"。这种做法,如果是在科学技术极为落后的原始社会,民众为求生存而如此,肯定是可行的,也是可理解的。但在科学技术已经高度发达、绿色与低碳发展成为共识的今天,上述做法肯定就行不通了。我们在一些媒体曝光的资料中,不难发现一些地区对大自然无止境索取,最终落得"靠山吃山山荒芜""靠水吃水水干涸"的惨痛下场。西部地区家庭农场与现代农业发展绝不能走这样的老路!

如前所述,农业是对自然生态依存度较高的产业。我国西部地区地形地貌多样,农业生态原本就很脆弱。在这样的条件下发展家庭农场和推进农业现代化，就必须将生态观念、生态文明理念、绿色生活理念牢固树立起来，从思想观念上为现代农业的可持续发展、为家庭农场等新型农业经营主体的健康发展打下坚实的基础。

三是科学观。老百姓有句玩笑话，叫作"狗撵摩托，不懂科学"。科学是与"迷信""蛮干"相对立的概念。在《现代汉语词典》中，"科学"是指"反映自然、社会、思维等的客观规律的分科的知识体系"。树立科学观，就是要崇尚科学、尊重科学，按科学规律办事，反对迷信、反对一味蛮干。

我国西部地区地域辽阔、民族众多、文化习俗多样，在学习科学、运用科学技术发展农业与农村经济的同时，一些陈规陋习，比如现实生活中的乱砍滥伐、过度放牧、过度施肥、过量用药等，既不科学也不符合生态环保原则，更会严重影响着农业现代化进程。因此，家庭农场发展现代农业，一定要树立科学观。

四是统筹协调观。我们所讲的"科学发展""城乡一体化发展""五位一体"发展战略，其实质就是讲的发展中的"统筹协调"问题。在西部地区发展家庭农场、实现农业与农村现代化牵涉民族问题、边境安宁与稳定、粮食安全、新农村建设、和谐社会建立、农民增收、农村劳动力就业、农业生态维护与保护等多方面的问题，如何在科学发展、高质量发展的同时，统筹协调好上述各个方面、各个环节就显得较为迫切。因此，西部地区的农业从业人员，尤其是将来的职业农民、农场主，一定要有统筹协调观。

2. 意识创新

实行意识创新，重点就是要培养涉农从业人员的如下"四种意识"。

一是合作意识。与自然经济条件下，生产者自己生产自己消费不同，社会主义市场经济条件下的农业生产者除了满足自己的消费需求以外，还要想办法满足市场上的其他消费者的、不同层次的消费需求。这就决定了每一个农产品的生产者必须与其他生产者、消费者打交道，并按照互利互惠原则交换各自的劳动产品。在这一过程中，农业生产者之间，甚至农业生产者与消费者之间必然要开展分工与合作。因此，在西部地区的家庭农场发展过程中，一定要摒弃落后的"单打独斗"做法，牢固树立合作双赢意识、合作多赢意识，大力开展农场之间、不同产业之间、不同区域之间的产业与技术合作，以共谋发展之利。

二是竞争意识。在社会主义市场经济条件下，商品生产者之间除了合作以外，也会展开激烈竞争，因此，树立竞争意识是必要的。作为西部地区的家庭农场，一方面要应对生产者之间的价格竞争，就必须加强生产经营的管理，以降低生产经营的成本；另一方面要应对来自市场的非价格竞争，就必须千方百计提高产品的质量、售后服务的水平。

三是品牌意识。品牌是产品的灵魂。好的产品品牌是企业信誉的显现、产品质量的象征。有俗话讲"酒香不怕巷子深"，我们认为，这种说法适用于自然经济甚至计划经济时代。在市场经济时代，好的产品品牌是产品获得市场竞争力的重要条件。好的产品品牌要靠培育，要靠宣传，更要靠保护与维护。国内的驰名品牌，比如贵州茅台、四川五粮液等的打造，正是这些产品的生产企业重视品牌的结果。未来的现代农业必然推行产品的标准化生产、规范化管理、产业化经营，产品产地标识、品牌商标的标注成为必然的选择。品牌响亮，则家庭农场兴旺；品牌不响，家庭农场发展肯定要受到限制。

作为西部地区的家庭农场，为了提高自身农产品的市场竞争力与消费者的认可程度，一定要树立品牌意识，努力提高农产品的产品质量，为培育出让消费者放心、满意的产品品牌而不懈努力。

四是责任意识。作为以农产品的生产经营作为主要业务的家庭农场来讲，其生产劳动是社会总劳动的一部分，保证城乡人民的餐桌供应、确保国家的粮食安全是义务，也是责任。因此，所有农业从业人员都要有责任意识，要认真负责地进行农产品的选种、生产、储存、运输、销售、售后服务。

3. 思想创新

实行思想创新，就是要培养涉农从业人员的如下"四种思想"。

一是敢闯思想。"冒险"是企业家精神的天性。一定意义上，西方所说的"企业家精神"，就是敢于冒一定风险并甘愿承担风险的精神。这里说的"冒险"也就是我们说的"敢闯"。我们的改革开放之所以能够取得成功，就是"敢闯、敢试、敢干"。家庭农场作为新型农业经营主体，必然要进行企业化运作,所谓的"农场主"实际就是企业家、企业主。因此,作为农场主乃至于农场里的从业人员,一定要勇于开拓,敢闯、敢试、敢干。只有这样,才能获得家庭农场的健康发展、持续发展。当然,我们说的"敢闯"是指尊重农业经济发展规律条件下的敢于尝试、敢于探索,而不是鲁莽、蛮干。

二是革新思想。穷则思变,这里的"变"实际就是改革、变革、革新的意思。相对于城市,乡村相对要穷;相对于东部沿海地区的乡村,西部地区的乡村要更穷。在这样的背景下发展现代农业、培育家庭农场,西部地区若一味地谨小慎微、因循守旧、照搬别的地区的现成模式与经验,则只会不断拉大与城市、与东部沿海地区农业与农村经济在发展水平上的差距。为缩小城乡、东西的发展差距与收入水平差距,西部地区一定要有求新、求变的思想,并因地制宜地付诸实际行动。

三是奉献思想。"为人民服务"讲的就是奉献精神、奉献思想。20世纪50—70年代所讲的"为人民服务",借用今天的话,叫作"职场规矩"。但经过这么多年的市场经济建设,由于外部世界的各种诱惑,使得极小部分人的思想已经发展蜕变,在他们眼里,"为人民服务"变成了"为人民币服务"。但是,我们认为,为了建设社会主义和谐社会、实现伟大中国梦,我们每一个人还是需要有奉献精神、奉献思想的。当然,我们的社会肯定也不会亏待真正做出过奉献的人。做奉献,实际并不难:保质保量地完成本职工作就是最好的奉献。作为西部地区的农业从业者,不用去高喊什么高深的政治口号,向城乡人民供应健康、优质的农产品以及生态产品,本身就是最好的奉献。

四是开放思想。对外开放,是经过实践检验和证明的、经济社会发展的有效路径。我们目前发展的是开放型经济,就应该要有开放、包容、共享的心态。西部地区发展家庭农场也好、发展现代农业也好,必须要加强与其他地区、其他行业的分工与合作,利用一切可能的经济、社会资源,利用区域内外的市场资源。因此,作为西部地区的农业从业者,必须要有正确的开放意识、开放思想。

七 西部地区家庭农场发展中的创新人才培养

人才是经济社会发展中的第一要素。当今经济的市场竞争说到底还是创新型人才的竞争。谁拥有一流的人才，谁能够恰当地利用好人才，谁就能在市场竞争中处于有利地位。改革开放以来，受比较利益原则的影响，我国西部地区农村的人才大量流向非农产业，致使农业创新人才甚至农技推广人才出现青黄不接现象。为满足西部地区家庭农场发展中的高端人才需求，至少应该从如下几个方面进行努力。

1. 大力发展农业职业技术教育

多年以来，我国片面发展理论研究性教育，致使职业技术教育发展严重滞后，这对于包括农业、农村在内的经济社会的可持续发展是极为不利的。国家应该大力发展农业职业技术教育，不断夯实农业创新发展的人才与技术基础。

一要加大对农村职业技术教育的投入。随着国家经济实力的不断增强，政府要逐步加大对农村职业技术教育的财政支持力度；采取有效措施，动员金融机构以优惠的利率，专门对农村职业技术教育进行融资，以满足其资金需求。

二要提倡多元化办学模式。除了政府投资以外，要鼓励社会力量参与办学。要不断优化教育资源，充分发挥农村职业高中、农村电视广播学校、涉农高等院校的教育优势，尽最大可能拓宽农业从业人员接受教育培训的渠道。

三要试行免费农校生制度。为缓解农校生生源的不足情况，国家可以在西部地区试行免费农校生制度（就像目前国家实行的免费师范生一样），对于农村急需的技术与管理人才进行定向培养。免费农校生应该按相关政策签订定向就业合同，规定毕业以后必须回到特定乡村从事农业生产经营或农业技术服务。

2. 努力营造有利于人才成长的环境和空间

人才留得住、引得来的关键在于能否营造一个有利于其发展的环境。首先，交通、能源、通信、医疗、教育等基础设施建设力求完备。要让人才进得来、出得去、来去自由。其次，居住环境优美。要让人才住得舒适，过得舒心，以提高对高层次人才的吸引力。最后，打造有利于人才晋级升职的环境，让人才有奋斗的目标、有盼头。

3. 创新人才激励机制

为让农村创新型人才脱颖而出，还必须进行人才激励机制的创新。创新人才激励机制，可以包括如下几种。

一是精神激励。也称为内在激励。它是指精神方面的无形激励，内容包括向农业科研工作者的授权、对其工作绩效的积极认可，公开公平的职务、职称晋升制度，提供进修学习和进一步发展的机会，实行弹性工作时间制度，以及根据每一位农业科研人员的自身特点制定切合实际的职业生涯发展道路等。

二是薪酬激励。根据工作业绩和贡献决定农业科研人员的绩效报酬，实行多劳多得、少老少得。要通过薪酬的变化，调动农业科研人员的工作积极性，帮助科研人员实现自我价值。

三是荣誉激励。在管理学上，荣誉激励可算是一种终极激励方式。它主要是将工作业绩与晋级、提干、评奖评优、选模范等紧密结合起来，主要方法就是表扬、奖励、经验介绍等。荣誉是鞭策荣誉获得者"戒骄戒躁、不懈努力"的动力，也可以发挥榜样的力量，刺激团队中的其他人开展比、学、赶、超竞赛，从而提高团队工作效率与活力。

四是工作激励。就是要根据每位农业科研人员的专业特长、研究领域、个性特点等，分配其相应的工作任务，满足其自我实现和获得尊重的需要，从而提高其工作热情。工作激励的主要方式又可以进一步细分为情感激励、公平激励、期望激励、民主激励等。

第十一章

乡村振兴战略与西部地区家庭农场发展

为了有效推进"四化同步"、城乡一体化发展和实现全面小康目标，习近平总书记在党的十九大报告中提出要实施乡村振兴战略，并强调："要坚持农业农村优先发展，按照产业兴旺、生态宜居、乡风文明、治理有效、生活富裕的总要求，建立健全城乡融合发展体制机制和政策体系，加快推进农业农村现代化。"[①] 这是新时代党中央对"三农"工作提出的新要求、新举措、新部署。西部地区发展家庭农场等新型农业经营主体，必须研究和理解乡村振兴战略，主动服从并服务于乡村振兴战略。

第一节 乡村振兴战略概述

一 对"乡村振兴战略"的基本认识

在现代汉语中，"振兴"一词是指大力发展、使兴盛起来的意思。所谓乡村振兴战略，就是指采取措施让农业兴旺、农民富裕、农村富强安康的战略。根据党的十九大报告中习近平总书记的报告精神，乡村振兴战略的总要求可以归纳为二十个字："产业兴旺、生态宜居、乡风文明、治理有效、生活富裕。"[②]

[①] 习近平：《决胜全面建成小康社会 夺取新时代中国特色社会主义伟大胜利——在中国共产党第十九次全国代表大会上的报告》，人民出版社2017年版，第32页。

[②] 习近平：《决胜全面建成小康社会 夺取新时代中国特色社会主义伟大胜利——在中国共产党第十九次全国代表大会上的报告》，人民出版社2017年版，第32页。

所谓"产业兴旺",就是要使得农村的农业产业发展、兴盛起来,引导并推动更多的资本、技术与人才等生产要素向乡村转移,将功能单一的传统农业改造成为功能多样的现代农业,实现农业现代化,持续保持农业农村经济加快发展的生机与活力。

所谓"生态宜居",就是要加强乡村生态环境建设与保护,不断改善乡村水、电、气、路、通信等基础设施,保护好农村的绿水青山和清新清净的田园风光,让农村变得更加宜居。

所谓"乡风文明",就是要不断推进教育、卫生等农村公共服务事业发展,崇尚科学、反对迷信,弘扬优良文化传统,提高农业从业人员的科学技术素质、素养,让农村更现代化、让农业更现代化。

所谓"治理有效",就是要加强农村社会治安综合治理,加强基层社会主义民主与法制建设,弘扬正气、惩治不法,使得农村更安定、安全、和谐。

所谓"生活富裕",就是要不断拓宽农民的增收渠道,稳定农民的收入来源,让农民经济更宽裕、生活更便利,让农村更富裕。

上述五个方面要求既相互独立,又互相联系和相互依存,共同构成乡村振兴战略的有机整体。其中,"产业兴旺"是经济基础,"生态宜居"是根本要求,"乡风文明"是文化支撑,"治理有效"是重要抓手,"生活富裕"是社会发展目标。

二 "乡村振兴战略"与社会主义新农村建设

有人将"乡村振兴战略"称作"社会主义新农村建设"的升级版。2005年,《国民经济和社会发展第十一个五年规划建议》中提出要扎实推进社会主义新农村建设。将"乡村振兴战略"与"社会主义新农村建设"两相比较,我们不难看出其异同(如表11—1所示)。

表11—1 "乡村振兴战略"与"社会主义新农村建设"的总要求对照

名称	内容要求				
乡村振兴战略	产业兴旺	生态宜居	乡风文明	治理有效	生活富裕
社会主义新农村建设	生产发展	生活宽裕	乡风文明	村容整洁	管理民主

1. 相同点

（1）内涵丰富。乡村振兴战略与社会主义新农村建设都涵盖经济、政治、社会、文化、生态五个方面内容。要实现农业强、农村美、农民富的最终目标，必须科学规划、强化制度供给，统筹推进经济、政治、社会、文化与生态的协调发展和高质量发展，努力加快农业和农村现代化进程。

（2）目标一致。乡村振兴战略与社会主义新农村建设的最终目的都是要有效解决我国长久以来存在的"三农"问题，实现城乡一体化发展；要让农村居民与城市居民一样实现高水平的小康，共享我国改革开放取得的伟大成果。

（3）农业产业发展是基础。如表11—1所示，不管是党的十九大提出的乡村振兴战略，还是党的十六届五中全会提出的社会主义新农村建设，都将"生产发展（或产业兴旺）"作为第一重要任务。这是因为，农业加快发展是乡村实现振兴的先决条件，离开农业产业的现代化发展，乡村振兴是不可能实现的。

2. 不同点

（1）提出的时代背景不同。社会主义新农村建设战略是在我国总体上进入了以工促农、以城带乡的发展新阶段以后，为了全面贯彻科学发展观和加快建设社会主义和谐社会，由党的十六届五中全会提出来的；而乡村振兴战略是在我国进入新时代，在决胜全面建成小康社会、全面建设社会主义现代化国家的背景下，由党的十九大提出的，是新时代"三农"工作的总抓手。

（2）发展的要求不一样。简单地说，相对于社会主义新农村建设，乡村振兴战略的要求更高，目标更具体。从表11—1所列出的两种战略各自的要求内容不难发现，乡村振兴战略的要求要更高一些。不仅如此，乡村振兴战略还提出了"三步走"的台阶式发展步骤，即"到2020年，乡村振兴取得重要进展，制度框架和政策体系基本形成；到2035年，乡村振兴取得决定性进展，农业农村现代化基本实现；到2050年，乡村全面振兴，农业强、农村美、农民富全面实现"①。这些具体的目标在社会主义新农村建设的目标任务中是没有的。

三 实施乡村振兴战略的重要意义

实施乡村振兴战略是中央在新形势下为全面建设小康社会而提出的、具有划时代意义的重大举措。我们认为，实施乡村振兴战略具有如下意义。

1. 乡村振兴是实现城乡与工农协调发展的现实需要

"协调发展"是五大发展理念之一。新中国成立以后，为了加快提高工业尤其是重工业的发展水平，我国经济采取了"非均衡发展"战略，以牺牲农业、农村、农民利益的办法，优先发展工业与城市。其不良后果之一就是城乡发展不协调，城乡与工农的发展差距进一步拉大。

1978 年开始在全国先试点后推广的农村家庭联产承包责任制，可以看成通过改革或制度创新的办法缩小城乡与工农发展差距、实现工农与城乡协调发展的大胆尝试。通过改革创新，解放和发展了农业生产力，实现了农业增产、农民增收，更为重要的是将一大批农村剩余劳动力从土地上解放了出来。农民工进城，参与城市经济建设，既支援了地方发展，又丰富了农民家庭的增收渠道。

但是，我们也要看到，在比较利益原则下，当前农村劳动力已经过量流失，相当多地方出现了土地"撂荒"现象，农业、农村的可持续发展出现困境。因此，为了吸引有志于农业的各级各类人才，为了唤回久违的农村人气，实施乡村振兴（尤其是乡村产业振兴）成为必然的选择。

2. 实施乡村振兴战略是全面建成小康社会的根本要求

实现共同富裕是我们建设社会主义的最终目标，共同奔小康是实现共同富裕的重要表现。我们已经初步步入小康社会。但目前我们的小康是低层次、低水平、不全面的小康，主要表现是小康水平上的不平衡，工

---

① 《乡村振兴战略规划（2018—2022）》，2018 年 9 月，中国农业农村部网（http://www.moa.gov.cn/ztzl/xczx/xczxzlgh/）。

农与区域间存在不小差距。尤其是若小康道路上最大的短板——农村这一块不尽快补齐的话，我们的全面建成小康社会目标是不可能实现的。

小康不小康，关键看老乡。实现乡村振兴战略，首先要振兴农业产业，就是要让农村一、二、三产业重新焕发出生机与活力，让"农业经营收入"重新成为农民实现增收的重要支柱，让农民像城里人一样实现对"美好生活的向往"。

3. 实施乡村振兴是"以人民为中心"思想的极好体现

习近平总书记强调指出：人民对美好生活的向往，就是我们的奋斗目标。但要过上美好生活，第一要务是让全体国民能够吃饱、吃好、吃得绿色环保。按照美国心理学家亚伯拉罕·马斯洛的需求层次理论，人的需求顺序依次为生理需求、安全需求、爱与归宿感、尊重和自我实现需求。而吃饱、吃好、吃得绿色环保恰恰就是反映人的生理需求。

农业具有多种功能，包括食品保障、文化传承、生态保护、休闲观光、原料供应等功能，但食品保障是最基本和最重要的功能。实施乡村振兴的第一任务是确保农业综合生产能力（尤其是粮食生产能力）不下滑，确保基本口粮的有效供应，要实现"中国人养活中国人"目标。中央提出的乡村振兴战略不仅仅是农村人的事，它还事关全体中国人的生存与发展；乡村振兴是为全体国民利益服务的，体现了"以人民为中心"的发展思想。

第二节　西部地区家庭农场在乡村振兴战略中的作用

一　家庭农场发展有利于乡村产业振兴

土地"撂荒""无人种地"是我国农村目前面临的突出问题，也是实现乡村产业振兴必须面对的难题。农村要实现"产业兴旺"，就要让土地资源充分利用起来，土地要有人耕种。发展家庭农场等新型农业经营主体的主要目的就是解决我国农村"无人种地"的问题。作为新型农业经营主体的重要成员之一，家庭农场通过发展适度规模经营，能够将闲置的农地充分利用起来，并保证土地的农业用途。同时，通过家庭农场的示范带动作用，能够动员更多的农民参与乡村产业振兴，有利于动员各方力量、发挥集体智慧，升级传统业态，发展农业新兴业态，延展农业产业链，促进农村种、养、加等产业的融合发展，最终实现农业增产增效、农民增收、农村繁荣安康的目标。

二 家庭农场发展对于乡村生态振兴具有不可替代的作用

生态宜居，是乡村振兴战略的重要要求。"生态宜居"不仅要求农业生态环境质量要提高，以适宜发展农业生产经营，而且要求农村的基础设施建设必须完善，以便乡村居民住得舒适、住得安心。

如前所述，相对于第二、第三产业，农业是一项较为弱势的产业，对自然生态环境的依存度较高。我国老百姓形容农业是"靠天吃饭"，实际讲的就是农业对自然环境的较高依存度。由于历史与自然的原因，我国西部地区农村目前的生态环境又是相当脆弱的，需要系统治理，即需要一手抓发展、一手抓农业生态文明。家庭农场发展的是现代农业，而不是传统农业。现代农业是用现代科学技术武装起来的、由新型职业农民经营的（这与家庭农场主的基本要求相契合）、科技含量高、生产标准程度高、经营效益好、资源节约、对环境友好的新型农业。现代农业的发展有利于农业生态环境质量的改善。

除此以外，由于发展家庭农场的关系，邻近乡村的水、电、气、路、通信等基础设施建设会加快建设，这对改善村民的居住条件，改善农村生活环境是有利的。

三 家庭农场发展有利于乡村人才振兴

乡村，尤其是西部地区的乡村"人气不再"是我们课题组下乡调研过程中一个普遍的感受。当今的农村"缺人气、缺人才"已经变为不争的事实。多年来农业效益低下、农村发展滞后的重要原因就是人才缺乏。

实行家庭联产承包责任制以后，在比较利益原则下，农村劳动力大多选择了进城务工，相当多地区的农地被"撂荒"，导致农村"缺人气"。农技人才原本就青黄不接，加上农村的生产生活环境对新生代的科技人才缺乏吸引力，这严重制约了农业产业的高质量发展。而家庭农场发展适度规模经营，将能够培养一批有理想、有文化、懂经营、善管理、敢创新的职业农民队伍,这些由现代科学技术知识武装起来的"生力军"将是实施乡村振兴战略重要的人才与技术资源。而且,随着家庭农场的加快发展,将能够吸引更多的科技人才参与乡村振兴战略。

四 家庭农场发展有利于实现乡村"生活富裕"目标

农村苦,农民穷,是当下我国农村发展境况的真实写照。中央提出乡村振兴战略的目的在于要让农民与城里人一样过上好日子,实现农民"向往美好生活"的目标。我国的城乡二元结构,固然与国家优先发展工业与城市的政策有关,但是,农业缺少强有力的生产经营者肯定也是重要原因。

众所周知,目前的农民收入渠道主要有四个:农业经营收入、工资性收入、财政转移收入和财产性收入。其中,工资性收入,也就是农民务工收入是农民家庭的主要收入来源;而农业经营收入反而是"短板"。

家庭农场通过规范生产、诚实经营、现代化管理发展市场适销对路的农产品增加自身收入,并产生示范带动效应,能够促使更多的农民走上"生活富裕"的康庄大道,让"农业经营收入"而不是进城务工的"工资性收入"真正成为农民发家致富的主要源泉。

五 家庭农场发展有利于基层政府对乡村的有效治理

目前乡村基层治理最突出的问题就是干部队伍的严重老化问题。我们调查发现,一些地方的村级干部年龄大多超过了60岁,一些村民小组的负责人(当地人称为队长)的年龄甚至超过了70岁。由于青壮年劳动力大多选择了进城务工,这给村、组一级干部的选拔工作带来极大的困扰。干部队伍知识化、专业化、年轻化不足对于乡村基层治理能力提升是极为不利的。而家庭农场的发展,能够吸引一批以回乡农民、退伍军人、回乡大中专毕业生为主要成员的职业农民回到乡村从事农业的生产经营。

职业农民回到乡村至少可以在两方面推动基层政府对乡村的有效治理:一方面,这些职业农民可以很快充实村社干部队伍实力,缓解基层干部队伍严重老化的难题,从而能够较好地促进政府的基层治理能力建设。另一方面，家庭农场通过适度规模经营，将会带动越来越多的农民兄弟参与致富奔小康。这更加有利于党的方针政策在基层群众中"落地生根、开花结果"。因为实践表明，让广大的农民有获得感要比单纯的思想政治宣传更能够让他们心甘情愿地拥护党的"三农"政策、执行党的各项乡村振兴战略举措。

第三节　西部地区家庭农场与乡村产业振兴

实施乡村振兴战略，产业振兴是发展基础。而家庭农场作为新型农业经营主体的重要成员，在振兴农业产业方面具有不可推卸的责任。

一　乡村产业振兴的基本要求

《中共中央、国务院关于实施乡村振兴战略的意见》中指出："必须坚持质量兴农、绿色兴农，以农业供给侧结构性改革为主线，加快构建现代农业产业体系、生产体系、经营体系，提高农业创新力、竞争力和全要素生产率，加快实现由农业大国向农业强国转变。"这可理解为对乡村产业振兴的基本要求。基于此，我们可以对中央要求做如下理解和阐释。

1. 质量兴农、绿色兴农是方向

质量是产品的生命。农产品质量是农业提高效益的根本保证，同时也是确保食品安全的重要因素。没有过硬的产品质量，农业要实现振兴是相当困难的。生态、绿色、环保，是已经富裕起来的中国人对农产品质量的更高层次要求。绿色兴农，就是要让农村更绿、更美，让老百姓吃得放心、吃得健康。

2. 农业供给侧结构性改革是主线

"供给侧结构性改革"是习近平总书记于2015年11月10日在中央财经小组第十一次会议上提出的。习近平总书记指出，供给侧结构性改革的根本目的在于提高社会生产力水平，落实好"以人民为中心"的发展思想。党的十九大提出"要深化供给侧结构性改革"。

农业供给侧结构性改革的目的有三：一是适应市场需求，改善农产品供求关系；二是促进农业转型升级，提高农业的市场竞争力；三是提高农业发展的质量、效率和效益，实现农民收入水平的持续、稳步提升。

3. 构建现代农业产业体系、生产体系、经营体系是突破口

（1）打造农业产业体系

如前所述，现代农业产业体系具有丰富的内涵，是多层次、复合型的产业体系。它是多样化的农产品产业体系、多功能的产业体系，同时也是多方面的支撑体系。具体包括：首先，它是多样化的农产品产业体系。现代农业模式的农产品主要包括粮食、棉花、油料、畜牧、水产、蔬菜、水果等各个产业的多项产品。发展农产品产业体系的目的在于保障农产品的有效供给。其次，它是多功能产业体系。现代农业产业体系的功能是多元的，比如与生态保护、休闲观光、文化传承、生物能源等密切相关的循环农业、特色产业、生物能源产业、乡村旅游业等。挖掘现代农业多种功能的重要意义在于延展农业产业链，提升农业发展效益、保证农民持续增收。最后，现代农业涵盖多方面的支撑产业体系。它包括涉农的多项服务业、农业科技、社会化服务、农产品加工、产品流通、产品与市场信息咨询、农业保险等。发展现代农业的支撑产业体系，能够有效提升农业抗风险、市场竞争和可持续发展能力。

构建现代农业产业体系，就是要以市场需求为导向，调优、调高、调精农业产业。

（2）打造农业生产体系

打造现代农业的生产体系，就是要用现代设施、装备、技术手段武装和发展农业，逐步实现农业良种化、现代化、标准化、信息化。

（3）打造农业经营体系

打造现代农业经营体系的关键在于不断培育和发展新型农业经营主体和新型职业农民，大力发展农业生产性服务业，完善新型经营主体扶持政策，探索多种形式的适度规模经营，解决"谁来种地"和经营效益不佳的问题。

4. 以提高农业创新力、竞争力和全要素生产率，实现农业大国向农业强国转变为重要目的

我国是一个拥有5000年文明历史的农业大国，但还不是农业强国，

农业的效率与效益历来就比较低。"刀耕火种""肩挑背磨""脸朝黄土背朝天",是我国农业的真实写照。相应地,农业从业人员的经营收入一直就不高。要建设农业强国,必然要走创新发展的道路。科技创新对于提高农业市场竞争力(关键在于质量、成本、效率)、全要素生产率(实际是科技进步贡献率)具有决定性意义。

我国目前的农业创新力不强,主要在于如下六个原因:一是创新主体数量不多、创新力不足。我国目前的农业科技创新主体主要由大专院校、科研机构与涉农企业构成。涉农的大专院校、科研机构发展不足,这导致一方面现代农业发展需要科技支撑,另一方面,农业创新成果尤其是实用型技术成果相当缺乏。创新成果是供不应求的。二是农业科技创新投入不足。有学者曾经做过研究,认为只有农业研发投入占农业总产值的比例超过2%,农业科技原始创新才会凸显,一个国家才能够真正进入农业科技自主创新阶段,才能够保证农业与国民经济其他产业的协调发展。很显然,我们目前的农业研发投入远远没有达到2%(甚至可以说连1%都没有达到)。三是农业产业化程度低、创新成果推广难。中国农业产业化水平总体依然偏低,主要体现在农产品加工流通产业链短。中国当前农产品加工率约为45%,二次以上深加工率约为20%,而西方发达国家农产品加工率达到90%以上,差距很大。农业产业化程度低、农产品加工流通产业链条短的特点使得中国的农业技术推广难度非常大,推广一项技术需要与同一产业链条上的多个公司或机构进行协调和沟通,才有可能付诸实施,成果推广实施需要付出的成本较大。四是科技成果转化率低。科技成果只有转化为现实的生产力,才会为农业现代化发展做出贡献。有资料显示,全国每年的农业科技成果(申报数量约7000项)仅有30%能够应用推广,仅有30%的成果能够普及应用。五是科技创新服务平台不完善。目前的农业科技服务主要依靠各地的农技部门,但农技部门现有人员大多观念守旧、服务意识不强。六是农业科技创新成果缺少法律保护。如前所述,我国《专利法》规定,对动植物新品种不予专利保护,栽培规范、耕作制度等非物化技术成果不予专利保护。这直接导致科研人员的农业科技创新积极性难以调动。

二　乡村实现产业振兴的路径

我们认为，乡村实现产业振兴的路径应该包括：

1. 筑牢农业生产能力基础

基础不牢，地动山摇。要筑牢农业生产能力的基础，就必须处理好影响农业生产能力的如下几个方面的问题。

（1）充足的耕地。耕地是农业生产活动的场所，守住耕地红线，对于确保粮食安全具有重要的现实意义。联合国对耕地有一个警戒线：人均耕地少于0.8亩的时候，会发生生存危机。而目前中国2000个左右的县里，有600多个县人均耕地面积低于0.8亩。耕地要有数量要求，更要有质的提高。

（2）完善的农业水利设施。如前所述，农业是对自然环境的依存度极高的产业。完善的农田水利设施，对于提高农业的防洪、抗旱、除涝能力具有重要的现实价值。同时，实施节水灌溉工程更是农业实现可持续发展的重要保证，因为我国人均拥有的水资源并不丰富，且水资源地区分布不均，工业与城市生活用水大量挤占本应属于农业的份额。

（3）科技创新能力。科技引领未来，创新驱动发展。邓小平同志说，科学技术是第一生产力；习近平总书记强调"创新是引领发展的第一动力"。科学技术对于我国农业的推动作用是有目共睹的（比如袁隆平的超级杂交稻亩产在目前已经达到1200公斤；袁隆平团队的海水种植水稻实验成功）。科技兴农，大力发展现代农作物、畜禽、养殖、林业种业，大力推广良种，能够有效促进农业的科学发展。

农业的创新驱动实际是人才驱动。农业的发展不仅要有一批热心奉献的农业科技人才，而且要有一批有文化、懂技术、善经营的管理型人才（现代农业发展的领军人物）。

（4）农机装备水平。在新中国成立后的较早时期，我们曾经将"农业机械化"看成农业现代化的重要标志。以先进的技术装备武装农业，是未来农业发展的方向。比如美国农业有"石油农业"之称，是因为美国农业机械化率比较高。美国农业高效得益于先进的农业装备：人均种植面积 400 英亩，约 2000 多亩。这在我国西部地区是难以达到的规模。

（5）农业从业人员素质。农村要实现"产业兴旺"，关键在人。在中国传统观念中，农业的技术含量低，属于劳动密集型产业，农业劳动属于简单劳动，农业从业人员的科技与文化素质要求不高。但是，农业产业要求振兴，就肯定要求"优化农业从业者结构，加快建设知识型、技能型、创新型农业经营者队伍"，这势必要不断提高农民科技与文化素质，加快职业农民的培育。

（6）给力的农业扶持政策。众所周知，新中国成立后的相当长一段时间，我们是以牺牲农业、农民、农村利益的办法去优先发展工业和城市的，国家的相关政策是向工业和城市倾斜的。这些不平衡政策措施进一步拉大了城乡、工农之间的发展差距，导致农业的效率与效益长期停滞不前。要实现乡村产业振兴目标，就必须制定一系列支持"三农"的财税金融、产业、人才与技术等政策。只要政策到位，乡村产业振兴必然"如虎添翼"。

（7）其他，比如所处地理地貌类型、区位等（当然，这是客观因素，不以人的意志为转移）。

2. 大力实施质量兴农战略

农产品质量的改善，是提高农产品的市场竞争力、提高农业效益的必要条件。同时，农业具有食品保障功能，农产品质量事关人民群众的身体健康、食品安全。

实施质量兴农战略应该包括：（1）坚持绿色发展理念，增加健康农产品供应。要加大宣传力度，让绿色理念深入人心。（2）坚持标准化生产，将质量问题（尤其食品安全问题）消灭在萌芽状态。（3）实施品牌战略，明确产品质量责任。比如，保护地理标识农产品，实行一村一品、一县一业，有利于产品质量追溯。（4）实施食品安全战略，加强质量监管。对于造成食品安全事故的单位与个人，必须严格惩处，绝不姑息。

3. 构建农村产业融合发展体系

现代汉语中的"融合"是指多种不同的事物合成一体。照此类推，我们可以把农村产业融合理解为：借助一定的手段、方式、方法，将现代农业中具有不同功能的子产业融合为一体发展，逐步形成新兴的农业产业的动态过程。在这里，产业融合发展的内在动因在于农业产业之间具有的关联性，以及农业从业者要实现效益最大化目标，其外在推力在于科技的巨大进步与应对残酷的市场竞争。一般来说，农业产业融合包括产业渗透、产业交叉与产业重组三种类型。

相应地，产业融合的方式有三个：一是高新技术向相关产业的渗透。比如在"互联网+"时代的电子商务、跨境电商是先进的互联网技术对传统销售业的渗透。二是产业间的延伸融合（实际是产业交叉），即通过产业之间的互相补充和产业链的自然延伸，实现产业之间的融合发展。比如农业技术与信息服务业正加速向农业生产的产前、产中、产后信息反馈展开全方位渗透。本书后面将提到的成都市浦江县成佳镇的"茶种植—茶生产—茶旅游"应该属于此种类型。三是产业内部的重组融合。这在农业循环经济发展中产业链上下游产业的重组方面表现最为明显，典型的如农牧林—生态农庄、鱼—桑—鸡、秸秆—家畜—沼气—食用菌—蚯蚓—鸡—猪—鱼等。农村一、二、三产业融合发展就是要实现农业的多功能叠加，价值叠加、效益叠加。

4. 构建农业对外开放新格局

对外开放是我们的长期国策。农村要实现产业振兴，必然也要利用国外的资金、技术与先进的管理经验（比如以色列的节水型农业、日本的节地型农业、美国的效率型农业等）。同时，要借"一带一路"倡议的"春风"，促使我国的优势农产品走出国门，并主动参与国际农业贸易规则的制定。

5. 促进小农户与新型农业经营主体一道发展现代农业

一方面，发展现代农业必然要求大力培育和发展家庭农场等新型农业经营主体，以实现规模化、专业化生产经营。另一方面，由于历史的原因，小农户在我国农村将长期存在，与新型农业主体将长期共存。因此，我们既要培育新型农业经营主体，同时又绝不能忽视、亏待小农户。要采取有力措施，不断促进数量占农业经营主体绝大多数的小农户发展现代农业，与现代农业的有效衔接。培育新型农业主体的同时，千万不要忘了数量占多数的小农户。

三 家庭农场在乡村产业振兴中的独特功能

(一) 传统产业的主要变革者

实现农业现代化是我国各族人民的夙愿,也是农业从业者、农业科技工作者等一直不懈奋斗的目标。要实现农业现代化,变革长久以来的传统农业为现代农业是必要的环节。但在农地"撂荒"大量存在、农村劳动力极度缺乏的情况下,很难将传统农业变革为现代农业,因为传统农业不可能自动变为现代农业,农业现代化也不可能自动实现。作为新型农业经营主体的重要成员,家庭农场通过适度规模经营,能够承担起"谁来种地"的重大责任。

不仅如此,家庭农场为了提高生产经营效率与效益,将摒弃传统的、依靠生产要素大量投入的粗放型、外延型发展方式,转而采取依靠提高要素使用效率的内涵式、集约式农业发展方式。从这个意义上讲,家庭农场将是我国农村传统农业的重要的变革者、现代农业的实践者。

(二) 融合发展的合格践行者

实现农村产业融合发展,是实现乡村产业振兴的内在要求,以及实现农业经济高质量发展的大势所趋。产业融合发展就是要用最新科技武装农业以提高农产品的科技含量,延长农业产业链以实现农业产业的功能叠加、效益叠加。国内外的实践已经表明,家庭农场单纯依靠种植业或者养殖业,其收入水平很难有大幅度提高。家庭农场要实现快速发展、高效益发展,必然要走产业融合之路。而要实现真正的产业融合,必然需要一系列要素,比如人才、技术、资本、土地等的强力支撑,需要不断地实践,不断地探索。我们有理由相信,作为新型农业经营主体的主要代表,家庭农场在实现产业融合发展方面会成为合格的实践者、执行者。

(三) 科技兴农的引领者

科技创新是引领农业与农村经济未来发展方向的第一动力。乡村要实现产业振兴肯定不能仅仅依靠"肩挑背磨",而是要依靠科学技术。家庭农场的经营者,作为新时代的职业农民,在发展现代农业过程中,一定会比普通农户更早采用最新的科学技术与装备、最新的农业创新成果,以取得发展的高效益和高效率。由于家庭农场的示范带动效应，会吸引更多的农业从业者走上"科技兴农"的路子，从而促使农业与农村经济的高质量发展。

（四）绿色发展的探索者

绿色发展是党的十八大倡导的"五大发展理念"的重要内容。之所以有机、绿色的农产品广受我国城乡市场的欢迎，是因为当今已经跨过温饱阶段的城乡消费者把吃得健康、吃得绿色环保，作为日常生活的必要条件。一定程度上，人们把"吃得健康"看得比"吃得营养"还要重要。然而，目前市场上的生态、有机农产品由于量少而价高，一般老百姓会因此而望而却步。在未来的农业发展中，如何在增加绿色、有机农产品供应量的同时，千方百计降低生产经营成本和销售价格，以让更多的老百姓"买得到""消费得起"，家庭农场可以成为先行者、探索者。

第十二章

西部地区各类型区域家庭农场发展的模式与路径选择

我国西部地区不仅地域辽阔、气候类型多样、农业资源丰富，而且也是我国东部、中部、西部、东北四大经济区中地形地貌最复杂的地区，包括平原、丘陵、山地、高原等主要类型区域。因地制宜地选择不同类型区域的家庭农场发展模式，对于西部地区农业与农村经济的科学发展、高质量发展、可持续发展，与全国其他地方一道同步实现全面小康，具有深远的现实意义。

第一节 西部平原区发展家庭农场的模式与路径选择

一 西部平原区的范畴

1. 平原区的概念

陆地上海拔高度相对比较小的地区称为平原。或指广阔而平坦的陆地。它的主要特点是地势低平，起伏和缓，相对高度一般不超过50米，坡度在5°以下。它以较低的高度区别于高原，以较小的起伏区别于丘陵。平原是陆地上最平坦的地域，海拔一般小于200米。

平原的类型较多，按其成因一般可分为构造平原、侵蚀平原和堆积平原；根据海拔高度，平原可分为低平原（海拔200米以下）和高平原（海拔200—500米之间）；根据地表形态可分为平坦平原（如冲积平原），倾斜平原（如海岸平原、山前平原），碟状平原（如内陆平原、湖成平原）、波状平原（如冰碛平原，多河流泛滥平原）等。

2. 我国西部平原县

西部地区共有平原县（市、区、旗）180个，其中内蒙古18个，广西4个，四川17个，陕西40个，甘肃15个，宁夏7个，新疆79个。不难发现，拥有平原县数目最多的3个省级行政区自治区分别是新疆、陕西、四川；西部地区的贵州、重庆、云南、西藏、青海5省级行政区自治区没有平原县。

二 西部平原区发展家庭农场的模式选择

1. 平原区农业的一般特点

（1）人口密集。平原地区的人口密度是各种类型区中最大的。也正是因为此，平原地区的人地矛盾（人多地少的矛盾）比较突出，提高农业效率，解决人地矛盾是当务之急。

（2）农业条件较好。土地肥沃、水网密布、日照足、气候湿润、无霜期长，有利于农作物的生长。其农业产量较高，适宜规模化种植。

（3）交通便利。平原地区地势平坦，交通便利，有利于家庭农场农用物资的购入与农产品的对外运输、销售。

（4）易于发生洪涝灾害。平原地区地势平坦，利于农业发展，但不利于防洪。一旦出现洪涝灾害，其损失将极为惨重。

（5）西部地区有影响力的平原不多。四川的成都平原、陕西的关中平原（又称渭河平原）为西部地区的两大"粮仓"，也是西部地区最有影响力的两大平原。

2. 西部平原区的种植优先型家庭农场发展模式

作为西部地区仅有的几大"粮仓"，西部平原地区的家庭农场必须坚持种植业优先。要充分发挥地势平坦、耕地成片成块的优势，大规模发展种植业，可以大力发展各种粮食作物，如水稻、玉米、小麦、油菜等，也可种植各种蔬菜、水果等经济作物，如此，容易获得规模效益。除此以外，平原地区交通便利，通达性较好，也适宜发展乡村旅游业。种养业+乡村旅游业，既发挥了"西部粮仓"功能，又能够给平原地区的家庭农场带来好收益。

三 西部平原区发展家庭农场的路径选择

1. 突出规模化种植

我们认为，发展家庭农场适度规模经营的重要目的就是要追求农业规模效益；而改革开放后的家庭均田承包制就因为规模太小，难以发挥其规模效应。与丘陵、山区相比，平原地区土地大都成片成块，更具有耕地规模优势，利于机械化作业，因此，为了降低农业经营成本，有必要适度发展规模化种植、以追求规模效益。为了实现规模效益，作为平原地区的家庭农场，土地经营规模可以适当放宽，比如500—1000亩（有的地方，比如吉林延边的家庭农场规模可达2000亩）。有了一定的规模种植，再加上引进良种、科学管理、完整的产业链打造，家庭农场的经营效率与效益将能够得到极大的提升。

2. 突出生产经营现代化

实现农业现代化，是农业从业者的共同愿望。由于平原地区地势平坦，耕地成片成块，一般来讲，平原地区的家庭农场规模远远大于丘陵地区、高原地区的50—100亩，500—1000亩的土地经营规模应该是常态。在这样的情况下，如何提高农业的现代科技运用、提高农产品的科学技术含量就显得极为重要。我们认为，由于平原地区的地形地貌利于大型机械作业，因此，首先应该大力推行生产机械化，通过机械化播种、机械化施肥、机械化用药、机械化收割，尽量减少人力投入成本，提高农业从业者的生产效率。其次，要注重农作物的全过程管理信息化、农产品销售网络化，用现代经营理念管理好家庭农场、管理好自己的产业。

3. 突出一、二、三产业融合发展

农村一、二、三产业融合发展是农业实现高质量发展的内在要求，同时也是未来现代农业发展的必然趋势。如前所述，平原地区地势平坦、交通便利，通达性较好，再加上平原地区实行大田规模种植，这有利于发展乡村旅游业。比如结合大规模粮食、油菜等的种植，可以适当发展农业休闲观光业；结合大规模水果种植，可以适当发展采摘体验式休闲旅游业。平原区家庭农场发展中注重农旅结合，能够更好地实现农业功能叠加、农产品价值叠加、农业效益叠加,能够更好地为现代农业发展、农业增产增效、农民增收做出贡献。

4. 突出家庭农场的合作发展

家庭农场的合作发展应该是未来的主要方向,加强合作对彼此的发展壮大都是有利的。从课题组对各地调研的情况看,目前的单个家庭农场不管是资金实力,还是技术与管理实力,都是比较弱小的。若单打独斗,任何一个家庭农场都不可能百分百地保证能够获取绝对的市场竞争优势。鉴于平原地区的家庭农场的土地经营规模相较于丘陵、山区与高原区都要大,其农产品的产销压力更大,因此家庭农场应该走分工合作之路。比如家庭农场之间可以尝试组织农民合作社,在合作社内分工合作、扬长补短,以利于共同做大农业"经济蛋糕"。通过合作社,各个家庭农场可以实现市场信息与销售平台共享、种养殖技术互学互鉴、农用机械统筹使用、产业链延展共同打造等目标。总之,"抱团取暖"、互利合作能够实现家庭农场的共同发展。

四 案例分析:成都市家庭农场发展研究[①]

(一)成都市蒲江县成佳镇家庭农场大力发展茶产业

1. 蒲江县成佳镇简介

成佳镇位于成都市西南部,距成都市区80余公里,成雅高速公路(国道108线)和川西旅游环线穿镇而过,区位优势明显。全镇幅员面积40.42平方公里,辖8个村(社区)。成佳镇人口11000余人,其中城镇建成区居住人口8260人,城镇化率达74%。2017年实现地区生产总值5.67亿元,比2016年增长9.4%;农村居民人均可支配收入20351元,比2016年增长10%。农业主打产品中茶叶、猕猴桃、柑橘种植具有相当规模,尤其该镇生产的"蒲江雀舌"茶小有名气。本部分仅以该镇家庭农场的茶产业发展为例,说明茶产业如何实践农业的融合发展的。

2. 成佳镇家庭农场的茶产业融合发展特点

成佳镇有着浓厚的茶文化底蕴,保存有宋代时期的第三条茶马古道,

---

① 本部分的相关数据为课题组2019年在成都市调研过程中,由成都市农业农村局提供。

自古就是贡茶的首选地之一。目前，成佳镇是"国家 AAAA 级旅游景区""全国环境优美乡镇""全国休闲农业与乡村旅游示范县核心示范区""国家农村产业融合发展试点示范县核心示范区""四川省生态旅游示范区""四川省乡村旅游特色镇"，被中国茶叶流通协会授予"中国绿茶之乡"称号，成为"中国采茶节"永久承办地。成佳镇最为突出的地域特色就是"浦江雀舌"。"蒲江雀舌"是中国地理标志产品，其主要产地是成佳镇。成佳种茶、加工茶历史悠久，所产茶采用茶树嫩茶加工，其新发的嫩芽形状如鸟雀的舌头，很细小，称为雀舌。这种雀舌茶叶因其"色翠、香高、味醇、形美"，品质上乘，香高味爽。曾连续三届获得"中茶杯"一等奖，入选"全国农产品区域公用品牌价值百强"。

近些年来，成都浦江县成佳镇以家庭农场为核心的新型农业经营主体坚持绿色发展、创新发展，以茶产业为基础，扎实推进一、二、三产业融合发展，实现农业功能叠加、多元价值与多元效益，逐步探索出了一条创新驱动型产业发展之路。其具体做法如下。

（1）立足创新增强发展动力

成佳镇的创新探索包括：一是市场创新。将茶产业的销售市场与旅游消费市场相结合，通过旅游品牌营销带动"浦江雀舌"茶产品的营销；利用先进的网络技术，线上线下销售相得益彰，有形市场与无形市场"双剑合璧"，实现茶产品的多元化市场销售格局。二是生产技术创新。在全国率先采用以天然气等清洁能源蒸茶的加工工艺，既确保了茶产品的质量，又保持了绿色的生态环境。三是经营体制创新。通过宅基地、林地、责任地等土地有偿流转，并加大对家庭农场、专业大户、专业合作社、龙头企业等新型农业经营主体的培育，逐步实现茶产业的规模化、专业化生产经营。

通过不断的市场创新、生产技术创新与经营体制创新，成佳镇以茶产业为龙头的农村一、二、三产业获得了发展的不竭动力。

（2）产业链条延长实现农业功能叠加

现代茶产业具有食品（饮品）保障、文化传承、生态保护、休闲观光等多种功能。成佳镇的家庭农场等新型农业经营主体坚持在"蒲江雀舌"茶上做文章，不断延长茶产业链，逐步形成了集种茶、产茶、赏茶为一体的茶产业链，实现了茶产业的一、二、三产业融合发展与茶产业的功能叠加、价值与效益叠加。

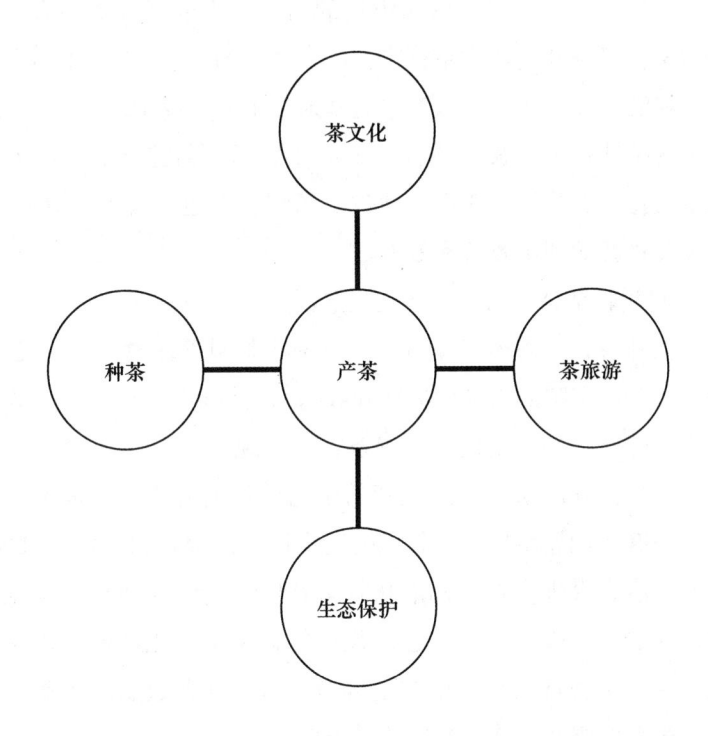

```
        茶文化
          |
   种茶 — 产茶 — 茶旅游
          |
        生态保护
```

图 12—1　成都市浦江县成佳镇茶产业链示意图

如图 12—1 所示，种茶、产茶、赏茶（茶旅游）一体化发展，茶基地建设（种茶）与清洁能源加工利于生态环境质量的改善，在循环往复的茶叶种植、生产中传承了地方茶文化，生态环境的改善与茶文化的不断挖掘丰富了茶旅游观光业，而旅游业的发展利于茶产业增值、增产，有利于茶产业的品牌营销，有利于茶农的持续增收。

（3）市场化资源配置提高效率

土地、资本与劳动是最基本的社会资源。配置资源的手段有计划与市场两种方式。实践表明，相较于政府计划，市场化配置资源是效率更高的方式。成佳镇在资源配置方面的做法：一是以市场为导向，以"七彩茶林"等项目为载体，引进社会资金，参与茶产业发展。二是在土地资源配置上，按照"依法、自愿、有偿"原则，分别在圣茶社区和麟凤村大规模实施农村宅基地、房屋和土地流转，盘活土地资源存量，促进茶产业的规模化经营。三是依靠市场的力量，积极培育新型农业经营主体，先后培育以茶叶产业为主打产业的家庭农场7家、专业合作社11家、四星级乡村酒店2家，发展采茶体验基地7个、电商16家、手工制茶28家；建设集茶叶种植、茶园体验、茶文化展示、茶艺博览、静养休憩为一体的茶文化生态体验园3个。通过市场配置土地、资本、劳动等资源，极大提高了资源的利用效益和效率。

（4）利益联结公司与农户展现发展活力

一是在种茶、产茶环节首创"统防统治茶园管理模式"（统一品种、田间管理、病虫害防治、采摘标准和收购），并推广"公司+合作社+基地+农户+订单"的发展模式，将茶农（基地）与公司（合作社）的利益捆绑在一起，以调动其生产经营的主动性与创造性。二是采取"三优两免一补一返"（优惠提供农资、优先收购、优价收购，免费技术指导、免费统一防治病虫害，茶园标准化管理补助、年终返利）等措施，使基地茶农实现增产增收。通过"适度规模经营+多元化经营主体+全程社会化服务+紧密利益联结"的农业经营方式，让普通农户得到增收、得到实惠，极大地调动了其生产经营积极性。

（二）都江堰市方家坎家庭农场：打好"三张牌"，带动小农户发展农商文旅融合产业

成都市都江堰市方家坎家庭农场成立于2015年，位于都江堰市柳街镇红雄社区，面积约130亩。从成立初期从事种养殖业和乡村特色餐饮服务业，逐步过渡到以发展休闲农业为主。农场依托都江堰市生态本底，带动小农户发展农商文旅融合产业，在延续传统川西林盘茂林修竹、沟渠环绕、蜀风雅韵、生态田园特质的同时，发展乡村特色文化产业。2019年1—6月，农场共接待游客10余万人次，实现旅游收入500多万元。

1. 打"生态"牌，用活绿水青山

农场所在地都江堰市柳街镇红雄社区具有得天独厚的生态资源优势，拥有独特的川西林盘文化，森林覆盖率达51%。农场按照生活实用性、乡土记忆性和旅游观赏性需求，坚持保护原有生态植被、保护原有水系

景观、保护原有建筑遗迹的"三保护"原则,根据统一规划实施农房形态修复、景观化改造,实施"扫把革命",同步完成改厨、改厕、改水、改电,实现生产、生活和软硬件环境与旅游景区同步匹配。按照"茂林修竹""沟渠环绕"的原乡肌理,以及柳街镇的传统农耕文化,植入音乐、艺术、浪漫等现代元素,精心打造水境音乐舞台、五线谱音乐绿道等主题元素展示平台,并通过创意搭配、点缀布局废弃传统农用工具,形成微场景和微景观,尽显乡村风情、田园气息,在林盘旧貌换新颜中实现颜值和气质"双逆袭"。

2. 打"乡愁"牌,留住乡土味道

联动当地农户用废弃的猪圈和林盘资源入股,农场主出资金,改建、打造出了都江堰第一家乡村特色咖啡馆"猪圈咖啡"。咖啡馆以竹栅栏和砌石为墙,以猪槽点缀为景,将废旧锄头、镰刀、竹筐、磨盘、鸡公车等农具、小物件进行创意搭配,形成了以猪圈咖啡农耕文化、农村别致庭院文化为核心的展示体验消费场景,让身处其中的客人可以回忆农村猪圈历史、寻找儿时记忆、追忆梦里乡愁,让一景一物诉说曾经的过往。通过喝田园咖啡、品天然茗茶、观多彩玫瑰,唤起都市生活人群的乡土记忆。猪圈咖啡营业后,迅速成为网红打卡之地,带动当地100余名农民就业,入股"猪圈咖啡"的19户当地农户年均增收10万元以上。

3. 打"文化"牌,打造音乐林盘

依托路网水网林网的独特优势,通过林盘修复、水系疏浚、文脉梳理、院落提升,打造"川西音乐林盘"。增添"老船家音乐书屋、友方音乐创客基地、胖大嫂家常菜"等特色体验项目,把农房变客房、农民变股东、林盘变景区、资源变资产。引入阿坝师范学院两个知名的音乐创客项目,与域内知名医疗机构合作开设林盘名医诊所,定期举办乡村民谣音乐会、川西音乐林盘美食节等主题节庆活动,力求农商文旅业态一体化发展,实现了林盘绿色生态资源向经济价值和民生效益的高效转变。坚持文化搭台、旅游唱戏,推进文化与旅游相融互动,不断丰富旅游内涵、提升旅游品质,游客人均消费从以前不足10元升至50元以上。

(三)金堂县佳荣家庭农场:科学种植、绿色生产、创新销售

成都市金堂县佳荣家庭农场位于四川省成都市金堂县赵家镇平水桥

村16组，主要从事果蔬（沃柑、春见、梨、蔬菜等）种植、羊肚菌生产以及生猪养殖等，发展种养循环经济。2013年，平水桥村村民蒋素英放弃在外打工的机会，抢抓赵家镇启动建设高标准农场建设项目（国家现代农业示范区——成都金堂10万亩特色产业示范基地）的机遇，毅然返乡创业，在赵家镇平水桥村流转148亩土地，登记注册了金堂县佳荣家庭农场。成立至今，佳荣家庭农场始终科学种植、绿色生产、创新销售，在提高自身产量和效益的同时，带动周边68家林下羊肚菌种植户的发展，年经营收入达80余万元。先后被评选为"成都市'巾帼英雄'创业示范基地""成都市市级示范家庭农场""四川省省级示范家庭农场"。其经营特点包括：

1. 科学种植，节本增效

农场根据流转来的土地沙性特质，与省农科院一起探索以发展羊肚菌栽培为主的"菌—菜""菌—果—菜"等粮经复合模式和"果—菌"套种模式、羊肚菌立体栽培模式等，把适合沙性土质种植的沃柑和羊肚菌作为主打品种，推动产业复合发展，羊肚菌亩均增收2万元。随着生产规模扩大，农场先后购买了羊肚菌烘干机、旋耕机、开沟机、割草机、机动喷雾器等现代化农机具，发挥农业机械动力优势，达到节本增效的目的。与租用机械耕地相比，使用自有机械，每亩地的成本从至少160元降到不足30元。采用新研发冬季保温大棚管理模式，对沃柑种植方式进行了改进，降低了冬季病虫害及低温冻害的风险，确保了沃柑脆甜可口的品质，使沃柑提前半个月上市销售，沃柑产量每亩至少增加20%。建立追溯体系、生产档案、农事记录、台账管理制度，详细记录农业生产过程和收支，通过分析2015—2018年的收支明细表，蒋素英发现果园采用传统除草方式，成本上涨较快。在反复比较论证后，采用铺设防草布的方式，每年农场除草成本减少了3.5万元左右，水果品质也得到显著提升，价格也比往年高出一倍，每亩收益增加了2万元。

2. 绿色生产，种养结合

农场采取种养结合的方式，利用生猪养殖产生的猪沼液，发展有机循环农业，合理施用有机肥，增加土壤中的有机质含量从而减少化肥的施用量，减少土壤中有害物质，增加土壤松软度，提高土壤肥力。农场坚持发展绿色健康的果蔬种植业，投资 5 万多元购买太阳能杀虫灯、性诱剂、捕杀蚜虫的黄板以及控制繁殖基数的柑橘潜叶蛾诱板，减少农药使用，同时注意保护病虫害的天敌，达到虫吃虫的效果。合理使用农药，减少农药用量和施药成本，比如在 8 月上旬柑橘树每一批绿芽都抽齐到 0.3 厘米时施药，可以一次施药即避免潜叶蛾危害，节约施药成本 1 万多元。2019 年，农场生产的沃柑、羊肚菌被农业部认定为国家绿色食品，当年一、三产业互动现场的采摘价比市场价每斤高出 1.5 元，农场收益也随产品价格提高而增加。

3. 创新销售，开拓市场

农场采取市场加农户的销售模式，由农场统一把优质的水果、羊肚菌等农产品进行包装宣传，在全成都市场销售。发展休闲农业，通过一、三产业现场互动，以实地采摘的方式，提高农场产品知名度。缩短流通环节，构建集冷链运输、航空落地配、顺丰、京东快递一件代发、搭乘蓉欧快铁、短距离配送等多渠道为一体的销售配送体系，实现直接从田间地头到顾客手中的销售模式，让重庆、西安、广州、上海等外地客户在当天即能吃到农场现摘的新鲜水果。利用"互联网＋"机遇，发展电子商务，农场生产的羊肚菌不仅在国内好评如潮，还出口到日本、俄罗斯、欧洲及东南亚等国家和地区，农场的产品每年以高出批发市场一倍的价格销售一空。

第二节 西部丘陵区发展家庭农场的模式与路径选择

一 西部丘陵区的范畴

1. 丘陵区的概念

按照地理学的解释，丘陵一般是指海拔高于 200 米、低于 500 米，相对高度一般不足 200 米，由连绵不断的低矮山丘所组成的地形。

对于丘陵，我们也可以进行不同的分类。以相对高度进行划分，200 米以上为高丘陵，200 米以下为低丘陵；以陡峭程度来划分，坡度大于 25°的为陡丘陵，坡度小于 25°的为缓丘陵；以不同的盐性成分划分，可以有花岗岩丘陵、火山岩丘陵、沉积岩丘陵（如红土丘陵、黄土梁峁丘陵）；以丘陵的成因去划分，可以有构造丘陵、剥蚀—夷平丘陵、火山丘陵、风成沙丘丘陵、荒漠丘陵、冻土丘陵及岩溶丘陵；以分布位置进行划分，有山间丘陵、山前丘陵、平原丘陵及海洋底部的海洋丘陵。

丘陵地区往往因山前地下水与地表水由山地供给而水量丰富，自古就是人类所偏好的依山傍水、适于防洪与农耕的理想之地，也是果树、林木丰产之地。

2. 我国西部丘陵县

根据2010年《中国县社会经济统计年鉴》对全国各县市的分类，西部地区共有丘陵县（市、区、旗）192个。[①] 其中内蒙古50个，广西30个，重庆13个，四川44个，云南8个，西藏10个，陕西24个，甘肃12个，新疆1个。也就是说，西部地区除了贵州、宁夏、青海以外，各个省级行政区都有丘陵区。其中内蒙古50个、四川44个、陕西24个，分居前三位。进一步分析，我们还会发现，内蒙古、陕西的丘陵区分属于内蒙古高原、黄土高原，为高原丘陵；四川丘陵区为盆地丘陵。

二 西部丘陵区发展家庭农场的模式选择

1. 丘陵区农业的一般特点

（1）居民点与田野分布多样。丘陵中的居民点有在高处的，也有在低处的，很少有一致特征。究其原因，一般认为，我们的祖先在选择居住地的时候，日照时间的长短、距离水源地的远近、是否背风等因素是优先考虑的几大因素。而丘陵地区的日照、水源、背风情况各地不一，因此，在丘陵地区很难有特征一致的居民点。同样地，丘陵地区各地的田野分布情况也不一样。在丘陵地区，田野面积一般较小，每块田地的作物种类不尽相同，往往是粮食、蔬菜、林木、果园等混杂其间。

（2）人口众多。丘陵地区的宜居性仅次于平原，有水、有地、有风光，又适宜耕种，因此，农业人口的居住地大多数选择在丘陵。丘陵地

[①] 本部分丘陵县、平原县、山地县的划分依据均来自2010年中国统计出版社出版的《中国县社会经济统计年鉴》。

区的人口密度仅次于平原。

(3) 宜农性强。丘陵地区一般可耕地占土地的比重仅次于平原，气候四季分明，无霜期较长，农业用水有保障，农、林、牧、渔发展较为稳定。

(4) 农业生态的人为毁坏比较严重。过量施肥、不当用药等造成的对水源、耕地土质的污染、破坏大都发生在此类型区域。

2. 西部丘陵区的种养结合（循环农业）型家庭农场发展模式

丘陵区之所以采取种养结合模式而不是大田规模种植模式，是因为其地形地貌特点所决定的：丘陵地区不可能存在像平原地区那样的成片耕地。除此以外，丘陵地区的人地矛盾（众多的农业人口与有限的可耕地之间的矛盾）较为突出，除了向非农产业转移过剩劳动力以外，还要通过种养结合的循环农业模式，尽可能多地吸纳就业人口。所谓种养结合，是指家庭农场除了种植主要的农作物如水稻、玉米、小麦、油菜等以外，同时要从事家禽、家畜饲养，大力发展农业循环经济，以保证农业经营收入的来源多样化。

三 西部丘陵区发展家庭农场的路径选择

1. 强调绿色有机发展

绿色发展是党的十八大所倡导的"五大发展理念"之一，也是家庭农场进行现代农业生产经营的必然要求。由于长久以来农业生产中的不当用药、过量施肥，导致水源、农地遭受污染，同时也严重威胁着城乡居民的食品安全和身体健康。绿色有机发展，一方面可以有效解决城乡居民关注、在乎的食品安全，另一方面也可以在发展现代农业的同时，兼顾到生态环境质量的改善与农业生态文明的建设，并通过绿色农产品的销售，为农户带来好收益（因为生态、绿色农产品的卖价普遍比一般农产品要高）。因此，家庭农场的绿色有机发展是大势所趋。

2. 强调循环发展

循环农业强调"3R"原则，也就是我们常说的"减量化（reduce）、再使用（reuse）和再循环（recycle）"三原则，是现代农业发展的重要方向之一。如前所述，丘陵地区发展现代农业最突出的矛盾可能就是人地矛盾、农用资源有限矛盾，而发展农业循环经济，强调农业的循环发展，能够更有效地利用资源，从而解决人地矛盾、资源矛盾。比如猪—沼—果、猪—沼—菜、桑—鸡—鱼之类的循环农业模式就很适合在丘陵地区发展。循环农业能够兼顾农业经济发展与环保，能够实现经济效益与环境生态效益"两手抓"，这对于家庭农场的业主的增产增收与地方经济社会的高质量发展都是有利的。

3. 强调效益发展

家庭农场的发展要注重以最小的成本获取最大的收益，这是社会主义市场经济条件下作为市场活动主体最起码的要求。当然，作为家庭农场来讲，一方面有自己的经济利益：搞农业就是要实现增收、要以赚钱为目的，也是其首要的目的；另一方面家庭农场也承担有社会责任：为保证农产品的有效供应、城乡居民的食品安全做出努力。因此，我们所说的有效益发展，绝不能以牺牲城乡居民的食品安全为代价，绝不能以牺牲环境生态为代价；有效益发展必须是在确保农产品质量和不损害生态环境质量前提下的高效益发展。

4. 强调创新发展

创新是引领现代农业未来发展方向的第一动力，西部丘陵地区的家庭农场要注重创新发展。首先，技术要创新，要力求以最新科技成果武装自己的产业发展，比如推广良种、采用先进的种植养殖技术等，千方百计提高农产品的科技含量。其次，管理要创新，要采用先进的管理理念和手段管理农业生产经营全过程，要用发展工业企业的思维经营管理家庭农场。最后，产品要创新，要顺应城乡居民对绿色生态农产品的消费需求，注重科学施肥、科学用药，不断增加绿色有机农产品的市场供应。

四 案例分析：四川省南充市家庭农场发展研究[①]

（一）南充市家庭农场发展研究

1. 南充市家庭农场发展的特点

（1）发展速度迅速。全市共有家庭农场（含大户）1.6万余个，其

---

① 本部分的相关数据为课题组2019年在四川省南充市调研时，由南充市农业农村局提供。

中市场监管部门注册的家庭农场4416家，注册数量仅次于成都市，排四川省21个市（州）第二位，发展较多的如南部县有1227家、阆中市有826家，较少的也有100家以上。全市各级示范家庭农场715家，其中省级84家、市级175家、县级456家，省级示范农场数量排四川省第二。

（2）经营状况良好。全市的家庭农场经营范围较广，主要从事种植业、养殖业、休闲农业、农机等农业生产服务业。拥有注册商标和产品质量认证的家庭农场分别为1056家、1302家，实施标准化生产的家庭农场2306家，建立标准化生产基地面积28.7万亩，开展"农超对接"的875家，户均经营土地50—100亩、实现收入达10万元以上。全市家庭农场累计规模经营土地45万亩以上，实现经济收入4.2亿元，逐步成为现代农业发展的生力军。

（3）经营模式多样。南充市积极推动"农业龙头企业+合作社+家庭农场"融合发展，大力发展共享经济，推广"户建场""场入社""场接企""场进园"的合作模式，开展生产、供销、信用"三位一体"综合合作，创新利益连接模式，形成互助共进机制，很多大户还承担着农业经理人的角色，成为农户与市场的桥梁。顺庆区彭氏家庭农场与省级农业龙头企业农望公司、嘉陵区俊豪家庭农场与嘉陵区凤垭山冬菜专业合作社、仪陇县日兴镇九龙家庭农场与温氏集团等"家庭农场+"联营模式，实现了团购农资、联销农产品、人员管理和素质培训、技术交流等联合合作。

（4）政府政策支持扶持给力。政府的政策支持与扶持主要体现在：

一是制定扶持政策。为加快家庭农场发展，市政府专门制定了《南充市现代农户家庭农场培育行动方案》，对2019—2022年培育家庭农场进行了规划。

二是简化审批程序。政府相关部门制定了家庭农场注册登记、颁发证照等工作流程，建立了市场监管部门与农业农村部门家庭农场数据信息共享机制，最大限度减少前置审批事项。

三是建立了培训和帮扶机制。全市共开展现代农户家庭农场及新型职业农民认定工作推进会及业务培训9期，共培训人员1263人次，组建产业发展服务专家团队9个，对柑橘、生猪、水产、蔬菜等产业的家庭农场开展结对帮扶。积极争取国家或四川省项目资金，对获得市级以上"示范家庭农场"称号的给予专项扶持。其中，顺庆区、营山县对获得省级、市级、县级称号的家庭农场分别给予2万—10万元不等的奖励。

四是规范管理。政府专门制定了《南充市市级示范家庭农场认定管理办法（试行）》，采取年报信息的方式对县级以上示范家庭农场开展监测，并经乡（镇）、县（市、区）、市级农业行政主管部门逐一核查核实，对运营异常的示范家庭农场取消其"示范家庭农场"称号，同时分级建立了示范家庭农场动态名录库。

2. 家庭农场发展存在的困难及问题

（1）存在问题。一是部分农场主对扶持家庭农场的政策措施了解不够，对发展农业的信心不足、耐心不够。二是发展质量不高、示范带动能力不强。全市家庭农场数量上有优势，但发展质量不高，特别是示范场仅占注册登记数量的20%左右。若算上种养大户，占的比重就更小，难以真正发挥好示范带动作用。三是经营管理水平不高，竞争力弱。多数家庭农场尚属于小本经营，从事生产活动较多，经营活动较少。

（2）存在困难。概括起来，目前，南充市的家庭农场发展存在如下困难。

第一，"融资难、融资贵"现象突出。由于缺乏有效抵押物，农场主租赁的农村集体土地及房屋、养殖圈舍、蔬菜大棚、设施设备等缺乏产权证，受现行法律法规制约，无法作有效担保和抵押登记，银行也不予认可。同时，在涉农金融机构中，除农业发展银行按人民银行贷款基准利率执行外，其余银行均要上浮贷款利率，一般上浮30%—50%，有的达100%；同时涉贷收费多，如资产评估费、合同公证费、抵押登记费、保险费、手续费等。据统计，有47%的家庭农场因授信担保制约面临融资难题，且存在隐性交易费用高等"融资贵"问题。部分家庭农场本身原本实力不强、发展定位不准、困难估计不足，一旦资金链断裂，又不能及时融资，只有破产倒闭。

第二，农业建设用地难落实。由于全市集体建设用地总量较少，加之政府更多地支持鼓励设施用地用于农业生产，而一些家庭农场则希望用于修建经营性粮食存储加工和农机农资存放维修场所、休闲观光度假场所、庄园、酒庄、农家乐等，以便更多地增加固定资产投资，从而有利于融资贷款，而这些地必须按建设用地报征。如顺庆区爱稼生态家庭农场以农业产业为依托发展采摘体验观光农业，嘉陵区俊豪家庭农场以养殖业为依托大力发展乡村旅游，这些家庭农场由于建设用地难以落实，只有违规使用集体土地建设，最终都在"大棚房"清理中全部拆除，给家庭农场以致命打击。

第三，青壮年劳动力和专业人才奇缺。一方面，季节性用工严重不足。农忙时需要大量的劳动力，而在家青壮年劳动力严重不足，80%以上的在家务工人员年龄在60岁以上。如顺庆区新复乡四方寨村户籍人口442人，在家人口61人，从事农业生产的劳动力平均年龄63岁以上。阆中市彭城镇碑垭村4社共有户籍人口110人，目前在家务农的仅6人且年龄都在60岁以上。另一方面，懂技术、会经营、善管理的专业人才少之又少，大多数经营者只重视生产而不懂得产品营销，跟风种植、养殖导致产品"同质化"现象严重。有的业主单打独斗、提篮小卖，有的卖初级产品、附加价值极低；有的销售"大路"产品、缺乏品牌意识，导致家庭农场大多实力弱小，抗经营风险能力严重不足。

第四，农用基础设施不配套。由于农业生产基地大多数在较偏远地区，田间耕作道路设计不到位。一些乡村道路宽度不够，产品运输需小型车辆多次转场而大幅增加成本。水利设施配套方面，排灌设施少，动力低，机械老化。同时，仓储物流设施较少。很多家庭农场主反映，一些应季水果如柑橘、葡萄、柠檬、香桃、李子等，因集中上市导致压低价格的情况时有发生，急需建设一批冷链仓储设施，实现错峰上市，以平衡市场、稳定物价，保护农民利益。

3. 加快家庭农场发展的对策建议

2013年，"中央一号文件"首次确立家庭农场发展方向。2019年中央农办印发了《实施家庭农场培育计划的指导意见》，四川出台了《现代农户家庭农场培育行动方案》，要按照中央和四川省要求，贯彻钉钉子精神，往实里做，敢于碰硬，抓牢钉深，千方百计把小农户培育成现代农户家庭农场，加快培育出一大批规模适中、生产高效、管理有效、效益与效率较好的示范家庭农场，让农民成为体面的职业，让农业成为有奔头的产业。

（1）大力开展宣传培训。按照习近平总书记提出的新时代农民要爱农业、懂农业、会经营的总体要求，进一步完善家庭农场、职业农民、农业职业经理人培训计划，针对产业不同分门别类进行培训，重点培养他们的敬业精神、专业能力和经管水平。通过系统学习，对培训期满、考核合格的学员颁发农业职业经理人证书，实行执证上岗制度，并配套相应准入、退出和激励机制。

（2）切实解决用地难题。认真落实支持设施农业健康发展用地政策措施，特别是县（市、区）要将年度新增建设用地计划总量的8%以上予以单列，专项支持新产业、新业态发展；落实农村土地"三权分置"政策，及时研究出台现有土地流转与即将到期的第二轮土地承包续租衔接政策，确保家庭农场主放心投入，持续发展；积极盘活农村存量土地，采取措施整治村庄、整理与节约宅基地建设用地，支持农村三产融合发展。建议自然资源和规划部门牵头，农业农村等部门和乡镇参与，统筹开展村庄规划编制工作，划定用地功能，适当预留村级公共服务用地、农业设施用地，对布局乡村旅游的村庄落实休闲农庄、乡村酒店等建设用地，坚持规划引领，强化规划约束，避免家庭农场不能动、不敢动或违规动的问题。

（3）推动成立家庭农场联盟。适应农业产业结构优化升级的需求，促进行业间强强联合、强弱互补，提升自身及产品的竞争力，分类别成立家庭农场联盟，创办家庭农场孵化园，引导有志从事农业的农民工、大学生、退伍军人和懂技术、会经营、善管理的成功人士下乡创新创业，先学、先试、先种，促进行业长效管理机制的探索和建立，促进行业自律、加强交流、相互沟通、上下协调、互助共赢。

（4）探索解决"融资难"问题。拓宽金融支持范围和额度，探索建立涉农应急转贷资金和风险补偿金，对银行和担保机构为符合条件的家庭农场发放贷款后所发生的超过一定比例的不良贷款净损失，给予一定比例的风险补助。完善农村土地承包经营权确权颁证后续工作，为家庭农场等新型农业经营主体融资准备好产权手续。加大农村"两权"抵押贷款试点，并推动"两权"抵押融资成为常态。扩大特色农业保险范围，开展农产品价格指数保险，有效防控自然和市场"双重风险"。

（5）加快完善基础支撑。持续加大财政投入农村路网、田网、水网和公共服务网络建设，出台政策支持业主自建农业基础设施。加大农产品产地集配中心、产地交易市场建设，解决柑橘、桃李等农产品集中上市带来的"价低伤农"现象。加强科技信息平台建设，建立大数据、电子商务和品牌营销等基础设施，组建县级专家服务团队，直接服务于家庭农场，帮助及时掌握最新市场行情，逐步实现产前、产中和产后一体化发展。

（二）南充市家庭农场典型案例

1. 龙凤桃源家庭农场：有机循环大发展

西充县义兴镇喻家垭村百门寺龙凤桃源家庭农场，位于四川省南充市西充县义兴镇喻家垭村。创办于2013年，流转土地100余亩，注册商标"荒草湾®"，主要从事桃树种植、生猪养殖、林下家禽养殖、水产渔业、乡村旅游等。农场先后被评为西充县最美农家、西充县创业基地等。农场主张昭武1993年河北省三河县农业中等专业学校畜牧兽医专业毕业，1989年至1995年先后在空军第一生产基地食品饲料厂任保管员、会计，1998年至2010年务农，从事农业种养殖生产、农产品初加工。通过多年的学习和生产实践，积累了丰富的农业生产经验。农场主女儿张丽萍四川农业大学毕业，先后荣获四川省优秀创业者、四川省大学生创业典型、四川省农村青年致富带头人、南充市优秀共产党员、南充市乡村振兴新青年、南充市优秀返乡创业企业家、南充市首届十佳新型职业农民等荣誉称号。龙凤桃源家庭农场始终坚持"以人为本，科技创新，绿色环保，诚信惠民"的宗旨，取得了较好的社会效益和经济效益。

龙凤桃源家庭农场成员3人，即农场主及其妻子、女儿，均参加新型职业农民培训。农场主张昭武参加四川省农民工成功创业提升培训，女儿张丽萍参加四川省青年农场主培训、四川省大学生成功创业提升培训等，均取得相应证书。该家庭农场的发展具有如下特点：

（1）家庭经营，适度规模发展

通过市场分析，家庭选择适度规模经营，用每年每亩土地租金300

元,将家乡几近荒芜、人称"荒草湾"的土地集中流转约170余亩,复垦复耕,经过长达三年的开荒,实施土地整理和熟化,建立种养殖产业园,现种植有机桃和柑橘100余亩、粮食蔬菜50余亩;林下饲养家禽1000多只,年出栏生猪1000多头,建设鱼塘蓄水养鱼20亩。

（2）瞄准市场,引新差异化发展

坚持"人无我有、人有我精"原则,从周边农场和网上新闻上已经清晰地看到,目前走俏的农产品市场差异化是大部分农产品的卖点。龙凤桃源在建园之后,就有意识地引进新品种,寻找和培育市场具有良好"卖点"的新型农产品。目前,园区内已引进油桃、红玉、沙红桃、红橘、藏香猪等多个优质品种。

（3）有机循环,助推可持续发展

建立"桃—猪—禽—粮—渔"有机循环农业体系,粮食喂猪、沼液灌溉、家禽除草、蓄水养鱼。注重产品品质,目前桃子有机转换期已进入第三年,农场真正做到了高效利用,规避单一产品的市场风险,达到可持续发展的状态。

（4）自繁自育,突出效益发展

家庭农场养土猪,自繁自育,饲喂粮食自给自足,市场波动对农场影响不大,加之猪粪循环利用无污染,土猪肉市场价格占有竞争优势。特别是鸡、鸭、鹅散养,到春季孵化期,大量家禽多野外孵化,既除去桃树下的杂草,又减少人工成本,还使经过发酵后的粪便增添了果树的有机肥效,使培育出的桃子、柑橘等水果品质从根源上得到提升,而且培育出的水果个大、色鲜、味道醇美。产品价格比市场高4—6倍。以桃子为例,普通价格每斤3元,龙凤桃源家庭农场价格每斤12元,受到消费者青睐,市场畅销。

（5）创新技术,坚持品质发展

邀请四川农业科学院、四川农业大学、华南农业大学、中国科学院等老师授课,并实地到成都龙泉驿、山东、陕西等地学习,积极引进修剪、水肥等管理技术,比传统技术挂果率高,果实优质,果树寿命长等特点,从果树根本上保证果实品质。所生产的产品与市场上同类产品相比较,无论是品质还是价格都有较强的比较优势。

(6) 完善设施、促进循环发展

龙凤桃源家庭农场在近八年的生产建设中，已硬化园区路近 1.5 公里，泥结路 2 公里，蓄水塘 4 口近 20 亩，年出栏 1000 头生猪养殖场，建设禽舍近 200 平方米，建设围网 3000 余米，生产和临时办公用房及库房近 200 平方米，基础设施和农用机具投入近 200 余万元。配备了耕作道、排水沟和发酵池、提灌排灌管道等水肥一体化设施，实行猪的粪便干湿分离，将干粪无害化处理后、养殖蚯蚓，蚯蚓用来养殖鸡、鸭、鹅等家禽，将养殖蚯蚓后的剩余物作为果树有机肥料；将土猪仔排除的尿液进入化肥池发酵后用来灌溉桃树、蔬菜；将沼气池产生的沼气用来给猪场冬季保温、生火煮饭等。

(7) 依托区位，发展观光农业

龙凤桃源农场内沟渠纵横、田垄相连、果木成片、鹅鸭成群、三季有鲜花、四季有绿叶，加之有保存完好的老四合院和香火旺盛的百门寺，整个园区俨然一幅浑然天成的山水画卷，是人们休闲观光、采摘体验、寻找乡愁、感受原生态的最好去处。

(8) 凭借网络，力推农产品线上营销

打破传统销售模式，将传统销售、订单销售融入体验式销售、电商平台销售，多位一体、齐头并进，通过与户外组织、摄影协会、学校等合作，开通微信、淘宝等网络平台，和农场体验赏花摘果等活动，吸引大量长期有效客户。确保农场产品销路畅通、产销两旺。

(9) 示范带动，引领乡邻发展

根据村里农户传统种养殖习惯和需求，邀请专家到龙凤桃源农场举办了有机种植、桃树嫁接、病虫害防治、生猪养殖等培训，以训代扶，引导村民发展林果经济和禽畜养殖，变输血为造血，提高他们的增收致富能力。流转土地收入租金能增加农户收入，而且还能学到种养殖技术，对带领周边农民共同发展农业产业，致富奔小康发挥了积极作用，共计带动周边 5 户农户成为种养殖大户。

(10) 抱团取暖，推动共享发展

农场主张昭武 2017 年发起成立了四川西充县众联现代农业联合社，并担任理事长。联合社按照"自愿、互助、合作、共赢"的原则，把单个的家庭农场联合起来，在更大范围开展密切联合与深度合作。实现信息互通、资源调剂和品牌技术共享，形成优势互补、技术互帮、资金互助机制，并在农资供应、农机作业、生产标准、产品销售等方面实现统一，成为进一步促进农户连接广阔市场的中间桥梁和纽带，极大地提高了农产品市场竞争能力和农民抵御市场风险能力。目前已联合60余家农业企业参与联合社。

2. 宏兴生态养殖家庭农场："以草代粮"出效益、"会社拓展"助脱贫

宏兴生态养殖家庭农场坐落在仪陇县永乐镇陈家沟村，主要发展家禽养殖业，于2014年11月正式注册登记。其发展特点如下。

（1）"以草代粮"创新招，壮大规模出效益

仪陇县永乐镇宏兴生态养殖家庭农场针对农村"无钱、无人、无技术、有野草"的"三无一有"空壳化现状，利用一种以田野上各种新鲜野草作基质，配以一种内含芽孢杆菌、乳酸菌、酵母菌、丝状真菌等多种功能微生物菌群的生物饲料制作剂（益生菌）加米糠、玉米粉、麦麸等辅料青贮的发酵方法，创新一种成本低、效益高的新型家禽饲料，使家禽对野草变"不吃"为"要吃"，变"难吃"为"好吃"，变"废物"为"宝贝"，变"亏损"为"盈利"，变"隐患"为"安全"。让田野上的各种野草代替粮食，发展家禽养殖，让野草"变钱"，达到了小投入、高产出的经营效果。2018年底，农场达到了年供应商品草鸡脱温苗5万羽、草鸡蛋100万枚，总产值300万元以上。同时，成功注册了"永乐宏兴"商标，"以草代粮生态养殖效能转化技术"已申报发明专利，经四川省科研所查新报告显示，"以草代粮生态养殖效能转化技术"获全国首创，"德乡野草鸡"品牌得到了社会各界的认可和好评。

（2）拓展领域出成绩，带动农友助脱贫

仪陇县永乐镇宏兴生态养殖家庭农场依托协会和合作社的资源平台，以农场为主体，积极响应国家精准扶贫政策，参与了产业扶贫和科技扶贫，积极开展了以家庭农场为主体，以科学生态家禽养殖技术和产业对接为主要内容的协会、合作社成员与贫困户的"结对子"帮扶活动。利用成熟的"以草代粮"家禽生态养殖技术和"养蚓代料"循环生产技

经验，通过大幅度的推广，发展生态草鸡和草鸡蛋等地方特色产业，发挥了示范带头作用，带动了群众致富，真正成为仪陇县永乐镇助农增收的示范新型经营主体和脱贫攻坚科技扶贫支撑体。2016—2018年，农场将"以草代粮"生态养殖效能转化技术和"养蚓代料"循环生产技术通过创业活动培训，积极开展科普培训服务，技术培训覆盖了仪陇县14个乡镇50个村，培训农村实用技术人员3200人次，赠送技术宣传资料3000余册，受益群众达5000余人，带动就业548人。现已结对子116户（其中建卡贫困户38户），养殖草蛋鸡6200只。2018年仅蛋鸡养殖一项，户均增收5000多元。这样既壮大了农场的发展规模，又帮助农友掌握了新技能，引领他们以创业带动就业，增产增收，取得了良好的经济、社会和生态效益，带动了周边农户及贫困户共同致富。

（3）绿色理念求发展，开拓市场铸未来

"以草代粮"生态养殖效能转化技术农业绿色发展的成果应用，其社会价值主要体现在以下四个方面：一是野草代替粮食，无化肥、药物残留，食品安全得到了保障。二是野草代替粮食，降低了饲养成本，项目技术先进，经济效益、社会效益显著。三是"养蚓代料"循环生产，稳定生态平衡，解决了环境污染，符合现行国家政策要求。四是"以草代粮"植根农村，操作简单，适合农民大众创业，能够带动就业发展，助力脱贫攻坚，能够帮助广大农民走上致富的道路。

家禽生态养殖产业良性发展的关键取决于市场开拓。仪陇县永乐镇宏兴生态养殖家庭农场严把质量、品牌关，把不断提高市场占有率始终放在突出的位置。进一步拓宽销售网络和销售渠道，按照市场需求实际情况，通过与业主签订购销合同、设点销售、定点供货与合作生产等形式，实现了产销连接。并开通了销售服务"直通车"，解除了养殖户的后顾之忧，实现了稳定和发展生产目标。同时，农场利用现有的生态资源，以朱德故居AAAAA级景区旅游资源为依托，以农业投入品（技术、品种等）、生产过程、产出物品为创意对象，将农产品与文化、艺术和创意相结合，使农产品的整个生产过程（产前、产中、产后）串联起来，开展科普展览活动，实现各种农业资源的最优配置，从而创造更高农产品的附加值；依靠"顺山、顺水、顺势"的自然资源，集观光农业、休闲农业、体验农业为一体，促进了集消费参与性、产业融合性、文化欣赏性、经济高效性为一体的现代农场转型升级，探索出了一条具有浓郁川东北特色的农业增效、农民增收、农村增绿的创新发展之路。

第三节　西部山区发展家庭农场的模式与路径选择

一　西部山区的范畴

1. 山区的概念

本书中的山区主要是指地形地貌以山地类型为主的区域。按照地理学上的解释，山地被定义为海拔大于500米、相对高差大于200米的蜿蜒起伏地形。

在地球上分布有众多崎岖、巍峨的群山。山一般由三部分组成，即山顶、山坡和山麓，其平均高度均大于500米。这些山地以较小的峰顶有别于高原，而以较大的高度有别于丘陵。

2. 我国西部山区县

我国西部地区的山区县（市、区、旗）为533个，其中内蒙古4个，广西28个，重庆13个，四川78个，贵州78个，云南112个，西藏62个，陕西23个，甘肃49个，青海39个，宁夏39个，新疆8个。通过分析，我们会发现，山地地形在西部地区分布最为广泛，12个省级行政区均有山区县。其中，云南、贵州、四川的山区县数量分居西部地区的前三位。

二　西部山区发展家庭农场的模式选择

1. 山区农业的一般特点

（1）基础设施建设难度大。由于山区地势崎岖不平，道路建设中需要比平原、丘陵区更多的高架桥、隧道等；水电与通信设施建设需要投入的人力、物力与财力也要相较于平原、丘陵区多得多。因此，基础设施建设的难度较大、成本较高。

（2）气候分布变化较大。由于山区海拔高，低温，气候呈现垂直分布状态，适于多种植被与经济林木的生长。这有利于山区发展立体农业、高效率农业，同时对于发展休闲、康养业也具有比较优势。

（3）贫困人口比重较大。山区地势崎岖，基础设施较差，出行不易，对外交流不便；适宜农作物种植的山间盆地与河谷地带，占土地面积的比重并不高。因此，这里的居民一般都较为贫困，家庭收入来源也较为单一。

（4）生态环境较为脆弱，自然灾害发生频繁。山区人口密度小，本来应该是生态保持最为完好的地区。但由于近些年旅游业的过度开发，使得一些地区的生态环境人为破坏程度较为严重。同时，山区的地质地貌特征也决定了其抵御自然灾害的能力较差，山区易于出现的自然灾害包括山体崩塌、滑坡、泥石流等。

2. 西部山区的特色效益型家庭农场发展模式

山区不同于平原区和丘陵区，没有足够多的、成片的耕地用于发展种植业、养殖业，只能根据当地的资源特点，因地制宜地发展特色种养殖业。山区的森林资源丰富，工业污染较少，这是它相对于平原区与丘陵区的比较优势。因此，大力发展林下种植业、养殖业，发展林下经济是主要方向。除此以外，利用山区丰富的森林资源和良好的气候条件，适度发展休闲、康养产业，也是可以大有作为的。

三　西部山区发展家庭农场的路径选择

1. 发展种养殖业在特色上做文章

在现代汉语中，"特"有特殊、特别、超出一般的意思。特色农产品、特色农业就是在一定地区独一无二的农业产业或农产品。众所周知，由于山区特有的地理条件限制，可耕地面积极为有限，山区发展种植业、养殖业不可能拥有平原区、丘陵区的规模优势，而只能在"特色"上做文章。作为山区的家庭农场，要因地制宜，发展具有本地特色的种植业、养殖业。山区农产品要获得市场消费者认可，一要靠质量，使消费者"吃得放心"；二要靠特色品种，做到"人无我有"的特色，让消费者能够满足其喜好"无公害的山货"的心理需求。可以在特色中药材、特色水果、特色畜禽产品等方面充分挖掘生产潜力，满足市场消费者需求的同时，为自己的家庭实现增收。

2. 依托比较优势打造休闲观光与康养产业

作为山区，论可耕地数量，比不过平原和丘陵；论基础设施的发展水平，肯定也没有办法与平原或丘陵区相提并论。但是，山区的气候条件、森林覆盖率、水与空气质量，这是紧靠喧嚣都市的平原或丘陵区所无法比拟的。这就是山区的比较优势。

农业休闲观光与健康养老产业是眼下比较热门也是发展前景较好的产业。山区的家庭农场要充分利用远离大都市、工业污染少、森林覆盖率高、空气清新的特殊优势，大力发展休闲观光、健康疗养产业。这一方面让城里人在紧张工作之后的闲暇时间，获得与大自然"亲密接触"的机会；另一方面也可以让自己的特色农产品有销路，让自己的家庭获得新的增收渠道。

3. 大力发展立体高效农业

山区家庭农场可以利用本地崎岖不平、海拔高低差异较大的特点，大力发展立体高效农业，比如山间河谷地带主要发展种植业，高海拔地区则主要发展林业，在林下主要发展中药材种植和特色畜禽养殖。立体高效农业可以充分利用当地有限的耕地资源、森林资源和多样的自然条件，应该说是山区家庭农场谋取自身发展的有效路径。只要措施得当、政策扶持能够落实，立体高效农业一定能够在山区的家庭农场发展中开花、结果、出效益。

4. 统筹生态环境与农业经济发展

由于农业对自然环境的较高依存度，生态环境的质量成为影响现代农业发展前景的重要因素。如前所述，山区的农业生态环境比起平原与丘陵地区要更为脆弱，因而遭受如山崩、泥石流等自然灾害时的损失将更为严重。因此，绿色发展、生态发展、可持续发展显得尤为重要。山区家庭农场在通过特色种养业发展经济的同时，一定要注重保护土地、森林、水源等自然生态环境，要经济效益与环境生态效益"两手抓""两手硬"。

5. 加强基础设施建设

山区发展现代农业、发展家庭农场，一定要考虑"货出得去、人进得来"的问题。而要让山区的特色优势农产品能够顺利运出去、销售出去，交通、通信的纽带作用就显得相当重要。因此，除了加强农田基本设施建设以外，尤其要花大力气加强交通、通信设施建设。

四　案例分析：重庆市云阳县家庭农场发展研究①

（一）重庆市云阳县简介

云阳县位于重庆市东北部，距重庆主城九区 310 公里，是三峡库区生态经济区沿江经济走廊承东启西、南引北联的重要枢纽。东与奉节县相连，西与万州区相接，南与湖北省恩施州利川市相邻，北与开州区、巫溪县为界，幅员面积为 3649 平方公里。云阳县辖 4 个街道、31 个镇、7 个乡（1 个民族乡）。常住人口 89.87 万人，户籍人口 110 万人。

云阳县属喀斯特地貌，长江由西向东中分县境。岭谷地貌明显，以山地为主，兼有谷、丘，山高、谷深、坡陡，群山巍峨，呈现出"一山二岭一槽""一山三岭两槽"或"一山一岭、岭谷交错"的地貌特征。境内海拔最高 1809 米（农坝镇云峰山野猪槽包），最低 139 米（长江出境处），海拔高低悬殊 1670 米。

云阳县地处亚热带季风气候区，日照充足，夏季炎热，冬季暖和，多伏旱多秋雨。立体气候特征显著，气温随海拔高度的不同而变化。

云阳县是以粮食生产为主的农业县，主要农作物有水稻、小麦、玉米、红苕、洋芋、油菜、棉花等。

（二）云阳县家庭农场发展的有利条件

1. 农业资源丰富

云阳县耕地面积 140 万亩、园地 13 万亩、林地 269 万亩、草地 39 万亩、养殖水面 25 万亩、其他农业地 23 万亩。全县农业人口 98 万、农村总劳动力 56 万。中药材、柑橘等农产品规模大、品质好，是全国"中医药先进县""畜牧大县""生猪调出大县""粮食生产先进县"，重庆市"晚熟柑橘大县"和"牛羊大县"。除此以外，全县拥有野生植物达 2000 多个品种。其中，林木植物 97 科、287 属、839 个树种；珍稀古树有 29 科、34 属、39 个品种。野生动物有 110 科、240 种，珍稀动物 68 种。其

---

① 本部分的相关数据为课题组 2019 年在重庆市调研时，由重庆市云阳县农业农村局提供。

中大鲵、水獭、锦鸡等国家三类保护动物数十种。丰富的土地与生物资源，加上适宜的气候，对于家庭农场的发展十分有利。

2. 蕴藏着丰富的民间资本

云阳县拥有 20 万人在外做"面"生意，是实实在在的"小老板"，这些人原本也是云阳当地土生土长的农民。据相关调查资料显示，全国 70% 以上的城市都有来自重庆市云阳县的"面老板"。这些云阳的"面业人"每年汇回云阳的资金不下 500 万元人民币。这些钱若有 20% 用于发展家庭农场，本身就是一笔数量可观的民间资本。

3. 农产品品牌培育良好

截至 2019 年，全县市级以上认定农业品牌总数达 184 个。其中，"三品一标"农产品认证 161 个（无公害农产品 131 个，绿色食品 16 个，有机食品 12 个，地理标志农产品 2 个），农产品区域公共品牌 1 个，"百家合作社百个农产品"品牌 2 个，重庆名牌农产品 11 个，生态原产地保护认证产品 5 个，生态原产地保护示范区 1 个，GAP 良好农业规范认证 3 个。

"天生云阳"品牌发展状况良好。目前，授权使用"天生云阳"品牌的各类农产品企业已达 48 家（共 55 个农特产品），包括柑橘、葡萄、猕猴桃等水果类产品 15 个，大米、面条、粉丝等粮油类产品 17 个，桃片糕、酱油、香肠等加工类产品 5 个，乌天麻、菊花等中药材产品 6 个，牛肉干、生猪、鸡蛋等畜禽产品 6 个，辣椒、杏鲍菇等蔬菜（食用菌）产品 4 个，生态鱼类产品 2 个。"天生云阳"荣获 2017 年重庆市十佳区域公用品牌，2018 年中国区域农业品牌影响力排行第六。小有名气的农产品品牌营销对于家庭农场的生产经营是十分有利的。

4. 产业基地初具规模

近年来，云阳着力推进农业供给侧结构性改革，着力转变农业发展方式，形成了"3 + 2 + X"的产业体系，即柑橘、牛羊、蔬菜三大主导优势产业，粮油、生猪两大保供基础产业，生态渔、中药材、特色水果等其他特色产业。

（1）主导优势产业。柑橘：截至 2018 年底，全县柑橘面积达到 30 万亩，其中投产面积 25 万亩；柑橘产量 22 万吨，实现综合产值 11 亿元。

牛羊：大力推广适度规模化、标准化、生态化饲养，牛羊产业稳步发展，实现年出栏山羊59.1万只、肉牛4.94万头，均居全市前列。其中，山羊出栏量列全市第一。蔬菜：全县种植面积34.63万亩，产量49.16万吨，产值6.7亿元。其中，商品蔬菜基地1.90万亩，产量6.65万吨，产值7980万元。

（2）保供基础产业。粮油：2018年，全县粮食播种面积135.70万亩，产量40.13万吨；油料作物播种面积21.61万亩，总产量1.9万吨。生猪：大力推广种养循环模式，生猪产业逐步优化；2018年实现年出栏生猪81.7万头；奎博无公害桑叶猪等6家生猪养殖企业获得无公害认证，每头猪肉销售毛差可达1100元，有力引领全县生猪产业提质、健康发展。

（3）其他特色产业。生态渔：全县以草鱼、鲤、鲫等常规品种为主，大口鲶、黄颡鱼、翘嘴鲌、大鲵等名特优产品为辅，12个养殖品种为无公害农产品。2018年实现水产养殖面积5.6万亩，水产品总产量1.21万吨，产值3.2亿元。中药材：全县菊花、天麻等中药材种植面积共8.94万亩，产量2.65万吨。发展中蜂9万余群，年产蜂蜜近1000吨。特色水果：全县地产特色水果李、葡萄、猕猴桃、龙眼、枇杷等面积达到8.73万亩，产量6万吨。其中李子栽植面积达到4.6万亩，产量1万吨。干果：以核桃为主，全县已建成7万亩，投产面积约1.5万亩，年产量1800吨。

5. 农业融合发展态势良好

围绕全县优势特色产业和特色农产品，培育壮大新型农业经营主体、提升加工冷链能力，形成柑橘、牛羊（畜禽）、中药材、粮油、蔬菜（食用菌）、调味品、生态渔七条农业产业链条，2018年实现七条产业链销售收入65亿元。着力推进休闲农业和乡村旅游发展。在龙缸沿线建成峻圆枣康园、泥溪农耕园、凤鸣花千谷、阳凤玫瑰花园、票草巾帼大院、龙角奇异花果园、无量山映山红公园、水口石佛山度假村、上坝锣鼓宕露营基地等一批特色休闲农旅景点，其中，峻圆枣康园获得全国休闲农业和乡村旅游示范点称号。发展休闲农庄及园区163个、农家乐1050家，乡村旅游品牌节会活动达到12个。2018年全县乡村旅游累计接待游客570万人次，实现乡村旅游综合收入16亿元。

6. 农业基础设施（机具）大幅改善

统筹做好农村基础设施"五大件"建设，累计建设机耕道540公里、人行便道2219里、山坪塘3525口、撤并村路775公里、组级路1555公里。在双土等山区乡镇创新探索实施小田改大田300余亩，促进机械化生产和土地适度规模经营。全县农机具拥有量达到6万台（套），农机总动力达到52万千瓦，实现机耕136万亩、机插8万亩、机收19.5万亩，主要农作物机械化率达50.3%。

7. 农业面源污染防控有力

加强畜禽粪污综合治理，累计拆除养殖场155家，完成252家、7.21万头生猪当量养殖场粪污治理。开展化肥农药零增长行动，实施测土配方施肥198万亩，统防统治作业27万亩，建立有机肥替代化肥、精准施肥、绿色防控等化肥农药零增长示范片2.3万亩。2018年，全县农药利用率达到39.2%，较上年提高0.9个百分点；农药使用量310.6吨，较上年减少9.05吨、减幅2.83%。主要农作物化肥综合利用率达到39.1%，比上年增长0.9%；化肥使用量2.63万吨，比上年减少1%。

8. 农村各项改革措施深入推进

扎实推进农村土地"三权分置"，基本完成确权颁证外业调查测绘。全县土地适度规模经营面积59.35万亩，规模经营度达到43.1%。加快发展壮大村级集体经济，安排落实100个村、每村30万元村集体经济发展项目。全县新增220个村实现有村集体收入，达到357个，占比78%，其中5万元以上的村62个。有序推进盘龙青春村、泥溪胜利村"三变"改革试点，初步形成资源变资产、资金变股金、农民变股东的运转机制，盘龙青春村实现村集体收入分红46020元。持续推进农村集体产权制度改革，完成314个村（社区）清产核资和量化确权。实施农业项目财政补助资金股权化改革资金累计突破1亿元，参与股权化改革的农业企业100个、农民合作社272个，直接受益的村集体经济组织320个、贫困户11191户，已有160个村集体和2.45万户农户享受到股权化改革带来的红利，累计分红金额达143万元。

9. 政府的政策支持

云阳作为重庆市东北部的农业大县，对于发展农业与农村经济、培育新型农业经营主体、有效解决"三农"问题，县委县政府一直秉持积极支持的立场，并为此制定了包括资金、人才、项目等在内的一系列扶持、支持政策。我们相信，有了党和政府的大力支持，加上农业从业人员的不懈努力，云阳的家庭农场必然能够不断发展壮大。

(三) 云阳县家庭农场发展的情况调查

近年来，云阳县在培育新型农业经营主体，特别是家庭农场方面做出了许多努力，经过几年的发展，全县家庭农场已初具规模，成效显著。

1. 基本情况

云阳县位于三峡库区腹心地带，全县辖38个乡镇、4个街道，总人口110万，其中农业人口98万，农户31万户，农村总劳动力66万。现有承包土地农户约31万户，承包耕地面积137.6万亩，其中田57.1万亩、地80.5万亩。集人口大县、农业大县、山区大县、移民大县、国家扶贫开发重点县等特殊县情于一体。

自2013年以来，云阳县大力调整、优化农业产业结构，不断优化优势农业资源配置，不断壮大现代农业规模，着力推进现代山地农业高质量发展，努力实现农业增产增效和农民增收，有效促进了县域经济的科学、可持续发展。同时，该县采取有力措施，对家庭农场等新型农业经营主体成熟一批、发展一批，取得了积极效果。根据该县农业相关部门的调查和统计，截至2019年三季度末，全县家庭农场总数928家，在工商部门注册的590家，其中种植业313个、养殖业434个。家庭农场劳动力3627人，其中家庭成员劳动力2867人，经营耕地总面积44525亩。并呈现出以下特点。

(1) 产业覆盖面逐步拓宽。现有的928个家庭农场覆盖了果品、调味品、中药材、生态养殖、优质粮油五大产业集群，经营面积以适合家庭3—5个劳动力经营为主。目前经营面积50亩以下的915家，占98.6%；50—500亩11家，占1.2%。经营土地一部分为家庭成员的承包土地，大部分为流转的外出务工家庭土地和邻里、亲戚的代耕土地。家庭农场通过土地流转，促进了农业适度规模经营，减少了农村"撂荒"地面积。

(2) 雇工占比逐步提高。从调查来看，家庭劳动力总数3627个，其中：家庭成员2867个，占79%；常年雇工760个，占21%，占比比上年同期增长2%。日常耕种收获主要靠家庭成员劳动，农忙时或集中收获时雇工，常年雇工较少。

（3）品牌建设稳步推进。家庭农场和专业大户通过认证的数量较少，全县目前有15个家庭农场获得农产品质量认证，品牌建设稳步推进中。各类农业经营主体所生产的产品通过认证的以低级别"无公害"为主，而获得"绿色产品"或"有机农产品"等高级别认证的经营主体占比相对比较低。这充分说明家庭农场发展中的品牌建设亟待继续加强。

（4）经营效益逐渐提高。原有一家一户小农生产模式生产的产品基本上都是自给自足，很少部分是进行商品生产。而家庭农场的农业生产经营以商品化、规模化、高效化为目标，农业生产经营以效益最大化为先。家庭农场生产的产品大多是具有特色、效益好的品种。农场人均纯收入大幅度提高，比原有经营模式人均纯收入增加2—5倍，增加了农民收入。全县家庭农场大部分年收入在20万—100万元，纯收入在10万—20万元，比普通农户高出3倍。

（5）电子商务逐见实效。大力鼓励家庭农场加入和建立电商平台，组织农产品统一与电商对接，把"山货"变"网货"，把"农产品"变"网店商品"。如人和街道王小芹蔬菜种植家庭农场2016年10月通过开办微信商城"姜山人家"，推出黑花生、土蜂蜜、土鸡土鸭以及其他特色优质农产品，远销重庆、湖北、广州、浙江等城市，客户好评如潮。同年11月，农场的红糖开展系列网购活动，如预售拼团以及网络直播销售等，成功实现产品在未开始熬制前销售一空，且远销西藏等地区。因为红糖的货真价实，很多新老顾客已经提前关注了"姜山人家"。

2. 存在的主要困难和问题

（1）家庭农场整体上规模偏小。全县共有家庭农场928个，占全县农户总数的0.29%；经营耕地总面积44525亩，占全县耕地面积的3.23%，家庭农场经营面积多数在50亩以下。

（2）"融资难、用工难"现象较为突出。一些金融机构不愿意向家庭农场贷款。即使有部分金融机构勉强愿意融资，但提出了"资产抵押"贷款条件。然而，大部分家庭农场目前很少有可以用作抵押的资产，致使其很难获得金融机构的贷款融资,这严重制约了其扩大生产规模或发展设施农业,不利于其加快发展。同时,由于农村劳动力,尤其是中青年劳动力的过量流失,使得相当部分家庭农场出现"用工荒"。在农忙季节,尽管一些农场提高了雇工工资(有的工资上浮了20%以上),但还是难以请到季节用工。

(3)业主的创新意识普遍薄弱。家庭农场主中的大部分转型于原有的种植大户、养殖大户,是典型的、地地道道的农民出身。这一部分人大多文化程度不太高,除了传统的种植、养殖技能以外,所懂得的新知识、新技术、新理念不多,对最新科技成果引进、品牌创建与保护等认识不足,规避农业风险的意识普遍不强,传统农业生产方式根深蒂固,也在一定程度上制约了家庭农场大发展。如黄石镇的王道元蔬菜种植家庭农场,种植蔬菜十余亩,采取传统方式种菜,卖菜到镇上或者县城,虽年有盈余,但是产业发展速度较慢。

3. 促进家庭农场健康发展的对策建议

(1)进一步完善支持政策,大力培育家庭农场。要统一各级思想认识,高度重视,增添措施,大力培育家庭农场。根据家庭农场的发展类型,适度提高农场的发展规模。集中利用财政资金,提高资金使用效率,强化对家庭农场的支持。一是财政资金优先支持土地的适度规模经营项目。在考虑标准农田建设、农业综合开发、特色农业示范基地的基地项目时,要优先考虑支持适度规模经营的业主(比如家庭农场业主等)。二是增加对家庭农场的直接补贴额度。在用电、用油、用药、机械设备等方面给予补贴。

(2)加大技术推广,创新发展思路。在培育家庭农场的同时,在农技推广方面进行创新,实行点对点、一对一的技术服务。使农技推广针对性强,效果好。鼓励农场主学习先进农业技术,注册农产品品牌,拓展营销思路,走出一条现代山地家庭农场的特色高效农业发展之路。

(3)采取有力措施,提高业主的经营管理水平。从家庭农场的发展实际情况看,业主的文化素质、经营管理水平在决定其发展方向、发展思路、发展后劲等方面具有重要的影响作用。因此,一定要制定切实措施,采取"请进来"或"送出去"等办法,提高家庭农场中的农业从业人员（尤其是业主）的科技文化知识与经营管理水平。

第四节 西部高原区发展家庭农场的模式与路径选择

一 西部高原区的范畴

1. 高原区的概念

高原一般是指具有高于 1000 米的海拔高度，面积较大、地形较为开阔，周边以较为明显的陡坡为界线，较为完整的、大面积隆起区域。高原素有"大地的舞台"之称，它是在长期连续的大面积地壳抬升运动中形成的。高原以较高的高度不同于平原，又以较大的平缓地面及较小的起伏有别于山地。

按照高原表面的形态可以将高原分为几类：一是顶部较为平坦，且地面起伏不大的高原，如我国的内蒙古高原；二是顶部较为平坦，但同时地面起伏较大的高原，如我国的青藏高原；三是分割高原，如我国的云贵高原，受流水切割较深，起伏较大，顶部也较宽广；四是黄土高原，其地表面大部为厚层黄土所覆盖，陕西境内的黄土高原地层出露完整，地貌形态多样，是中国黄土自然地理最典型地区。世界最高的高原是中国的青藏高原，面积最大的高原为巴西高原。

2. 我国西部高原区

我国仅有的四大高原，即青藏高原、云贵高原、黄土高原、内蒙古高原均主要分布于西部地区。

青藏高原（旧称清康藏高原，北纬 25°—40°，东经 74°—104°）涵盖西藏、青海省的全部，四川西部、新疆南部，以及甘肃、云南一部分，面积 240 万平方公里，平均海拔 4000—5000 米，为世界最高的高原、我国重要的牧区与林区。

内蒙古高原属于蒙古高原的一部分，为我国第二大高原。它位于阴山山脉之北，大兴安岭以西，北至国界，西至东经 106°附近。介于北纬 40°20′—50°50′，东经 106°—121°40′，面积约 34 万平方公里。行政区划包括内蒙古的呼伦贝尔盟西部、锡林郭勒盟大部、乌兰察布盟和巴彦淖尔盟的北部。广义的内蒙古高原还包括阴山以南的鄂尔多斯高原和贺兰山以西的阿拉善高原。

黄土高原区位于太行山以西,青海日月山及秦岭以北,长城以南,总面积约62.38万平方公里,耕地总面积1.8亿亩,人口近7000万,西部地区的陕西中北部、甘肃中东部、宁夏南部及青海东北部属于本类型区域。黄土高原为我国第三大高原。

云贵高原在雪峰山以西,大娄山以南,哀牢山以东,其中,西部地区的云南省东部、贵州省全部、广西壮族自治区西部以及四川西部边境地区属于这一类型区域。海拔1000—2000米,中、西部高,向北、东、南三个斜面倾斜,为我国第四大高原。

二 西部高原区发展家庭农场的模式选择

1. 高原区农业的一般特点

(1) 主要的牧区或林区。内蒙古高原东部的大兴安岭林区、藏东南林区、滇南热带阔叶林区,以及四川、云南、西藏交界处的横断山林区等,都是国内宝贵的森林资源。内蒙古、西藏、青海等省级行政区还是全国重要的畜牧业发展区。

(2) 多民族居住地。四大高原中,除了黄土高原以外,其他三大高原地区的少数民族分布都较多。其中,云贵高原的贵州、云南都是有名的少数民族省份,广西为壮族自治区;青藏高原的人口以藏族为主;内蒙古高原的居民以蒙古族为主。不同的少数民族聚居区的自然环境、加上所居住民族的习性,共同造就了不同的农业特点,如蒙古族被称作"骑在马背上的民族",因而畜牧业是其农业的一大特色;藏族地区的藏药种植也是其农业的一大亮点。

(3) 气候类型多样。四大高原由于地理位置不同,其气候类型肯定不一样。由于我国地处世界著名的独特季风气候区,季风影响强烈,加上我国大部分地区降水的水汽来自太平洋,所以降水量大体自东南沿海向西北内陆递减。大体上可以大兴安岭—张家口—榆林—兰州—玉树—拉萨附近一线(400毫米的年降水量线)为界,把全国分为两块:东南部的湿润和半湿润区,该区域夏季风盛行,雨量充沛,光、热、水条件配合较好，是我国种植业为主的农业区；西北部的干旱和半干旱区，这一地区气候干燥，降水量较少，一般以牧业为主，为我国主要的牧区。其中，云贵高原处于湿润区，雨水充沛，种植业较为发达；青藏高原、黄土高原处于半干旱、半湿润地区，畜牧业、种植业均有发展，被称作半农半牧区；内蒙古高原则处于干旱或半干旱区，畜牧业较为发达；黄土高原的东部和南部地区属于暖温带半湿润区，中部地区则属于暖温带半干旱区，西部地区、北部属于中温带半干旱区，黄土高原的大部分地区的温度条件能满足农作物两年三熟的需要，但降水方面东部与西部降水差异较大。

（4）农产品特色明显。我国四大高原地区都拥有在国内外享有一定知名度的特色农产品，如青藏高原的牦牛、藏药、青稞；黄土高原（陕西）的苹果；云贵高原的云南烤烟；内蒙古高原的奶牛、奶羊等。这些特色鲜明的农产品是农民增收的重要手段、地方经济稳定发展的有力支柱。高原地区的家庭农场完全可以根据自身特点，在当地农业特产上做文章。

2. 西部高原区的资源节约型家庭农场发展模式

如前所述，西部地区拥有的四大高原中，除了云贵高原情况稍好以外，其他三大高原，即青藏高原、黄土高原、内蒙古高原都处于干旱或半干旱、半湿润地区，农业灌溉用水及牲畜饮水相当紧张，因此，高原地区的家庭农场因地制宜地发展资源节约型农业应该成为优先发展方向。西部高原地区的资源节约型农业主要考虑要节约用水、节约用地。

三　西部高原区发展家庭农场的路径选择

1. 加强科技创新，提高农业效率

现代农业效率的提高，离不开科学技术进步。鉴于西部高原地区水资源、耕地资源不如丘陵与平原区的实际情况，我们认为，高原区的家庭农场要大胆采用农业科技创新成果，着力发展资源节约型农业产业。尤其要利用设施农业，发展无土栽培以节约用地，大量采用喷灌、滴管等农业灌溉新技术以节约用水。只有做到用更少的地、消费更少的农业用水，才能缓解西部高原区的农业"短板"，才能提高高原区农业的效率与效益，并最终实现农业增产、农民增收目标。

2. 多样化经营，走融合发展之路

产业融合发展能够做到资源利用最省、农产品附加价值挖掘最好、农业效率更高、农民实现增收目标最快。实践已经证明，依靠单纯的种植业或养殖业，家庭农场很难获得高收益。我们认为，多样化经营是产业融合发展的题中之义。农业一、二、三产业融合发展有利于农业高质量发展，更是家庭农场多样化经营的极好表现。融合发展可以通过单个家庭农场去实践，也可通过众多家庭农场的分工合作来完成。

3. 因地制宜，走特色发展之路

作为高原地区的家庭农场来讲，不能照搬别的类型区域的家庭农场发展模式。要因地制宜，根据本地的资源、技术与人才的实际情况，宜农则农、宜牧则牧、宜渔则渔、宜林则林。只要能够充分发挥当地的资源特色、产品特色的农业发展路子，就是好路子，家庭农场一定要坚持这样的思路。

4. 加强政策扶持，促进健康发展

政府强有力的政策支持与扶持是家庭农场获得快速、健康发展的重要条件。由于我国的家庭农场发展历史比较短，在国内尚属新生事物，在人才、技术、资金、经营与管理经验，以及基础设施等方面都还存在不足，需要花大力气予以解决。这些不足要得到有效弥补，仅仅依靠单个家庭农场自身显然不能办到。而政府由于拥有丰富的政策资源和强大的动员能力，可以集中力量在短期内解决家庭农场发展中的"急难险阻"问题，可以为家庭农场营造一个宽松的政策环境。

四 案例分析之一：甘肃省及其下辖张掖、敦煌市家庭农场发展研究[①]

（一）甘肃省家庭农场发展研究

2013 年"中央一号文件"明确了针对专业大户和家庭农场在农业补贴、土地流转、技能培训等方面的扶持政策。2013 年 11 月召开的党的十八届三中全会强调加快构建新型农业经营体系，鼓励承包经营权在

---

① 本部分的相关数据为课题组 2019 年在甘肃省调研时，由甘肃省农业农村厅提供。

公开市场上向家庭农场等新型农业经营主体流转,发展多种形式的适度规模经营。2014年"中央一号文件"提出,按照自愿原则开展家庭农场登记。2014年2月,农业部下发了《关于促进家庭农场发展的指导意见》。2015年"中央一号文件"提出,鼓励发展规模适度的农户家庭农场。2018年9月21日,习近平总书记在中央政治局集体学习会上就实施乡村振兴战略首次提出:"要突出抓好农民合作社和家庭农场两类农业经营主体发展,赋予双层经营体制新的内涵,不断提高农业经营效率。"2019年3月8日上午,习近平总书记参加全国"两会"河南代表团审议时再次提出:"突出抓好家庭农场和农民合作社两类农业经营主体发展,支持小农户和现代农业发展有机衔接,建立健全集体资产各项管理制度,完善农村集体产权权能,发展壮大新型集体经济,赋予双层经营体制新的内涵。"2014年9月甘肃省人民政府办公厅印发的《关于培育发展家庭农场的指导意见》(甘政办发〔2014〕170号),2017年10月甘肃省委办公厅、省政府办公厅联合下发的《关于加快构建政策体系培育新型农业经营主体的实施意见》(甘办发〔2017〕65号)明确提出了全省家庭农场发展的目标任务、重点工作、扶持政策和保障措施。五年来,该省家庭农场工作进展情况如下:

1. 家庭农场基本情况

截至2019年6月底,全省共有各种经营类型家庭农场10093家,其中在市场监管部门注册登记的7706家、农业农场部门认定5215家(部分家庭农场既在农业部门认定,也在市场监管部门登记注册)。按生产经营类型分:种植业5025家、养殖业2284家、种养结合型2678家、其他类型106家。家庭农场经营耕地面积131.3万亩,其中,50亩以下的4283家,51—100亩的2460家,101—500亩的2804家,501—1000亩的388家,1000亩以上的158家。家庭农场发展已经覆盖了种植业、畜牧业、水产业、养殖业、林下经济等各个行业。

家庭农场发展呈现三个方面特点:一是产业类型较多。各地家庭农场立足资源优势,从实际出发,宜粮则粮、宜林则林、宜畜则畜,其主要的经营门类包括玉米、蔬菜、水果、苗木、马铃薯、中药材等农作物的种植和畜牧、水产养殖及产品销售。二是主体结构多元。家庭农场主的主体结构呈现多元化趋势。一部分由种养大户演变而成,一部分由返乡农民投资兴办,一部分由大中专毕业生积极申办,还有一部分是农民合作社社员登记注册。三是经营能力提升。从管理水平看,大部分家庭农场生产记录比较完整,新技术应用程度高,能主动运用电商。从经营效益看,家庭农场经营收入普遍高于当地农户的收入,显现出较小农户家庭承包明显的经营优势。

2. 培育发展家庭农场的主要做法

(1) 强化政策引导,推动家庭农场发展

为鼓励和支持家庭农场快速、健康、有序发展,提高农村土地适度规模经营水平,省委、省政府下发了《关于培育发展家庭农场的指导意见》(甘政办发〔2014〕170号)、《关于加快构建政策体系培育新型农业经营主体的实施意见》(甘办发〔2017〕65号),文件中明确就培育发展家庭农场的总体要求、重点任务、政策措施和保障机制提出了具体要求,为家庭农场发展提供了政策支撑。2017年省农牧厅又下发了《关于进一步做好家庭农场有关工作的通知》,对家庭农场工作进行了再安排、再部署。上述政策措施的出台,为培育、发展家庭农场提供了有力的政策支持,创造了良好的发展氛围。

(2) 开展示范创建,明确家庭农场发展方向

为进一步认真贯彻和落实甘肃省人民政府办公厅《关于培育发展家庭农场的指导意见》精神,2014年,甘肃省农牧厅制定了《省级示范性家庭农场认定管理办法》,具体规定了示范性家庭农场的认定程序、标准和入选条件以及管理扶持措施,从土地规模、生产规范、经营效益等方面引导家庭农场提高生产经营水平。截至2018年底,全省14个市(州)、86个县(市、区)都出台了示范性家庭农场的创建和认定办法。全省认定省级示范农场238家、市级示范农场1496家、县级示范农场2074家。推荐酒泉市下辖的敦煌市顺天家庭农场、天水市麦积区辉旭养殖家庭农场为全国典型农场。通过示范性家庭农场的示范引领和典型带动,有效促进了家庭农场培育和适度规模经营发展。

(3) 加大扶持力度,促进家庭农场蓬勃发展

近年来,该省积极争取中央财政项目资金2464万元,对308家省级

示范农场和承担农业农村部监测任务的家庭农场进行了奖励扶持。

（4）开展名录建设和监测试点，着力提高管理水平

认真组织各市、州开展家庭农场名录系统建设。截至目前，全省已录入名录系统家庭农场8656家，为指导管理家庭农场发展提供了决策依据。指导承担农业部农村家庭农场监测任务的山丹县、金塔县、庄浪县连续四年按期完成家庭农场信息监测任务，为动态监测、规范管理、指导发展家庭农场提供翔实可靠的基础数据。

3. 制约家庭农场发展的主要因素

（1）财政支持乏力。甘肃省人民政府办公厅印发的《关于培育发展家庭农场的指导意见》中明确提出："各级财政要将家庭农场发展扶持资金列入同级财政预算，省级财政奖补资金，重点用于支持省级示范家庭农场建设。"省农牧厅从2014年开始连续六年从省财政厅申请家庭农场发展扶持资金。但由于各种客观原因，省级财政至今未将扶持资金纳入预算。财政支持乏力，是导致家庭农场发展滞后的主要原因。

（2）发展不平衡。从发展数量和质量来看，非贫困地区数量和质量高于贫困地区，河西5市、州的家庭农场总数4576家，占全省的46.5%。但由于相关政策特别是脱贫攻坚政策的重心偏移，河西5市、州享受家庭农场项目扶持极少，严重影响了家庭农场主的积极性。

（3）从业人员素质不高。家庭农场业主总体上是农村综合素质相对较高的群体，主要负责人在所从事的行业中往往都有着一定的技术和经验优势，但是受从业人员教育水平普遍偏低影响，全省家庭农场生产主体成员"高龄化""低能化"问题比较突出。很多农场主在种植、养殖及经营管理上仍延续传统的生产经营模式，对新技术、新品种的推广应用不敢尝试，一旦遇到技术难题、经营问题就显得无能为力、力不从心，从而制约了家庭农场正常发展。

（4）融资贷款困难。初创期的家庭农场一般资金实力都不太强。然而，家庭农场的经营初期投资量相对比较大，在自有资金不足的情况下只能依靠向金融部门融资获取资金支持。但是，金融部门的贷款"门槛"相对比较高，一般都要求以资产作抵押。由于家庭农场可用作抵押的固定资产少之又少，因而很难获得贷款融资，从而大大制约了其扩大生产

规模和正常的生产经营活动。

4. 促进家庭农场加快发展的对策建议

中央明确提出要启动家庭农场培育计划，将此作为巩固发展农村基本经营制度的重要指导方向和重点工作措施。加快家庭农场培育成为农业农村经济发展的重心，以各类政策配套支持家庭农场的发展壮大势在必行。为此，下一步应继续抓好以下工作。

（1）完善财政和税收政策。各级财政要安排资金支持家庭农场发展，综合采用直接补贴、以奖代补等方式，增强补贴政策的针对性、实效性。主要支持纳入农业农村部门家庭农场名录系统的省、市、县三级示范家庭农场，重点支持土地经营规模适度相当于当地户均承包面积10—20倍的家庭农场。支持符合条件的家庭农场作为项目申报和实施主体参与农业、林业、水利等项目建设。按照"谁生产补贴谁"的原则，粮食等重要农产品生产者补贴、农机购置补贴和农机深松整地作业补助等政策要向家庭农场倾斜。对家庭农场申请并获得"三品一标"认证、品牌创建等给予适当奖励。

（2）继续抓好政策落实。指导各市、州农业农村局严格按照中央和省上有关发展家庭农场意见要求和精神，持之以恒地抓好政策的贯彻落实，确保政策措施落地见效，稳步引导、促进家庭农场的健康、有序发展。

（3）继续开展示范创建。围绕苹果、中药材、马铃薯、玉米制种、高原夏菜、草食畜等主导产业，积极发展培育家庭农场，认真开展家庭农场认定监管。通过开展培育扶持、规范指导、典型示范等活动，培育创建一批产业特色鲜明、运作管理规范、带动作用显著、社会效益明显的家庭农场；通过以点带面、示范引领，全面推动家庭农场建设。

（4）建立健全家庭农场名录。根据农业部要求，组织并督促各市、州、县、区农牧（农经）管理部门将已登记注册或备案的所有家庭农场基本信息全部录入名录系统，实行名录管理。

（5）加强对家庭农场主的培训。按照"政府主导、农民自愿、动态管理、注重实效"的原则，加大对农户家庭农场经营者的教育培训。将农场主培训纳入新型职业农民培育、农村实用人才带头人培训范围，支持各地采取农民夜校、田间学校等适合家庭农场主的培训形式,开展产业规划、种养技术、市场营销、法律法规等方面的培训,提高家庭农场主的经营管理水平,以此提高家庭农场发展潜力。鼓励支持家庭农场主取得职业技术资格证书或专业技术职称。

(二) 甘肃省张掖市家庭农场发展

1. 发展整体情况

2014年,甘肃省开启了家庭农场培育发展工作以来,张掖市把发展培育家庭农场工作列为重点,市县(区)投入了较强的人力和较多的精力,不断发展壮大这一新型经营主体。截至2017年底,全市累计发展家庭农场2927家,培育示范家庭农场共992家(其中,省级60家,市级416家,县级516家)。家庭农场经营耕种总面积50.7万亩,家庭农场经济总收入11.38亿元。其中,10万元以下1429家,10万—50万元933家,50万—100万元404家,100万元以上161家。家庭农场中涉及种植业1410家,占48.2%;养殖业638家,占21.8%;种养结合879家,占30%。

2. 主要措施和成效

(1) 强化组织领导,以政策扶持促发展

近年来,市委、市政府高度重视家庭农场培育发展工作,相继出台了《加快培育发展家庭农场的实施意见》《关于引导农村土地经营权有序流转发展农业适度规模经营实施意见的通知》以及《关于加快构建政策体系培育新型农业经营主体的实施意见》,明确了家庭农场发展目标和扶持措施,同时争取到了市财政每年200万元专项资金的支持,为家庭农场的发展提供了资金和服务保障。同时,各县、区根据省市文件精神,陆续出台了具体扶持家庭农场发展的意见,制定了家庭农场认定及示范性评定管理办法等一系列措施,进一步规范了家庭农场的认定和管理。

(2) 加大宣传力度,以培训促发展

张掖市把宣传和培训工作作为扩大家庭农场社会影响力和提高农场主素质的重要途径,市、县、区采取新闻媒体、报纸、网络等多种形式,广泛宣传家庭农场扶持政策,不断总结推广好做法、好经验,引导促进其发展壮大。市、县、区农业部门联合市、县区培训中心,根据家庭农场经营者的需求，举办各种类型的家庭农场主培训班，从政策法规、产品营销、标准化建设、项目申报等各个方面对家庭农场经营者开展全覆盖的培训，切实提高家庭农场经营者的生产技能和经营管理水平。

（3）培育经营主体，以项目激励发展

近年来，张掖市将家庭农场纳入现有支农政策扶持范围，通过以奖代补和贷款贴息等方式，支持家庭农场发展。2015—2016年，全市选择了45个基础设施完备、规模经营适度、生产标准规范、经济效益明显、运行管理科学的家庭农场，以贷款贴息的方式进行了重点培育扶持。2015—2017年，通过省级土地流转以奖代补资金，重点扶持家庭农场4家，扶持资金20万元；扶持种植大户1家，扶持资金5万元。2017年，山丹县首次列入全国家庭农场示范县，扶持家庭农场12家，获得中央财政资金96万元。通过三年来的连续扶持，调动了家庭农场经营者的积极性，充分激发了农村生产要素潜能，促进了农村土地适度规模经营。

（4）开展示范创建，以规范促发展

张掖市始终坚持把培育发展家庭农场作为优化农业供给侧结构性改革、促进农业转型升级，发展现代农业的有力抓手，从2015年起，市县乡每年共同选择一批家庭农场进行重点帮扶培育，指导家庭农场开展土地流转、产品质量认证、生产基础设施建设、新品种新技术引进和产品贮藏、销售等工作。家庭农场建立健全登记档案、信息统计、财务等相关管理制度。利用家庭农场名录库建设，对典型家庭农场进行监测，实行动态管理。按照省上"十百千万"工程规划和省、市《示范性家庭农场认定管理办法》要求，对规模经营效益好、示范带动作用强、农产品质量安全优、科学管理成效大、市场风险控制好的家庭农场优先推荐评定省级、市级、县级示范性家庭农场。经过三年的培育发展，全市共有市级以上示范家庭农场416家，其中省级示范家庭农场60家，数量位居全省第一。2017年，新认定市级家庭农场109家。通过采取一系列培育措施，整个市所属乡村的家庭农场呈现规模不断扩大、产业领域不断增加、管理水平不断上档次、产品的市场竞争力不断增强的可喜局面。

（5）提升品牌意识，以品牌促发展

张掖市按照"一村一品""一乡一业"原则，大力推进种养殖基地或农业产业园区建设，采取积极措施引导家庭农场业主争创产品品牌，以扩大业主所生产产品的市场知名度，提高其市场竞争力，增强其发展实力与后劲。到目前为止，全市有7户家庭农场产品获得"无公害产地""无公害产品"或"绿色食品"认证；成功注册了10个农产品品牌，包括"绿晶霖"果蔬；黑河缘的"笨鸡蛋""老窝鸡""有机肥"；麒延牌的果蔬等。

3. 家庭农场发展中存在的问题

尽管家庭农场发展势头良好，但仍面临诸多困难和问题：一是发展规模小、能力弱。受长期传统的一家一户经营模式影响，家庭农场很难突破原有的经营方式对外联合与合作。全市现有的家庭农场中，相当一部分从未开展过经营活动，只是登记认定，等靠政策扶持。二是运作不规范、层次低。大多数家庭农场都没有按照制定的制度来执行管理，经营决策方式、财务管理与制定的制度要求差距较大。三是扶持力度小、融资难。农业生产周期长，回报见效慢，缺乏有效抵押物，金融机构考虑到风险因素，在信贷业务中偏谨慎，积极性不高，资金短缺成为家庭农场发展的瓶颈。四是管理不科学、人才短缺。家庭农场主大多文化程度相对不高，他们掌握的知识和应用新技术不多，品牌意识、抗风险意识不强，经营管理理念缺少创新，难以适应现代农业发展的需要。

4. 加快家庭农场发展的对策建议

家庭农场是推进现代农业发展的中坚力量，要积极鼓励引导，加大培育帮扶，为实现农业现代化奠定基础。

（1）制定扶持政策，营造良好环境。要加强财政扶持，积极落实将家庭农场、农民合作社等新型经营主体列为财政支农项目申报和实施主体等相关政策。在涉及金融支持、土地流转、承担涉农项目等方面优先安排扶持资金，为家庭农场等业主的做大做强提供强有力的支持、帮助。

（2）加强教育培训，提供人才支撑。要借鉴发达地区、发达国家的先进经验，由财政提供经费，专门向相关院校、科研院所聘请师资，重点培育、培训能够适应现代农业发展要求的经营管理型、技术服务型、生产技能型及市场营销型职业农民，不断壮大职业农民队伍，提高职业农民的种养技能和管理、营销知识。同时，要积极采取措施，引入或培养一批有志于经营家庭农场的回乡大中专毕业生充实职业农民队伍，以改善职业农民的学历结构、年龄结构。

（3）引领规范发展，实现适度规模经营。一是要积极支持家庭农场的适度规模经营。科学把握规模经营的"度"，注重农场的土地经营规模必须与其生产、经营与管理的能力相匹配，有效避免部分家庭农场规模盲目扩大的不良势头。二是要引导规范发展，密切家庭农场与合作社、农户之间的利益联结机制。号召支持鼓励家庭农场、合作社、农业产业化龙头企业联合与合作，构建农户、合作社、家庭农场、企业之间互利共赢的合作模式，带动普通农户分享农业规模经营收益。

（4）强化过程服务，支撑业主健康发展。要大力推进涉农服务的社会化，鼓励家庭农场与相关涉农服务实体实现对接，以利于满足其生产经营所需良种、农机、植保，甚至农产品的加工、储运、销售得到及时的供应。鼓励和支持家庭农场之间以及与其他不同经营主体之间组建农民合作组织，不断强化针对家庭农场发展全过程所需的技术、信息、法律、保险等方面的服务支撑，努力营造有利于家庭农场能够健康、持续壮大和发展的环境。

（三）典型：甘肃省敦煌市郭家堡镇顺天家庭农场发展经验

郭家堡镇顺天家庭农场是顺应农村经济发展新形势，探索建立的新型农业经营主体。农场由本土农民白元河发起成立，秉承"合作共赢、共同致富"的发展理念，通过"基地带农户、农场＋村委会"模式，以亩均450元的价格在郭家堡镇土塔村五组流转土地641.5亩、在前进村流转土地100亩种植食葵，同时，在邻近的莫高镇、黄渠镇等镇村组，签订食葵种植销售合同2000余亩，大力发展食葵产业。多年来，他凭着对事业的执着追求，打响了诚信"金招牌"，以"服务为民"为宗旨，以一心为民为信仰，以全力助民致富为基础，使食葵产业发展不断壮大，自农场成立以来先后被评为省、市示范家庭农场。

1. 艰苦创业新开始

顺天家庭农场的农场主白元河系前进村三组村民，家中共有5口人，劳动力3人，自耕土地12亩。他看到羊价一路攀升，有着养羊育羊经验的他决定要在养殖方面有所建树，于是注册了顺天养殖场，主要以养羊育羊为主,且规模逐渐扩大,每年收入都在20万元以上。由于受到市场的影响,羊价开始大幅下降,他觉得只发展单一的养殖业风险太大,于是开始寻找商机,通过到各地考察,他看到了食葵的发展前景。在党中央有关发展现代农业及强农惠农政策的引领下,在市委、市政府的大力号召下,白元河萌生了创办家庭农场的念头。经市相关部门组织,白元河参加了新型职业农民培训。在培训中他更进一步了解了国家对农业的重视程度及相关的农业扶持政策,同时,更加深刻地理解了新型职业农民培育工程的意义。通过培训,他不但学习了农业相关方面的先进技术,而且在思想和技术上有了质的提高,使他更加坚定了从事农业的信心,一心一意走"现代农业、生态农业、绿色农业"之路的念想。经过多次考察,白元河决定与河北、安徽及内蒙古等地的瓜子厂建立供销关系,为各地瓜子厂长期供货,并在敦煌市范围内与农户签订了2000余亩葵花籽的包销合同,同时,成立了顺天家庭农场。目前,该农场拥有雷沃M1004大型拖拉机、平地仪、撒肥机等大型农机具,固定资产投资已超过50万元。

2. 科学经营闯市场

(1) 土地流转扩效益。顺天家庭农场以郭家堡镇土塔村五组为核心,流转土塔村五组土地641.5亩,流转期限为10年,使部分农户逐渐摆脱了土地的束缚,放手外出务工、经商,促进了剩余劳动力的合理流动。同时,为了依法保护和合理利用土地,防止掠夺性经营和"撂荒",顺天农场还向村委会缴纳保证金每亩500元,既增加了收入,又降低了经营土地的风险,还充分利用了闲置土地,实现了土地效益最大化。

(2) 搭建平台消顾虑。建立良好的供销关系是农场发展经营的关键。为此,顺天农场积极搭建平台,与河北、安徽及内蒙古等地的5家瓜子厂建立供销关系,与农户签订了食葵收购协议,并且在各地建立了专门的食葵收购点,为进一步延伸产业链条,解决农户的后顾之忧提供了基础和保障。

(3) 重视培训定章程。顺天家庭农场农场主、成员均属亲属关系,常年雇工多为亲戚及土塔村五组流转土地的农民。通过参加市里组织的农场主培训,使白元河深刻理解到一个成功的家庭农场必须有完善的规章制度、发展规划及生产技术规程。他通过查阅各种资料，结合农场实际制定了顺天家庭农场生产管理制度（包括农业投入品采购制度、农业投入品仓库管理制度、农场田间档案管理制度、农场农药使用管理制度）、生产技术规程等。同时，还明确了农场成员的岗位职责，由他本人负责农场的全面工作；妻子负责农场的日常收支、组织提供所需的生产资料和生活资料；儿子执行生产作业计划，监督指导农场工人的工作，做生产记录及农业机械的操作、维修、维护和保养；女儿负责农产品供求等动态信息搜集、农场档案管理和向指导管理部门报送财务报表等，这样的"金字塔"管理模式提升了家庭农场的效益。白元河不仅自己严格执行这些规章制度，同时要求家人也要严格执行规章制度。多年来，顺天家庭农场农事操作规范，制度健全，台账清晰，诚信经营，先后被评为"省市级示范家庭农场"的称号。

五 案例分析之二：贵州省家庭农场发展研究[①]

作为云贵高原重要成员，贵州省结合农村产业革命，注重家庭农场的支持和培育壮大，为发展现代高原山地特色高效农业、增加贫困地区农民收入做出了积极贡献。

（一）基本情况

截至 2019 年末，全省家庭农场数量达 9192 家，其中纳入名录系统 5408 家，县级以上示范家庭农场 3535 家；家庭农场经营土地 142 万亩，家庭农场经营收入 17.51 亿元，平均每个家庭农场 19.05 万元；家庭农场劳动力数 24.78 万人，雇用劳动力数 4.13 万人。

（二）主要做法

1. 依托优势特色产业，扶持家庭农场发展

为了贯彻落实《关于促进小农户和现代农业发展有机衔接的意见》《关于实施家庭农场培育计划的指导意见》及贵州省委十二届五次全会精神，省农业农村厅下发了《关于培育发展家庭农场助推农村产业革命的通知》。围绕深入推进农村产业革命，聚焦茶叶、食用菌、蔬菜、生态畜

---

① 本部分的相关数据为课题组 2019 年在贵州省调研时，由贵州省农业农村厅提供。

牧业、石斛、水果、竹、中药材、刺梨、生态渔业、油茶、辣椒12个特色产业和符合各地实际的优势特色产业培育发展家庭农场。推进土地、劳动力、资本等生产要素优化配置，因地制宜培育规模适度、生产集约、管理先进、效益明显的家庭农场，使家庭农场成为农村的重要生产经营主体。在66个贫困县，重点扶持发展食用菌、蔬菜、生态鸡等"短平快"产业的家庭农场，将发展家庭农场与农村产业扶贫结合起来，取得了不错效果。

2. 着力打造示范典型，引领家庭农场发展

在培育家庭农场的过程中，坚持发展、规范、提升并举，着力打造素质较强、可学可赶、具有标杆示范性的家庭农场。根据资源禀赋条件、经营行业特征、种养品种特点等，分别制订了相应的建设标准，推行"四有五化三效益"目标管理，即初建时"有规模、有标牌、有场所、有配套"，经营管理中实施"生产组织化、管理科学化、营销网络化、技术标准化、产品品牌化"，最终实现"经济效益、社会效益、生态效益"三效同步发展，促进家庭农场步入规范化轨道。根据农业农村部《关于做好家庭农场名录系统信息填报和监测有关工作的通知》精神，认真做好信息填报工作，将农业农村部门已认定或备案、工商部门注册登记但尚未纳入名录系统的家庭农场，以及从事农业生产的规模经营户纳入系统。一批先进典型脱颖而出，为普通农户发展家庭农场树立了榜样，成为家庭农场致富典型。2019年，评定省级示范家庭农场361家。

3. 积极倡导合作共赢，助推家庭农场发展

贵州省家庭农场尚处在发展的初始阶段，应对市场经济变化的能力尚显薄弱，迫切需要产业龙头的带动和助推发展。基于此，贵州省积极鼓励农业企业和农民合作社发挥带动辐射作用，大力推广"企业+合作社+农户（家庭农场）"组织方式，以"订单"生产、"订单"销售的形式把家庭农场组织起来，实行标准生产、质量追溯和品牌营销，有效打消了家庭农场在生产成本、产品销售上的顾虑，加强了企业对加工原料的需求和合作社产品供应的稳定性，实现合作多赢、合作共赢。比如，遵义市引进温氏集团、德康集团等企业，采取"公司+家庭农场（村集体经济）+贫困户"模式，鼓励和支持有条件的养殖户发展规模适度、

生产集约、管理先进、效益明显的家庭农场，对新发展的生猪饲养家庭农场在圈舍、消毒、环保设施等基础设施建设方面给予扶持，以改善养殖条件，适度扩大规模，提升养殖水平，转变生产方式。黔南州推广"龙头企业+家庭农场+农民"发展模式，引导和支持家庭农场与区域内龙头企业签订产品订单，解决产品销售问题。

4. 不断培养实用人才，支撑家庭农场发展

坚持服务农户发展，按照"有文化、懂信息、能服务、会经营"标准，加强农民技能技术培训，让农户掌握一技之长，种地有技术、务工有技能、经营有技巧，为家庭农场发展储备力量；鼓励农场业主参加各种学习，不断掌握现代农业先进技术，努力转变发展思路，提升自身综合素质；积极推广"三新"技术，鼓励家庭农场引进新品种、应用新技术、装备新农机，加强与贵州农学院、贵州农业科学院、市（州）职业学院等院校科研单位的合作，为促进家庭农场的发展壮大，增强科技支撑能力。

5. 有效利用中央财政资金，助力家庭农场发展

2019年，贵州省共获得家庭农场中央转移支付资金780万元，扶持家庭农场225个。项目资金重点支持家庭农场加强基础设施建设，提升标准化生产能力，开展家庭农场职业培训，提升农场业主生产能力，加强记账管理，提升经营管理水平等，鼓励有长期稳定务农意愿的小农户稳步扩大规模，贫困县资金倾斜达85%以上。通过项目实施，提高了家庭农场的科学管理水平，取得了良好的经济效益、社会效益和生态效益。

（三）存在的主要问题

1. 土地流转不规范

虽然贵州省发布了《贵州省农村土地承包经营权入股流转合同（示范文本）》，但实际工作中，农户间土地流转合同规范化程度较低，影响了农场经营者对经营项目的长期规划和投资。

2. 农场规模普遍偏小

由于地形地貌原因，贵州省农地分散零碎现象较为突出，导致农场规模总体较小。

3. 家庭农场经营者素质不高、经营能力弱

农场主普遍存在科技素质较低、文化程度不高、管理粗放、风险意识不强等问题，致使经营效益难以提高。

4. 政策扶持没有完全到位

尤其是家庭农场贷款融资困难，制约了生产规模扩大和集约化水平提升。

（四）对策建议

1. 规范土地流转

要严格按照依法、自愿、有偿原则，有序推动农村土地经营权的流转。土地流转严禁"一刀切"，更不能搞"拉郎配"。一方面，要严格履行土地流转程序，切实履行流转合同，保证农户流转补偿金的及时、足额到位，以确保农户利益；另一方面，土地流转期限应该适度长，以便家庭农场能够加大土地投入，获得持续健康发展。

2. 因地制宜促进适度规模经营

土地是乡村产业振兴的重要基础，同时也是家庭农场得以可持续发展的根本保障。要充分考虑和尊重农户在土地使用上的权利和地位，探索开展各地的闲置集体建设用地、宅基地、荒地、荒山、荒沟等土地的整治整合，尽可能盘活土地资源，并引导向家庭农场、农民专业合作社等新型经营主体流转。由于贵州地形地貌上的限制，家庭农场的土地经营规模不能够一味贪大求多，不提倡犹如平原区、丘陵区那样动辄数百亩的规模。

3. 加强对业主的教育培训

业主的文化、技术、管理素质的好坏攸关家庭农场的长远发展。鉴于目前的家庭农场主文化程度大多偏低的现实情况，各有关部门要采取"请进来""送出去""边干边学"的教育培训办法，不断提高农场业主的经营管理素养。在加大对经营业主的培训教育上，一定要做到师资到位、资金到位、责任到位、措施落实到位。

4. 加大政策支持力度

建立健全工作机制，在政策制定、工作部署、财力投放等各个方面加大工作力度，齐头并进，确保各项政策落到实处。将家庭农场纳入现

有支农惠农政策扶持范围，支持家庭农场承担适合的农业项目。根据家庭农场发展需要，加强农田水利、交通、电力等配套设施建设，改善其生产经营条件。探索家庭农场风险保障机制，帮助它们规避自然和市场风险。加强与金融部门沟通协作，充分发挥其资金、人才、市场和管理优势，开展家庭农场贷款、金融配套等惠农合作系列服务。与邮政部门合作，开展电子商务、分销服务等，解决农产品销售难题。

六 案例分析之三：西藏家庭农场发展研究[①]

（一）基本情况

党的十八大以来，西藏始终把探索发展家庭农（牧）场作为关系农牧业长远发展的一件大事和农村改革的一项重要任务来抓。按照"大胆探索、试点先行、积极稳妥、规范提升"的思路，以促进农牧区发展、农牧业增效、农牧民增收为目标，创新思路、科学谋划，统筹推进家庭农（牧）场培育和发展，为农牧业高质量发展奠定了坚实的基础。截至2019年12月，全区录入国家名录系统的家庭农（牧）场的数量达到217家，产业类型覆盖粮食、油料、设施蔬菜、畜禽养殖等门类，其中从事畜牧养殖的178家、占82%，从事种植业的35家，占16%，种养结合4家、占2%。

（二）主要做法

1. 科学管理，促进农（牧）场健康发展

一是规范注册登记。针对家庭农（牧）场手续不全、不规范等现象，明确准入条件、认定标准、登记程序等方面的要求，督促各地、市严格按照《西藏自治区家庭农（牧）场认定管理暂行办法》（藏农厅发〔2015〕364号）进一步规范家庭农（牧）场手续、章程等管理制度，积极引导尚未注册的家庭农（牧）场在当地市场监管部门登记注册。

二是规范监管措施。在家庭农（牧）场发展上，按照"分工不分家"的原则，建立了家庭农（牧）场内部工作管理制度；建立健全家庭农（牧）场统计监测制度，编制示范家庭农（牧）场名录；加强对示范家庭

[①] 本部分的相关数据为课题组2019年在西藏调研时，由西藏自治区农业农村厅提供。

农（牧）场发展情况的监测，每年对已备案的示范家庭农（牧）场进行核查，对不符合认定条件的予以撤销，并从示范家庭农（牧）场名录中予以删除。

三是积极完成家庭农（牧）场名录系统录入工作。根据《农业农村部办公厅关于做好家庭农场名录系统信息填报和监测有关工作的通知》（农办政改〔2019〕6号）要求，自2019年4月开始，全区七地、市开展了家庭农（牧）场名录系统信息填报工作。2019年8月，下发《区农业农村厅关于做好支持培育家庭农（牧）场发展工作的通知》，要求各地、市按照《西藏自治区家庭农（牧）场认定管理暂行办法》（藏农厅发〔2017〕364号），积极培育发展家庭农（牧）场，并将各级农业农村部门已认定或备案、市场监管部门注册登记的家庭农（牧）场全部纳入名录系统，完成全区家庭农（牧）场名录系统录入工作，大力推进示范家庭农（牧）场建设。

2. 勇于创新，促进家庭农（牧）场快速发展

在探索新模式、新路径、新渠道发展家庭农（牧）场方面，那曲市的做法尤其值得肯定。那曲市通过家庭牧场的培育发展，在畜牧业发展上探索出新路子。一是探索出了畜牧业发展新模式。通过建设标准化养殖场，采取科学化养殖方法，缩短了牛羊出栏周期，提高了产奶量，增加了牧民收入。二是探索出了草原保护新路径。通过推广"冬圈夏牧"、流转草场等方式，减轻了天然草场的压力，保护了草原生态环境。三是探索出了牧民增收新渠道。通过引导发展适度规模经营，激发了养殖大户和养殖能手的养殖积极性，既增加了牧场主的收入，又拓宽了就业渠道。

3. 产业化经营，促进家庭农（牧）场高效发展

采取措施，加强对家庭农（牧）场带动培育，积极探索"龙头企业+合作社+家庭农（牧）场+基地"等产业化经营模式；加强家庭农（牧）场与农牧民专业合作组织及龙头企业之间的联营合作。按照自愿、平等、互惠的原则，采取订单生产等形式，促进家庭农（牧）场发展。通过探索建立"公司+家庭农（牧）场+基地""基地+家庭农（牧）场+市场"等合作机制和利益联结机制，不断扩大增收渠道、促进农牧

民增收和家庭农（牧）场增效。

（三）存在的问题

总的来看，西藏家庭农（牧）场正处于发展起步阶段，一定程度上带动了农牧民增收，优化了农牧产业结构，推动了农牧产业化发展，但仍存在着一些问题。

1. 产业结构单一

从发展情况来看，现有的家庭农（牧）场主要以作坊式种养殖业生产加工为主，规模小、产品单一、链条短、附加值低、品牌意识差、市场竞争能力弱、带动增收能力低。

2. 创新意识不强

受传统农牧业生产理念的影响，很多家庭农（牧）场主在管理上仍延续传统的经营模式，对于新技术、新发展理念不敢尝试，粗放型、初级化的生产经营特征依然比较明显，规模化、专业化、标准化、产业化经营的合作意识不强。

3. 缺乏发展资金

由于西藏各级财政财力不足，目前对家庭农（牧）场的扶持资金主要依靠中央财政支持；大多数家庭农（牧）场规模小、营业收入低，很难获得金融部门的贷款，多数家庭农（牧）场发展较为困难。

（四）对策建议

1. 促进家庭农牧场的多样化经营

一是开展示范家庭农（牧）场创建。按照"自愿申报、择优推荐、逐级审核、动态管理"的原则，开展示范家庭农（牧）场创建工作，引导其在发展适度规模经营、应用先进技术、实施标准化生产、延伸农业产业链以及带动发展等方面发挥示范作用。

二是促进家庭农牧场的联营。采取措施，鼓励家庭农（牧）场与农民合作社、龙头企业、小农户建立联合生产经营机制，以增加其生产经营门类，有效延长产业链条，共享发展利益。

2. 培养家庭农（牧）场业主的创新意识

一是提高农牧民的文化技术素质。针对藏区农牧民普遍文化程度不太高的实际情况，要适时组织师资，采取多种形式，对农牧民进行种植业、养殖业的实用技术培训，以提高农牧民的生产、经营与管理技能。

二是大力推广种养新技术。要积极利用最新的农业科技成果武装农牧业。一方面，要积极推广种养新品种、淘汰落后的旧产品，积极采用种养新技术，以提高农牧民的生产经营效益、提高农牧民的收入水平。另一方面，扩大农业保险的惠及面，以解除农牧民在推广新品种、采用新技术方面的后顾之忧。

三是稳步提高农牧民的市场竞争意识。有条件的地区，可以选派当地的家庭农（牧）场业主到东部、中部较为发达地区参观学习家庭农场发展中的先进经验；也可以邀请东中部的农业致富能手前来藏区传经送宝，让农牧民在学习中领会树立品牌意识、市场竞争意识、创新意识的重要性。

3. 加大对家庭农（牧）场的政策支持力度

一是继续培育、发展家庭农牧场。要按照2019年9月27日在河北召开的"促进家庭农场高质量发展"会议和中央农办等11个部门联合印发的《关于实施家庭农场培育计划的指导意见》（中农发〔2019〕16号）精神，进一步做好全区家庭农（牧）场的培育发展工作，推动全城家庭农（牧）场的适度、有序发展。

二是合理确定家庭农（牧）场经营规模。综合考虑西藏地处青藏高原区的资源禀赋，产业特征、农畜产品品种特点，引导家庭农（牧）场发展适度规模经营，获得最佳规模效益。督促各地、市把符合条件的种养大户全部纳入家庭农（牧）场的培育范围。

三是做好家庭农（牧）场发展的金融协助。在积极用好用活中央财政专项资金的基础上，各级政府要积极协调金融部门，在家庭农（牧）场融资上予以倾斜，尽力保证家庭农（牧）场发展的资金需求。

第十三章

西部地区发展家庭农场的政策建议及前景展望

第一节 西部地区发展家庭农场的政策需求

一 农业政策的基本内涵

1. 政策

在《现代汉语词典》当中,"政策"一词是指国家或政党为了实现一定历史时期的路线而制定的行为准则。按照不同的标准可以对政策进行分类。比如,按照行政层级划分,可以分为中央政府政策和省、市、县政策;按照宏观微观划分,可以有宏观政策、微观政策;按照政策类别划分,可以有经济政策、社会政策、政治政策、文化政策、生态政策等。政策具有时效性、指导性、前瞻性等特点。

2. 农业政策

所谓农业政策,是指一国的执政党或政府为实现与农业和农村发展相关的经济、政治、社会、生态目标而制定的规范相关单位和个人行为的一系列规定、规则。制定农业政策的可以是中央政府,也可以是地方政府,甚至也可以是相关农业管理部门。

二 2003年以来的中央农业与农村经济政策特点

表13—1为2003—2021年我国"中央一号文件"的标题和主要内容。

表 13—1　　2003—2021年"中央一号文件"一览表

年份	文件标题	主要内容
2003	国务院关于全面推进农村税费改革试点的意见	部署全国农村税费改革试点，调整和完善农业税收政策，减轻农民负担，做到"三个确保"
2004	中央关于促进农民增加收入若干政策的意见	促进种粮农民增收、挖掘农业增收潜力、拓宽农民增收渠道、为顺利实现农民增收创造有利条件
2005	中共中央、国务院关于进一步加强农村工作提高农业综合生产能力若干政策的意见	稳定、完善和强化扶持农业的政策，以提高农业综合生产能力。政策包括严格的耕地保护制度，完善的农田水利和生态建设，以农业科技创新手段提高农业的科技含量，通过加强农业基础设施建设以改善农业生产环境，狠抓农业和农村经济结构调整以提高农业市场竞争力，改善农村投融资环境，提高农业从业者素质，加强和改善党对农业农村工作的领导等
2006	中共中央、国务院关于推进社会主义新农村建设的若干意见	目标是推进社会主义新农村建设，路径包括：统筹城乡发展，推进现代农业建设，促进农民持续增加收入，加强农村基础设施建设，加快发展农村社会事业，全面深化农村改革，加强农村民主政治建设，加强党的领导等
2007	中共中央、国务院关于积极发展现代农业扎实推进社会主义新农村建设的若干意见	以现代农业发展为抓手，推进新农村建设。对策包括：加大对"三农"的投入力度，加快农业基础建设，推进农业科技创新，开发农业多种功能、健全发展现代农业产业体系，健全农村市场体系，培养新型农民，深化农村综合改革，加强党的领导等

续表

年份	文件标题	主要内容
2008	中共中央、国务院关于切实加强农业基础建设、进一步促进农业发展农民增收的若干意见	主要目标在于为农民持续增收。措施包括：加快构建强化农业基础的长效机制，切实保障主要农产品的基本供给，突出抓好农业基础设施建设，强化农业科技和服务体系基本支撑，逐步提高农村基本公共服务水平，稳定完善农村基本经营制度和深化农村改革，推进农村基层组织建设，加强和改善党对"三农"工作的领导等
2009	中共中央、国务院关于2009年促进农业稳定发展农民持续增收的若干意见	继2008年以后，继续关注农民增收问题。措施包括：加大对农业的支持保护力度，稳定发展农业生产，强化现代农业物质支撑和服务体系，稳定完善农村基本经营制度，推进城乡经济社会发展一体化等
2010	中共中央、国务院关于加大统筹城乡发展力度、进一步夯实农业农村发展基础的若干意见	关注农业农村经济持久发展的问题。主要对策包括：健全强农惠农政策体系，提高现代农业装备水平，加快改善农村民生，协调推进城乡改革，加强农村基层组织建设等
2011	中共中央、国务院关于加快水利改革发展的决定	聚焦农村水利设施建设。主要对策包括：全面加快水利基础设施建设，建立水利投入稳定增长机制，实行最严格的水资源管理制度，不断创新水利发展体制机制，切实加强（党）对水利工作的领导等
2012	中共中央、国务院关于加快推进农业科技创新持续增强农产品供给保障能力的若干意见	关注粮食安全问题。对策包括：加大投入强度和工作力度，持续推动农业稳定发展；依靠科技创新驱动，引领支撑现代农业建设；提升农业技术推广能力，大力发展农业社会化服务；加强农业教育培训，全面造就新型农业农村人才队伍；改善设施装备条件，不断夯实农业发展物质基础；提高市场流通效率，切实保障农产品稳定均衡供给

续表

年份	文件标题	主要内容
2013	中共中央、国务院关于加快发展现代农业、进一步增强农村发展活力的若干意见	关注农业农村可持续发展问题。对策是：建立重要农产品供给保障机制，努力夯实现代农业物质基础；健全农业支持保护制度，不断加大强农惠农富农政策力度；创新农业生产经营体制，稳步提高农民组织化程度；构建农业社会化服务新机制，大力培育发展多元服务主体；改革农村集体产权制度，有效保障农民财产权利；改进农村公共服务机制，积极推进城乡公共资源均衡配置；完善乡村治理机制，切实加强以党组织为核心的农村基层组织建设等
2014	中共中央、国务院关于全面深化农村改革加快推进农业现代化的若干意见	关注农业现代化问题。对策是：完善国家粮食安全保障体系，强化农业支持保护制度，建立农业可持续发展长效机制，深化农村土地制度改革，构建新型农业经营体系，加快农村金融制度创新，健全城乡发展一体化体制机制，改善乡村治理机制
2015	中共中央、国务院关于加大改革创新力度加快农业现代化建设的若干意见	继续关注农业现代化问题。对策是：围绕建设现代农业，加快转变农业发展方式；围绕促进农民增收，加大惠农政策力度；围绕城乡发展一体化，深入推进新农村建设；围绕增添农村发展活力，全面深化农村改革；围绕做好"三农"工作，加强农村法治建设
2016	中共中央、国务院关于落实发展新理念加快农业现代化实现全面小康目标的若干意见	关注小康目标。对策是：持续夯实现代农业基础，提高农业质量效益和竞争力；加强资源保护和生态修复，推动农业绿色发展；推进农村产业融合，促进农民收入持续较快增长；推动城乡协调发展，提高新农村建设水平；深入推进农村改革，增强农村发展内生动力；加强和改善党对"三农"工作领导

续表

年份	文件标题	主要内容
2017	中共中央、国务院关于深入推进农业供给侧结构性改革、加快培育农业农村发展新动能的若干意见	聚焦农业农村发展新动能的培育问题。对策包括：优化产业产品结构，着力推进农业提质增效；推行绿色生产方式，增强农业可持续发展能力；壮大新产业新业态，拓展农业产业链价值链；强化科技创新驱动，引领现代农业加快发展；补齐农业农村短板，夯实农村共享发展基础；加大农村改革力度，激活农业农村内生发展动力
2018	中共中央、国务院关于实施乡村振兴战略的意见	关于乡村振兴战略。乡村振兴"三步走"，即到2020年，乡村振兴取得重要进展，制度框架和政策体系基本形成；到2035年，乡村振兴取得决定性进展，农业农村现代化基本实现；到2050年，乡村全面振兴，农业强、农村美、农民富全面实现。提出了涉及十大板块的乡村振兴重大战略举措
2019	中共中央、国务院关于坚持农业农村优先发展做好"三农"工作的若干意见	关于农业农村优先发展问题。提出了实施乡村振兴战略的意义及十大举措，即提升农业发展质量，培育乡村发展新动能；推进乡村绿色发展，打造人与自然和谐共生发展新格局；繁荣兴盛农村文化，焕发乡风文明新气象；加强农村基层基础工作，构建乡村治理新体系；提高农村民生保障水平，塑造美丽乡村新风貌；打好精准脱贫攻坚战，增强贫困群众获得感；推进体制机制创新，强化乡村振兴制度性供给；汇聚全社会力量，强化乡村振兴人才支撑；开拓投融资渠道，强化乡村振兴投入保障；坚持和完善党对"三农"工作的领导

续表

年份	文件标题	主要内容
2020	中共中央、国务院关于抓好"三农"领域重点工作、确保如期实现全面小康的意见	聚焦两大任务，即打赢脱贫攻坚战、补上全面小康"三农"领域突出短板。文件共分五部分：坚决打赢脱贫攻坚战，对标全面建成小康社会、加快补上农村基础设施和公共服务短板，保障重要农产品有效供给和促进农民持续增收，加强农村基层治理，强化农村补短板保障措施
2021	中共中央、国务院关于全面推进乡村振兴、加快农业农村现代化的意见	主要任务：全面乡村振兴、农业农村现代化。文件共分五部分：总体要求，实现巩固拓展脱贫攻坚成果同乡村振兴有效衔接，加快推进农业现代化，大力实施乡村建设行动，加强党对"三农"工作的全面领导

资料来源：根据 2003—2021 年"中央一号文件"内容整理。

通过观察与分析，我们可以发现，2003 年以来，我国"三农"政策目标明确、中心突出，并具有以下六个方面的特点：

1. 政策设计较为细腻

这一时期的"三农"政策涉及范围极为广泛，包括财税与金融、农产品供给与流通、农业结构调整、农业基础设施、装备水平、农村社会事业、农业人才培养、农业技术创新、土地经营管理制度、农村经济体制改革、农村基层干部队伍培养与选拔、农村基层党的建设与加强等。可以说，农业与农村经济的主要方面都先后考虑到了，政策设计较为细腻。

2. 政策的针对性较强

19 年的"中央一号文件"，每年都有一个针对性极强的"中心思想"。具体是，2003 年，针对农村的所谓"三提五统"[①] 导致农民税费负

[①] 所谓"三提五统"是指在农村税费改革之前存在的三项村级提留（公积金、公益金和管理费）和五项乡镇统筹款（教育附加、计划生育款、民兵训练费、民政优抚费和民办交通费）。

担沉重,而做出了进行"农村税费改革"决定;2004年文件的主要精神是想办法让农民实现增加收入;2005年为提高主要农产品的有效供给能力;2006年是推进社会主义新农村建设;2007年以发展现代农业为抓手促进社会主义新农村建设目标;2008年以加强农业基础建设为手段促进农民增加更多收入;2009年促进农业稳定增长、实现农民持续提高收入水平;2010年城乡一体化发展;2011年加强农业水利设施建设;2012年关注粮食安全问题;2013年通过现代农业发展增强农村经济可持续发展能力;2014年关注农业现代化;2015年继续关注农业现代化;2016年关于全面小康问题;2017年培育农业农村新动能问题;2018年实施乡村振兴战略;2019年进一步落实、部署乡村振兴战略;2020年打赢脱贫攻坚战与全面小康补"三农"短板;2021年实施全面乡村振兴加快农业农村现代化;等等。

3. 农村经营制度创新占有重要位置

农村经营制度创新主要体现在2013年的"中央一号文件"中,针对我国农村土地"撂荒"现象,为切实解决"谁来种地"的问题,中央提出,要鼓励将农村土地经营权逐步向家庭农场、专业大户、农民合作社等新型农业经营主体转移,鼓励适度规模经营。尽管家庭联产承包责任制所代表的"小规模"农地经营制度在解决人民"温饱"问题中证明了其存在价值,但其不利于实现农业现代化、发展现代农业的"短板"不容置疑。因此,加快农地流转、鼓励农地适度规模经营是农村经营制度变革的大势所趋。

4. 全面小康目标贯彻始终

"小康"一词最早来自我国古代典籍《礼记》,原意为古代自然经济条件下较为富裕的生活状态,是比理想社会中"天下为公"的"大同"社会更为低级的发展阶段和社会形态。我国改革开放的总设计师邓小平同志最早于1979年12月6日会见日本前首相大平正方时提出"小康社会"这一概念。他说:"我们要实现的四个现代化,是中国式的四个现代化。我们的四个现代化的概念,不是像你们那样的现代化的概念,而是

'小康之家'。"① 关于小康的含义，邓小平后来有过多次阐述，最概括的解释是"不穷不富，日子比较好过"。之后的每一代中央领导集体都在领导全国各族人民为建设小康社会、实现全面小康社会目标而不懈奋斗。最近19年（2003—2021年）的"中央一号文件"，正是为逐步落实建设全面小康社会的宏伟蓝图而精心设计的。

5. "粮食安全"地位突出

朱镕基同志曾经说过："饭"字怎么写？无"食"就反。在我们这样一个强调"稳定压倒一切"的发展中的大国，确保粮食安全无疑具有重要的战略意义。因此，在上述历次的"中央一号文件"中，确保农业持续增效增收、提高农业综合生产能力、保证我国粮食安全占有相当重要的位置。毕竟，我们人口多，粮食消耗大，基本口粮的供给压力比较大，保证城乡居民有饭吃是第一位的。

6. 注重加强中国共产党的领导

没有中国共产党的坚强领导，可以说就没有我们经济与社会事业的全面发展与进步。同样地，农业、农村、农民问题的最终妥善解决，没有党的领导，要想取得成功，也是相当困难的。在上述的19年的"中央一号文件"中，几乎全部都提到了加强党对"三农"工作的领导问题，这充分体现了中国共产党勇于担当、执政为民、服务人民大众的责任与意识。

三 西部地区家庭农场的政策需求

根据课题组的调研，我们以为，尽管各级政府对农业和农村经济的支持力度从纵向比较看已经比较大，取得的成效也是有目共睹的。但在目前的新型农业经营主体的培育中，基层群众还有一些政策需求尚未得到满足。

1. 家庭农场的管理应该规范

我们通过调研发现，目前各地的新型农业经营主体大多由原有的专业户、个体户、普通农民家庭转变而来，而且管理方法上仍然沿用传统

---

① 《邓小平文选》（第二卷），人民出版社1994年版，第237页。

的老办法,并没有适应发展现代农业的新形势、新要求而发生多少改变。在老百姓眼中,这叫作"换汤不换药",实际不利于新型农业经营主体的科学发展、高质量发展。在具体的管理内容上,包括新旧农业经营主体如何区分与界定、如何体现农民家庭经营为主体、法人资格需要哪些要件、农业经营主体内部核算如何进行规范、新型农业经营主体的进入与退出机制如何规定、食品安全责任制如何落实、如何确保流转的土地不被挪用作非农用途等,这些都有待进一步厘清。

2. 家庭农场的产业发展需要政策引导

尽管每隔五年,各级政府都有国民经济和社会发展五年规划纲要,以及农业和农村经济发展五年规划,但包括家庭农场在内的新型农业经营主体都是自主决策、自我发展、自负盈亏、独立核算的经济实体,政府的产业规划对它们来讲,只有指导作用,没有约束作用。各地相当大部分的农业经营业主往往凭借自己的传统经验,种植、养殖、栽树等各自为政、各行其是,缺乏前瞻性,缺乏市场调研,导致产业雷同现象较为突出,农业效率和效益很难提高,参与其中的农民的收入水平难以提升,农村居民生活条件改善较为缓慢。我们认为,在引导农业经营主体心悦诚服地贯彻地方政府的产业政策方面,政府还有许多工作需要去做。

3. 对家庭农场的扶持政策有待落实

新型农业经营主体的发展,肯定离不开各级政府的政策扶持。包括对返乡创业者的金融扶持与税收减免、农业经营管理人才引进的优惠政策、对农业产业和产品创新的金融支持、农业保险优惠政策等,这些都需要一一落实到位。比如,有的群众就反映:改革开放初期,我们引进外资有一系列优惠政策;而我们目前要发展新型农业经营主体,作为新生事物,我们是不是也应该比照当时的外资企业,享受一系列政策优惠?再比如,有的群众提出,创新肯定是好事,但农业技术创新或产品创新是有风险的,一旦失败,普通农民家庭是难以承担其代价的,这是否也应该有一些农业保险方面的扶持政策?等等。

4. 社会化服务体系有待完善

改革开放以来,农村的交通、电力、水利、通信等基础设施有所改善,但农业的社会化服务体系建设仍然令人担忧。而农业社会化服务体系不断完善,是培育新型农业经营主体、发展现代农业的有效保障。它主要包括:农业技术推广服务体系;农业生产社会化服务体系;农村商品流通服务体系;农村金融服务体系;农村信息服务体系;质量安全监管体系等。这些体系的打造,一是缺人才,要解决"由谁来做"的问题;二是缺资金,要解决融资难、融资贵的问题;三是缺场地、缺设施等。

5. 集中使用土地管理有待加强

在调研中感觉到,绝大部分农户对中央关于"实行三权分置、土地经营权有序流转"的政策是持拥护立场的,但也有一些犹豫与顾虑。包括承包地经营权如何流转、土地流转的期限如何规定、如何防止部分单位或个人恶意"圈地"以骗取国家优惠政策、土地流转后的惠农政策由谁享有、农民宅基地与林地等利益如何保护与协调、失地农民家庭(尤其是低收入家庭)的权益如何保护等。

第二节 西部地区发展家庭农场的政策建议

为有效培育和发展家庭农场,已有的惠农政策[1]应该继续适用。除此以外,还应制定如下几方面的配套政策。

一 制定产业发展指南,促进家庭农场可持续发展

政府有关部门应在认真调研、反复论证的基础上,定期发布各地农业产业(产品)目录清单,提出产业(产品)发展建议。主要包括优先发展的特色优势产业(产品)、重点发展的传统优势产业(产品)、具有过剩产能的限制发展产业(产品),乃至于禁止发展的产业(产品)。这

---

[1] 已有的惠农政策,我们可以按照国际通行的分类办法,分为"绿箱政策"和"黄箱政策"两种。其中,"绿箱政策"包括农业基础设施建设的补贴;农业科技推广、培训等扶持政策;农产品质量安全体系建设;农业生产、农业综合开发、农业结构调整补贴;农业特困地区补贴和自然灾害救济;农业生态环境保护补贴政策;农业生产者收入直接补贴政策(如对粮食生产者直接补贴)。"黄箱政策"包括:降低农业生产成本的政策,如良种补贴、农资综合补贴;农业市场风险保护政策,如粮食收购价保护政策;粮油流通环节差价补贴政策。

些产业（产品）清单既是政府相关部门资助农业产业项目的依据，也是业主进行生产经营决策的参考。

二　制定并实施农业社会化服务提升计划，助推家庭农场快速发展

农业社会化服务属于农业服务业（第三产业）的范畴，是现代农业发展的重要内容之一。俗话说："兵马未动，粮草先行。"这里的"粮草"指的就是农业的各种"社会化服务"。因此，为促进新型农业经营主体的快速、持续发展，政府适时制定社会化服务体系的提升计划是有必要的。这里面应该规定农业社会化服务的主要内容是什么、服务由谁来做、如何做、目标定位是什么、有什么政策优惠等问题。

三　制定管理实施细则，促进家庭农场科学发展

没有规矩，不成方圆。管理实施细则的制定，绝不是要限制家庭农场的发展，而是要帮助它们科学发展、高质量发展、可持续发展。由于当前要发展的家庭农场（相关文件规定）是以家庭经营为基础，参与生产经营的员工很有可能就是农民家庭成员，这势必导致家族式企业的农村版。而我们知道，在我国，家族式企业一般发展就是不可持续的。因此，敦促并帮助他们建章立制，对于处于初创时期的农业经营的业主们是相当有现实意义的。

四　建立进入与退出机制，促进家庭农场健康发展

为了持久推动家庭农场的加快发展、繁荣农业和农村经济，对家庭农场实行企业化管理，建立家庭农场等新型经营主体的进入和退出机制是必要的。

建立进入机制，就是要对进入农业产业领域的家庭农场的资格进行审定，保证现代农业发展的可持续性，以及防止极个别主体恶意"圈地"，骗取国家农业政策优惠的不良行为。我们在一些地方调研中，发现了一些只登记、不运营，有骗取国家的扶持政策（资金）之嫌的所谓"僵尸"家庭农场，在当地造成了不良影响。这正好充分说明在家庭农场发展中，政府相关部门守好"进入"关口的重要性。

对于经营不善、亏损严重甚至资不抵债的家庭农场，建立退出机制。这对于保护集体和农户利益，盘活农村集体资产极其重要。家庭农场退出经营后的善后处理必须依法、依规，且要尊重农户与家庭农场双方意愿。一方面，尽管家庭农场退出经营，但原承诺的、对土地承包户的流转补偿金应该按照契约如数兑现；若家庭农场不能履约的，当地政府可以尝试建立常备基金，专门用于"兜底"土地流转补偿金，以保护土地流转农户的利益不受损失。另一方面，退出经营的家庭农场的利益也应该受到保护。尤其是其土地附属设施建设、耕地整理与整治方面的投资应该予以补偿，补偿金额应该是在当地政府组织下，由土地承包户与家庭农场主通过协商一致的办法予以解决。

五　制定扶持办法，促进家庭农场加快发展

相对于比较成熟的工业企业来讲，以家庭经营为基础的家庭农场尚处于新生阶段，需要小心呵护。各级政府有义务、有责任花大力气，对其予以政策扶持，让这些家庭农场的业主能够大胆创新、勇于探索，不断拓展农业和农村经济发展的新天地。这些扶持办法应该包括财政、金融、技术、人才、土地流转等方面的扶持和支持政策。比如就家庭农场的人才问题，既可以鼓励业主免费进入农业类高校学习种养殖技术，也可以仿照免费师范生那样，每年招收免费农校生。免费农校生重点学习种养殖技术，并签订定向就业合同，规定必须回乡创办家庭农场或其他涉农工作。

第三节　西部地区家庭农场发展前景展望

自2013年的"中央一号文件"提出要"大力发展家庭农场"以来，"家庭农场"的概念逐步在理论界、学术界、地方政府、基层百姓中受到关注。"家庭农场"究竟有多强的生命力？西部地区的"家庭农场"究竟会不会出现"水土不服"？这难免会成为大家乐于讨论的话题。我们以为，在坚持家庭联产承包责任制不动摇的前提下，"家庭农场"作为解决时下农村"谁来种地"问题的有效方式，其强大的生命力至少在当前是

毋庸置疑的；西部地区和全国其他地方一样照样可以发展好"家庭农场"。至于将来还会不会有取代"家庭农场"的、更好的农业经营模式，回答是肯定的。

一 家庭农场是当下农村集体经济的重要表现形式，但不是唯一形式

众所周知，在不同的时期，我国的农村集体经济具有不同的表现形式或实现形式。改革开放前，我国长期实行人民公社制度；改革开放后，一直到2013年前，我国农村集体经济的实现形式是家庭联产承包责任制。2013年"中央一号文件"发布以后，中央鼓励培育包括专业大户、家庭农场、农民合作社、农业龙头企业等在内的新型农业经营主体，我国农村集体经济的实现形式就变成了新型农业经营主体的生产经营。家庭农场是新型农业经营主体的成员之一，因此，我们认为，至少在目前，家庭农场是农村集体经济的重要实现形式，但不是唯一形式。

二 家庭农场在未来的现代农业发展中将扮演着中坚力量角色

如前所述，改造传统农业、发展现代农业、实现农业现代化，是我国政府和人民不懈追求的目标，也是我国农业和农村经济发展的必然趋势。在追求农业现代化目标过程中，我们曾经尝试过以不同的方式来实现我们的目标：人民公社方式、家庭联产承包责任制方式。由于这两种方式自身的局限性，决定了它们无法帮助实现我国的农业现代化目标。

现代农业具有多功能、高技术含量、高产出、高效益和高效率、对生态环境友好、拥有高素质从业人员等特点，现代农业在未来农村居民的持续增收过程中，将扮演着极为关键性的角色。而种种迹象显示，家庭农场是现代农业的有效载体。从未来趋势看，家庭农场将在现代农业发展过程中扮演中坚力量。

三 家庭农场必然是未来最新农业科技成果转化的"试验基地"

家庭农场要发展，必须发展现代农业，而不是仅仅沿袭传统农业方

式；家庭农场要获得可持续发展、科学发展，必须要与时俱进，借助当今最先进的生产设备、生物技术、营销手段。农业要发展，必然会要求不断地进行农业技术创新。在此过程中，农业研发与创新成果要迅速转化为现实的生产力，必须有先行先试的"基地"。这个"基地"显然不可能是小规模承包经营的普通农户，因为普通农户的"小本经营"决定了其要求稳妥与减少风险；这个"基地"必然是由有文化、懂经营、善管理、敢于开拓、敢于冒险的新型职业农民所经营的家庭农场。因此，我们有理由相信，家庭农场必然是未来最新农业科技成果转化的"试验基地"。

四 从长期看，股份制是家庭农场发展的可选择方式

如前所述，根据有关专家的研究，与公司农场相比，家庭农场的效率更好，但管理能力更差。如何弥补家庭农场在管理能力上的不足呢？我们认为，引入股份制，家庭农场进行公司化运作、企业化管理是可行的选择。股份制农场可以兼有家庭农场与公司农场的特点，即既可以提高农场的管理能力，又不失较好的生产经营效率。在我国社会主义市场经济条件下，第二、第三产业已经有了股份制。作为第一产业的农业也可引入股份制。当然，这不是说要将城市工商资本引入农业领域（因为这与国家的相关政策不相符），我们是说农民自己的"股份制"。

从调研中我们发现，发展资金筹措难、流转土地缺乏稳定性是影响家庭农场可持续发展的两大重要因素。第一，引入股份制，让周边农户以责任地入股形式进入农场，可解决家庭农场流转土地稳定性问题。第二，公司化运作、企业化管理，能够有效提高农场的经营管理效率。第三，股份制农场不断发展壮大，农场的资金实力、偿债能力也会随之得到加强，能够减缓金融机构在资金安全上的担忧，能够有效解决家庭农场发展过程中的融资难问题。第四，由于农场与数个农民"股东"存在利益联结机制，能够有效提高股份制农场在周边农户中的凝聚力、向心力，这对家庭农场的长远发展、可持续发展无疑是具有重要意义的。

五 产业融合是未来家庭农场的主要发展方向

无论是从国外的发展经验看,还是从国内的实际情况看,单纯地依靠种植业或养殖业很难提高家庭农场发展的效率与效益。只有依靠科技创新,走一、二、三产业融合发展的道路,花大力气延展农业产业链,才能够充分发挥农业资源潜力,从而提高农业发展的效益与效率。西部各类型区域所采取的农业＋乡村旅游模式实际是农业实现融合发展的极好例证。

六 差异化发展将是家庭农场获得持久竞争力的法宝

作为西部地区的家庭农场来讲,拥有高素质的业主、充足的土地供给、完备的农业基础设施、完善的社会化服务体系,再加上适时的政府政策支持是其生存的基础。但是,若要获得持久的竞争力,在众多家庭农场中获得"执牛耳"的地位,我们认为,家庭农场应该走差异化发展的路子。我们这里可以将"差异化发展"归纳为三个字:特、新、精。

一是"特"。即特色,独一无二,也就是人们常说的"人无我有"。家庭农场要在市场中具有竞争力,其产品或服务必须有地方特色,努力做到以"特"求胜。比如,大家熟知的青稞酒、牦牛肉就是藏区农牧业的特色。相应地,从事青稞种植、牦牛养殖的家庭农(牧)场就能够在农产品消费市场上占有一席之地。

二是"新"。即新产品、新产业。也就是说,家庭农场发展要依靠科学技术走创新之路,做到"人有我新"。家庭农场在产品经营上,一定要求新、求变,努力以"新"求胜。比如蔬菜种植、家禽养殖,在家庭农场的经营项目中可说司空见惯。如果一个家庭农场仅普普通通地搞蔬菜种植或家禽养殖,肯定不可能有多大的市场竞争优势。但是,若有家庭农场从事蔬菜的生态种植(不施用化肥、不使用农药),或者进行家禽的生态养殖(不投放含有激素的饲料),这样的无公害农产品肯定能够获得消费者的喜欢,其在市场中的竞争力肯定也是比较强的。

三是"精"。即产品做精、服务做精。这就是说,家庭农场的产品在"我有人有、我新人新"的情况下,只能在"精"上面做文章了。这包括产品品牌做精、产品质量做精、售后服务做精等方面,做到以"精"吸引消费者、以"精"获得市场竞争力。

附 录

关于西部地区家庭农场发展现状的调查问卷

问卷1 针对乡镇干部的调查问卷

接受问卷人姓名：_____ 单位：_____ 职务：_____

1. 你所在乡镇已经有"家庭农场"发展吗？
□已有 □无
2. 你所在乡镇的家庭农场主要经营范围是什么？
□种植业 □养殖业 □其他（举例）：_____
3. 你所在乡镇的家庭农场的农场主主要来自：
□留守农民 □回乡农民 □城市人
□退伍军人 □大中专毕业生
4. 你所在乡镇的已有的农场主的文化程度是？
□小学 □初中 □高中 □大专以上
5. 你认为家庭农场兴办的难点在哪？
□人才问题 □资金筹措 □政策不配套
□土地流转难 □其他，如_____
6. 你认为，就你的工作所在地来讲，单个家庭农场的最佳规模是多少？
□10—50亩 □50—100亩 □100亩以上

□其他规模，如＿＿＿＿＿＿＿＿＿＿＿＿＿＿＿

7. 你认为你所在乡镇的家庭农场发展良好的主要原因是什么？

□地方领导重视　□国家政策好　□农场主经营管理好

□其他，如＿＿＿＿＿＿＿＿＿＿＿＿＿＿＿

或者你认为你所在乡镇的家庭农场发展欠佳的主要原因是什么？

□领导不重视　□老百姓不支持　□经营管理人才不足

□其他，如＿＿＿＿＿＿＿＿＿＿＿＿＿＿＿

8. 你认为家庭农场发展的好处在哪？

□农民增收新渠道　□解决土地"撂荒"问题的新措施

□现代农业发展的有效载体　□其他，比如＿＿＿＿＿＿＿

9. 你认为发展家庭农场的情况下，有否必要放弃家庭联产承包责任制？

□有必要，家庭联产承包已过时

□无必要，家庭农场与家庭联产承包可兼容

10. 你认为土地经营权流转的难点在哪里？

□无章可循　□农民不支持　□流转期限不好掌握

□其他，如＿＿＿＿＿＿＿＿＿＿＿＿＿＿＿

11. 你认为宅基地可以纳入土地流转吗？

□不能，这是农民的安身之处　□可以，市场经济的必然要求

12. 你认为政府应该控制家庭农场的经营范围吗？

□应该，个别家庭农场发展要服从地方产业发展大局

□不应该，市场经济下，生产经营决策家庭农场自己说了算

问卷2　针对在校大学生的调查问卷

接受问卷人姓名：＿＿＿＿＿　年龄：＿＿＿＿＿　文化程度：＿＿＿＿＿

1. 请问，你听说过"家庭农场"的说法吗？（单选）

答：□是　□否

2. 你认为下列哪个属于"新型农业经营主体"？（可多选）

答：□家庭农场　□专业大户　□农民合作社　□农业龙头企业 □其他（举例）：_____

3. 你所在乡镇已经有"家庭农场"等新型农业经营主体吗？（单选）

答：□已有　□无

4. 你的家乡所在地属于哪一种地理类型区？

答：□丘陵区　□山区　□高原区　□平原区

5. 你所在乡镇的家庭农场主要经营范围是什么？（多选）

答：□种植业　□养殖业　□林业　□其他（举例）：

6. 你所在乡镇的家庭农场的负责人主要来自：（可多选）

答：□留守农民　□回乡农民　□城市人
　　□退伍军人　□大中专毕业生

7. 你所在乡镇的已有的家庭农场主的文化程度哪一种占主流？（单选）

答：□小学　□初中　□高中　□大专以上

8. 你认为家庭农场兴办的难点在哪？（可多选）

答：□人才问题　□资金筹措　□政策不配套　□土地流转难
　　□其他，如_____

9. 你认为，单个家庭农场的最佳土地规模是多少？（可多选）

答：□10—50亩　□50—100亩　□100亩以上
　　□其他规模，如_____

10. 你认为，家庭农场主体存在的理由是什么？（可多选）

答：□减少"撂荒"土地　□带动村民致富　□为国家增加税收
　　□解决农民就业问题　□发展现代农业的载体
　　□其他，如_____

11. 有人反对发展家庭农场，你认为可能的理由会是什么？（可多选）

答：□不了解家庭农场等新型农业经营主体　□担心农民利益受损
　　□担心破坏土地的国家所有制　□其他，比如_____

12. 你认为你所在乡镇的家庭农场发展良好的主要原因是什么？（可多选）

答：□地方领导重视　□国家政策好　□业主经营管理好

□其他，如＿＿＿＿＿＿＿＿＿＿＿＿＿＿＿

13. 或者你认为你所在乡镇的家庭农场发展欠佳的主要原因是什么？（可多选）

答：□地方领导不重视　□老百姓不支持　□经营管理人才不足
　　□土地流转不畅　□业主融资难　□其他，如＿＿＿＿＿＿＿

14. 你认为在发展家庭农场的情况下，有否必要放弃家庭联产承包责任制？（单选）

答：□有必要，家庭联产承包已过时
　　□无必要，新型农业经营主体与家庭联产承包可兼容

15. 你认为土地经营权流转的难点在哪里？（可多选）

答：□无章可循　□农民不支持　□流转期限不好掌握
　　□其他，如＿＿＿＿＿＿＿＿＿＿＿＿＿

16. 你认为宅基地可以纳入土地流转吗？（单选）

答：□不能，这是农民的安身之处
　　□可以，市场经济的必然要求

17. 你认为政府应该控制家庭农场的经营范围吗？（单选）

答：□应该，个别业主发展要服从地方产业发展大局
　　□不应该，市场经济下，生产经营决策业主自己说了算

18. 你听说过"职业农民"的提法吗？（单选）

答：□听说过　□没听说

19. 你认为哪些人有资格成为"职业农民"？（可多选）

答：□村民　□企业家　□退伍军人　□回乡大学生
　　□其他，如＿＿＿＿＿＿＿＿＿＿＿＿＿

20. 你知道目前为止国家已有的惠农政策吗？（请列出3项以上）

答：＿＿＿＿＿＿＿＿＿＿＿＿＿＿＿＿＿＿＿＿＿＿＿＿＿＿＿＿＿
　　＿＿＿＿＿＿＿＿＿＿＿＿＿＿＿＿＿＿＿＿＿＿＿＿＿＿＿＿＿

21. 你如果是家庭农场主，你最需要政府出台哪些优惠政策？（请列出3项以上）

答：＿＿＿＿＿＿＿＿＿＿＿＿＿＿＿＿＿＿＿＿＿＿＿＿＿＿＿＿＿
　　＿＿＿＿＿＿＿＿＿＿＿＿＿＿＿＿＿＿＿＿＿＿＿＿＿＿＿＿＿

参考文献

一 中文参考文献

（一）图书

《资本论（第一卷）》，人民出版社2018年版。

《邓小平文选（第二卷）》，人民出版社1994年版。

《邓小平文选（第三卷）》，人民出版社1993年版。

《习近平谈治国理政》，外文出版社2014年版。

习近平：《决胜全面建成小康社会　夺取新时代中国特色社会主义伟大胜利——在中国共产党第十九次全国代表大会上的报告》，人民出版社2017年版。

曹俊杰、王学真：《东亚地区现代农业发展与政策调整》，中国农业出版社2004年版。

韩俊：《中国经济改革30年（农村经济卷1978—2008）》，重庆大学出版社2008年版。

蓝益江：《论美国家庭农场》，厦门大学出版社1990年版。

李仁安：《农业规模经营实践与探索——机械化家庭农场》，农业出版社1993年版。

刘文秀：《清华经济课》，清华大学出版社2015年版。

刘永谋、钟荣丙、夏学英：《自主创新与建设创新型国家导论》，红旗出版社2006年版。

聂华林、王成勇：《区域经济学通论》，中国社会科学出版社2006年版。

王大明：《我国西部地区现代农业发展研究》，电子科技大学出版社2012

年版。

魏克佳：《农垦经济体制改革与发展研究》，中国农业出版社2006年版。

谢百三：《当代中国的若干经济政策及其理论》，中国人民大学出版社1989年版。

张福如、周迅：《办好家庭农场问答》，黑龙江人民出版社1986年版。

农业部农村经济体制与经营管理司、中国社会科学院农村发展研究所：《中国家庭农场发展报告（2015年）》，中国社会科学出版社2015年版。

［德］亚历山大·布雷姆、［法］埃里克·维亚尔多：《创新管理的演变——国际背景下的发展趋势》，孙永磊、陈劲译，清华大学出版社2016年版。

［美］熊彼特：《经济发展理论》，郭武军、吕阳译，华夏出版社2015年版。

［美］舒尔茨：《改造传统农业》，梁小民译，商务印书馆2006年版。

（二）期刊

艾丹：《发展家庭农场的法律问题与对策》，《农业经济》2016年第12期。

操家齐：《家庭农场发展：深层问题与扶持政策的完善》，《福建农林大学学报》2015年第5期。

陈锡文：《发展家庭农场不能硬赶农民走》，《当代农机》2013年第7期。

董明亮：《关于建立国营农场农业机械化技术经济考核指标体系的意见》，《现代化农业》1981年第4期。

方焕、孟枫平：《家庭农场信用评级指标体系及评级方法研究》，《沈阳农业大学学报》（哲学社会科学版）2015年第4期。

冯晓霞：《国外家庭农场的成功模式》，《光彩》2013年第5期。

郜亮亮、杜志雄、谭洪业：《家庭农场的用工行为及其特征：基于全国监测数据》，《改革》2020年第4期。

郜亮亮、杜志雄、谭洪业：《什么样的农场主在经营中国的家庭农场》，《农业经济问题》2020年第4期。

管珊、万江红：《交易成本与家庭农场合约稳定性——基于对111个家庭农场的调查》，《农业现代化研究》2017年第2期。

郭熙保、冯玲玲：《家庭农场：当今农业发展最有效的组织形式——基于东南亚国家土地制度变迁的视角》，《江汉论坛》2015年第6期。

郭熙保、冯玲玲：《家庭农场规模的决定因素分析：理论与实证》，《中国农村经济》2015年第5期。

郭熙保、冷成英：《我国家庭农场发展模式比较分析——基于武汉和郎溪调查数据》，《福建论坛》（人文社会科学版）2018年第11期。

郭熙保：《"三化"同步与家庭农场为主体的农业规模化经营》，《社会科学研究》2013年第3期。

何劲、祁春节：《中外家庭农场经营绩效评价比较与借鉴》，《世界农业》2017年第11期。

何劲、熊学萍：《家庭农场绩效评价：制度安排抑或环境相容》，《改革》2014年第8期。

何秀荣：《加快培育家庭农场》，《中国合作经济》2020年第4期。

何秀荣：《培育家庭农场 助推现代农业》，《农村经营管理》2019年第11期。

姜长云：《龙头企业与农民合作社、家庭农场发展关系研究》，《社会科学战线》2018年第2期。

金云丽、周张章、种丁、张建婷：《"西安模式"培育新型职业农民》，《农民科技培训》2013年第11期。

孔祥智：《联合与合作是家庭农场发展的必然趋势》，《合作论坛》2014年第5期。

兰勇、何佳灿、易朝辉：《家庭农场土地经营权稳定机制比较》，《农村经济》2017年第7期。

兰勇、蒋黾、何佳灿：《三种流转模式下家庭农场土地经营权稳定性比较研究》，《农业技术经济》2019年第12期。

兰勇、谢先雄、易朝辉：《中国式家庭农场发展：战略意图、实际偏差与矫正路径》，《江西社会科学》2015年第1期。

兰勇、熊彬雁、易朝辉：《家庭农场土地经营权流转的动力机制》，《农业现代化研究》2018年第4期。

李国祥、杨正周：《美国培养新型职业农民的政策及启示》，《农业经济问题》2013年第5期。

李静、张德元：《家庭农场加入农民专业合作社的影响因素分析——基于安徽、河南两省278份调查数据》，《湖南农业大学学报》（社会科学版）2014年第6期。

李星星、曾福生：《家庭农场综合评价指标体系设计——以湖南为例》，《湖南科技大学学报》（哲学社会科学版）2015年第6期。

李星星、曾福生：《农户发展家庭农场意愿影响因素的实证分析》，《南通大学学报》（社会科学版）2016年第2期。

刘畅、邓铭、马国巍：《家庭农场经营风险识别与防范对策研究》，《苏州大学学报》（哲学社会科学版）2019年第4期。

刘灵辉：《家庭农场土地流转合同期满续约过程中的利益博弈》，《西北农林科技大学学报》（社会科学版）2020年第2期。

刘灵辉、郑耀群：《家庭农场土地征收补偿问题研究》，《中国人口·资源与环境》2016年第11期。

刘守英：《适度规模家庭农场将成为我国农业经营主要形式》，《中国合作经济》2012年第12期。

穆向丽、巩前文：《家庭农场：概念界定、认定标准和发展对策》，《农村经营管理》2013年第8期。

潘思旋：《新型职业农民"四化"培养的嘉兴模式引发全国关注》，《中国农业信息》2013年第6期。

綦慧心：《家庭农场的作用解析与发展方略》，《农业经济》2019年第7期。

钱忠好、李友艺：《家庭农场的效率及其决定——基于上海松江943户家庭农场2017年数据的实证研究》，《管理世界》2020年第4期。

邱谊萌：《英国家庭农场的演变及其启示》，《辽宁经济》2010年第1期。

万江红、安永军：《农地资源供给与家庭农场的发生——基于孔明村的个案分析》，《华中科技大学学报》（社会科学版）2017年第2期。

万江红、苏运勋：《村庄视角下家庭农场的嵌入性分析——基于山东省张村的考察》，《华中农业大学学报》（社会科学版）2016年第6期。

王大明、邓玲：《发展农业循环经济促进欠发达地区现代农业发展——以四川省南充市为例》，《软科学》2009年第1期。

王大明：《关于四川省发展家庭农场的思考》，《西华师范大学学报》（哲学社会科学版）2014年第5期。

王大明：《建立城乡劳动力双向流动的长效机制是发展现代农业的必然选择——以四川为例》，《经济问题探索》2013年第5期。

王大明：《四川构建培育新型农业经营主体的政策体系研究》，《农村经济与科技》2017年第15期。

王孝莹、朱红祥：《"互联网＋"背景下加快家庭农场发展的策略》，《经济纵横》2016年第9期。

王悦、陈占江：《论家庭联产承包责任制的制度缺陷》，《现代农业科技》2005年第11期。

王征兵：《中国特色家庭农场发展研究》，《理论探索》2017年第3期。

吴菊安、祁春节：《家庭农场和小农户生产效率的比较》，《江苏农业科学》2017年第3期。

夏雯雯、杜志雄、郜亮亮：《家庭农场经营者应用绿色生产技术的影响因素研究——基于三省452个家庭农场的调研数据》，《经济纵横》2019年第6期。

肖望喜、张彩霞、陶建平：《农业供给侧结构性改革背景下家庭农场的作用与启示》，《云南社会科学》2018年第6期。

徐会苹：《德国家庭农场发展对中国发展家庭农场的启示》，《河南师范大学学报》（哲学社会科学版）2013年第4期。

许经勇：《从家庭均田承包到家庭农场的演变》，《学习论坛》2013年第11期。

许竹青、刘冬梅：《发达国家怎样培养职业农民》，《农村经营管理》2013年第10期。

杨慧芬：《培育新型职业农民：日韩经验及对我国的思考》，《高等农业教育》2012年第4期。

杨慧莲、李艳、韩旭东、郑风田：《土地碎片化增加"规模农户"农业生产成本了吗？——基于全国776个家庭农场和1166个专业大户的微观调查》,《中国土地科学》2019年第4期。

杨柳、万江红:《家庭农场的雇佣合约:结构、特征及其治理》,《南京农业大学学报》(哲学社会科学版)2019年第4期。

杨霞、张伟民、金文成:《2015年34万户家庭农场统计分析》,《农村经营管理》2016年第6期。

杨鑫、陈永富:《不同类型家庭农场经营效率分析——基于浙江省的实证研究》,《湖北农业科学》2016年第9期。

叶云、尚旭东:《家庭农场发展的省域财政支持政策研究——基于政策文本分析》,《农业经济》2019年第4期。

袁斌、谭涛、陈超:《多元化经营与家庭农场生产绩效——基于南京市的实证研究》,《农林经济管理学报》2016年第1期。

曾福生、李星星:《扶持政策对家庭农场经营绩效的影响——基于SEM的实证研究》,《农业经济问题》2016年第12期。

曾令果、王钊:《家庭农场种植规模调整意愿及影响因素研究》,《农村经济》2019年第10期。

张琛、黄博、孔祥智:《家庭农场综合发展水平评价与分析》,《江淮论坛》,2017年第3期。

张广海、包乌兰托亚:《我国休闲农业产业化及其模式研究》:《经济问题探索》2012年第10期。

张俊峰:《发展家庭农场应研究的若干问题》,《中国经贸导刊》2013年第7期。

张乐柱、金剑峰、胡浩民:《"公司+家庭农场"的现代农业生产经营模式:基于温氏集团案例研究》,《学术研究》2012年第10期。

张明月、薛兴利:《基于ISM模型的家庭农场发展的约束机理解析》,《农村经济》2016年第7期。

张伟东、王雪峰:《几种典型生态农业模式的优点及实现途径》,《中国生态农业学报》2007年第6期。

张晓山:《家庭农场将培养出一批职业农民》,《农村工作通讯》2013年第6期。

张德元、李静、苏帅:《家庭农场经营者个人特征和管理经验对农场绩效的影响》，《经济纵横》2016年第4期。

张悦、刘文勇：《家庭农场的生产效率与风险分析》，《农业经济问题》2016年第5期。

张宗毅、杜志雄：《土地流转一定会导致"非粮化"吗？——基于全国1740个种植业家庭农场监测数据的实证分析》，《经济学动态》2015年第9期。

赵佳、姜长云：《家庭农场的资源配置、运行绩效分析与政策建议》，《农村经济》2015年第3期。

郑风田：《家庭农场发展面临两大难题》，《农产品市场周刊》2013年第2期。

郑风田：《谁适合发展家庭农场？》，《中国经济周刊》2013年第2期。

郑海燕、喻宗希、罗锴：《新型职业农民培训的"湖南模式"》，《农家顾问》2013年第7期。

周颖、尹昌斌、邱建军：《我国循环农业发展模式分类研究》，《中国生态农业学报》2008年第6期。

周早弘、徐丰：《基于解释结构模型的家庭农场长效性发展影响因素分析》，《贵州农业科学》2015年第4期。

朱启臻：《新型职业农民与家庭农场》，《中国农业大学学报》（社会科学版）2013年第4期。

（三）其他

1978—2016年国家统计局《国民经济和社会发展统计公报》。

2003—2019年"中央一号文件"。

国家及西部地区12省市和自治区《2019年国民经济和社会发展统计公报》。

二 外文参考文献（期刊）

Besusparien Erika, Miceikien Astrida, "The Influence of Subsidies and Taxes on Economic Viability of Family Farms in Lithuania", *Bulgarian Journal of Agricultural Science*, Vol. 26, 2020.

Čikić Jovana, "Labour Force and Modernization of Labour on Family Farm", *Proceedings of the IAE Scientific Meetings*, 2013.

Clarke Philip, "Brazilian Family Farms to Suffer under Freer Trade", *Farmers Weekly*, Vol. 143, 2005.

Colnago P., Dogliotti S., "Introducing Labour Productivity Analysis in a Co-innovation Process to Improve Sustainability in Mixed Family Farming", *Agricultural Systems*, Vol. 177, 2020.

Coulibaly Brahima, Shi-Xiang Li, Zhan-Qi Wang, "Rice Farmer's Poverty and Its Determinants: Evidence from Dogofiri Village of Office Du Niger zone in Mali", *Ciência Rural*, Vol. 50, 2020.

Da Conceição Aguiar Luane, DelGrossi Mauro Eduardo, Thomé Karim Marini, "Short Food Supply Chain: Characteristics of A Family Farm", *Ciência Rural*, Vol. 48, 2018.

Das Debarshi, "Persistence of Small-Scale, Family Farms in India: A Note", *Journal of International Trade & Economic Development*, Vol. 16, 2007.

Dokuzlu Sertac, "The Agricultural Credit System in the Ottoman Empire between 1863 and 1888", *Rural History*, Vol. 28, 2017.

Gray Thomas W., "Organic Federation Seen as A Strategy for Family Farm Survival, Regional Competitiveness", *Rural Cooperatives*, Vol. 79, 2012.

Jara-Rojas Roberto, Canales Romina, Gil José M., Engler Alejandra, Bravo-Ureta Boris, Bopp Carlos, "Technology Adoption and Extension Strategies in Mediterranean Agriculture: The Case of Family Farms in Chile", *Agronomy*, Vol. 10, 2020.

Kostov Philip, Davidova Sophia, Bailey Alastair, "Comparative Efficiency of Family and Corporate Farms: Does Family Labour Matter?", *Journal of Agricultural Economics*, Vol. 70, 2019.

Krisciukaitiene Irena, Balezentis Tomas, Balezentis Alvydas, "Aninput-Specific Analysis of the Cost Efficiency on Lithuanian Family Farms", *Economic Science for Rural Development Conference Proceedings*, Issue 34, 2014.

Lollato Romulor, Lollato Marco A., Edwards Jeffrey T., "Soil Organic Carbon

Replenishment Through Long-Term No-Till on a Brazilian Family Farm", *Journal of Soil & Water Conservation*, Vol. 67, 2012.

Maia Alexandre Gori, Eusébio Gabriela dos Santos, Da Silveira, Rodrigo Lanna Franco, "Can Credit Help Small Family Farming? Evidence from Brazil", *Agricultural Finance Review*, Vol. 80, 2020.

Mortan Maria, Veres Vincentiu, Baciu Leonina, Ratiu, "Patricia. Family Farms from Romania Nord Vest Region in the Context of the Rrural Sustainable Development", *Centre for European Studies (CES) Working Papers*, Vol. 10, 2018.

Paarlberg Don, "Future of the Family Farm", *Saturday Evening Post*, Vol. 248, 1976.

Pei-An Liao, Hung-Hao Chang, Jun-Lin He, Saeliw Kannika, "Diversification of Marketing Strategies among Small Farms: Empirical Evidence from Family Farms in Taiwan", *Agricultural Economics / Zemedelska Ekonomika*, Vol. 63, 2017.

Peper Bram, "Agricutural Policy and Social Policy: The Future of the Family Farm", *Sociologia Ruralis*, Vol. 9, 1969.

Potter Clive, Lobley Matt, "Ageing and Succession on Family Farms: The Impact on Decision-Making and Land Use", *Sociologia Ruralis*, Vol. 32, 1992.

Stepien Sebastian, Polcyn Jan, "Risk Management in Small Family Farms in Poland", *Economic Science for Rural Development Conference Proceedings*, Issue 50, 2019.

Wilson-Youlden, Lavinia Bosworth, Gary R. F., "Women Tourism Entrepreneurs and the Survival of Family Farms in North East England", *Journal of Rural & Community Development*, Vol. 14, 2019.

Zyskowski Bob, "10 Ways You Can Help Support the Family Farm", *U. S. Catholic*, Vol. 67, 2002.

后　　记

本书是在我的国家社科基金课题"我国西部地区家庭农场发展研究"（课题编号：14BJL095）基础上撰写而成。在书稿即将付梓之际，我既高兴，又忐忑。高兴的是，完成课题，并出版专著的愿望就要实现了；而忐忑的是，担心自己的成果不够好，辜负了一直鼓励、支持、帮助我成长的领导、老师、朋友、亲人的期望。

大力发展家庭农场、农民合作组织等新型农业经营主体，实现农业农村现代化、确保我国粮食安全，是中央的既定方针。我国西部地区幅员面积广阔，少数民族众多，且多为农村劳务输出大区，如何在实现农业与农村经济高质量发展的同时，确保农民高品质地生活，让广大农民兄弟与城里人一样享受到伟大祖国改革开放以来所取得的经济社会发展成果，是值得认真研究的课题。本书通过对西部地区家庭农场发展问题的研究，试图为我国西部地区实现农业与农村现代化探索突破口，书中的对策建议希望能够为有关部门的决策提供些许参考。

我是一名来自西部省份的农家子弟，是家乡的水、家乡的土哺育了我，是家乡的古朴民风造就了我永不放弃的坚强性格。我热爱我的国家，也热爱我所处的这片土地。关注"三农"问题、研究"西部问题"，是我努力的目标和方向。从我的博士学位论文《我国西部地区现代农业发展研究》，到本书《我国西部地区家庭农场发展研究》，是我坚持自己的既定研究方向的具体表现。

本书仅仅是笔者及团队对于西部地区实现农业农村现代化和农业经济高质量发展的阶段性思考。由于学术水平的局限，错误与不足在所难免。在此，恳请学术前辈与同仁予以批评、指正，以利于我在科学研究的道路上继续探索。

  本书参阅了大量中外文献，对于直接引用的文献，我都尽可能注明出处；对于间接参考的文献，在书尾也尽可能一一列出。尽管如此，仍难免有疏漏。若果真如此，实非故意，敬请原作者予以谅解。在这里，本人代表课题团队对所有文献的原作者表示诚挚的谢意！对向本课题调研提供帮助的所有朋友表示诚挚的谢意！同时，我也愿借此机会对帮助我完成课题、书稿的所有领导、朋友、亲人表示感谢！

王大明
2021 年 5 月于四川果城